정경적 관점에서 본 창세기 I

정경적 관점에서 본 창세기1

2쇄발행   2025. 1. 8.
초판발행   2013. 7. 20.
지 은 이   하경택
발 행 인   김운용
발 행 처   장로회신학대학교 출판부
주   소   서울시 광진구 광장로 5길 25-1(광장동)
전   화   02)450-0795
팩   스   02)450-0797
신고번호   제1979-2호
디 자 인   자연DPS

© 장로회신학대학교 출판부
가격 16,000원

ISBN 978-89-7369-316-0 94230
     978-89-7369-315-3 (세트)

Genesis in the Perspective of the Canon (Chaps. 1-12)
Written by Kyung-Taek Ha, Dr.Theol.

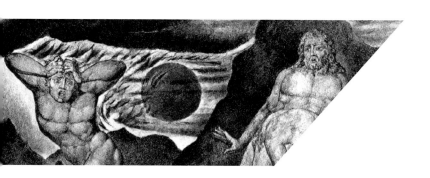

정경적 관점에서 본

창세기 1

(1-12장)

하경택 | 지음

장로회신학대학교출판부

이 책을 구약학자로서의 길을 이끌어준 지도교수(Dolctorvater)
위르겐 에바흐(Prof. Dr. Jürgen Ebach) 교수님께 바칩니다.

창세기는 구약성서의 첫 번째 책이면서 동시에 성경 전체의 첫 번째 책이다. 우리말 명칭 창세기(創世記)는 구약성서의 첫 번째 책을 세상 창조에 대한 기록으로만 오인할 수 있는 소지(素地)를 제공한다. 이에 반해 70인경에서 기원한 인도-유럽어권의 명칭(Genesis)은 '생성' 혹은 '기원'을 의미한다. 이것도 창세기 전체의 내용을 담아내지는 못한다. 하지만 창세기가 여러 가지 차원에서 다양한 '기원'(起源)을 보여준다는 점에서 의미 있는 명칭으로 여겨진다. 특별히 헬라말 〈게네시스〉(γένεσις)는 창세기의 기본 골격을 이루는 〈톨레도트〉(תוֹלְדוֹת)를 번역한 것이다(창2:4a). 〈톨레도트〉는 상황에 따라 '족보, 계보, 내력' 등으로 번역되었으나, 이 번역들은 세상이나 민족, 가족 등의 기원을 설명한다는 점에서 공통된 요소를 가지고 있다.

창세기는 세상의 시작과 역사의 기원을 말해주고 있다. 하지만 창세기는 그것이 자연발생적으로 생겨난 것이 아니라 하나님에 의해서 이루어졌음을 명백하게 선언한다. 하나님이 창조주이시며 역사의 주관자이심을 알린다. 성서의 주제는 하나님 자체가 아니라 하나님이 하신 일과 행동이다. 그리고 그것에 대한 인간의 반응을 서술하고 있다. 이러한 점에서 하나님이 어떤 일을 하셨으며 그러한 행동의 의미와 목적을 탐구하는 것이 성서연구의 목적이 되어야 할 것이다.

이 책은 전반부와 후반부로 나누어졌다. 전반부는 본문연구에 대한 글들이고, 후반부는 다양한 주제들에게 대한 연구의 글들이다. 필자는 창세기 1-12장까지의 내용을 정경적 관점에서 분석하였다. 창세기에 대한 다양한 접근이 시도될 수 있지만(이 점에 대해서는 '본문의 연구사'를 참조하라), 최종본문의 형태를 통해 현대 독자들에게 말 걸어지는 내용이 무엇인가에 집중하여 본문을 이해하였다. 더 나아가 창세기 본문이 구약성서 안에서 머물러 있지 않고 성서 전체에서 어떠한 의미를 가지는가를 '신약성서의 수용'을 통해 알아보고자 하였다. 또한 연구본문을 주제로 한 그림들을 통해 후대의 사람들에게 구약성서 본문이 어떻게 이해되고 해석되었는지를 알 수 있게 하였다.

여기에 모아진 글들은 다양한 계기와 상황에서 쓰여진 것들이다. 따라서 때로는 중복된 내용도 발견될 수도 있을 것이다. 하지만 필자가 창세기 전체를 해석하고자 하는 큰 의도 속에 쓴 글들이기 때문에 필자의 일관된 관심과 연구방향이 드러나리라 기대한다.

책을 펴내면서 감사의 인사를 드려야 할 사람들이 많다. 먼저 박사논문을 지도해주신 위르겐 에바흐(Prof. Dr. Jürgen Ebach) 교수님께 감사한다. 유학시절 강의와 글들을 통해 창세기에 대한 관심과 창세기에 대한 이해의 폭을 넓히게 하였다. 또한 비블리카 아카데미아 원장 이영근 목사님께 감사한다.『포룸 비블리쿰』을 창간하여 창세기에 관한 글들을 쓰게 하고 창세기 연구의 결과물이 출판되게 하였다. 그리고 장로회신학대학교 출판부 김영미 실장님과 손천익 선생님께 감사드린다. 이분들의 노고가 필자의 졸저를 이 땅에 아름다운 모습으로 태어나게 하였다. 마지막으로 아내 김혜경과 세 딸 동은, 동주, 동연에게 감사한다. 바쁘다는 핑계로 가장의 책임을 못할 때에도 인내와 사랑으로 가족의 기쁨이 되며 늘 힘이 되어 주었다.

"기원은 목표다"(Ursprung ist das Ziel)는 말이 있다(Karl Kraus, Werke 7, 59). 부디 이 책을 통해 기원을 바로 앎으로 우리가 나아갈 목표와 방향이 무엇인가를 깨닫는 여정이 되길 바란다.

2013년 7월 광나루에서
하경택

|서문|5

제1부
본문해설

제1장 하나님의 창조와 세계의 기원(창1:1-2:4a) ································· 12

제2장 에덴 동산 이야기 1(창2:4b-25) ····································· 31

제3장 에덴 동산 이야기 2(창3:1-24) ······································ 52

제4장 가인과 아벨의 제사(창4:1-16) ······································ 74

제5장 창세기 4-5장에 나타난 계보의 의미(창4:17-5:32) ················· 104

제6장 노아와 홍수(창6:1-22) ·· 124

제7장 노아언약(창9:1-27) ··· 141

제8장 원역사(原歷史) 안에서의 바벨탑 이야기(11:1-26) ················· 156

제9장 아브라함의 소명(召命)과 이스라엘의 사명(使命)(11:27-12:20) ····· 182

제2부
주제연구

제1장 '노동'과 '쉼'에 대한 구약성서의 이해 ································· 214

제2장 구약성서에 나타난 안식(安息)의 의미 ···························· 224

제3장 '창조와 종말' 주제를 위한 동물의 신학적 의의(意義) ··············· 232

제4장 아브라함과 선교: 구약성서에 나타난 선교의 모델 연구 ·············· 252

| 참고문헌 | 278

제1부
본문해설

하나님의 창조와 세계의 기원(창1:1-2:4a)[1]

I. 들어가는 말

지금 다루려고 하는 본문은 성서의 첫 번째 본문이다. 이것은 하나님의 창조와 세계의 시작을 알려주고 있다. 성서 전체에 펼쳐질 내용에 대한 기초와 근본을 제시하고 있다. 세계의 기원을 설명하고 있는 이 본문은 동시에 하나님이 어떤 분이신가를 알려준다. 하나님이 창조하신 세계는 어떤 세계이며, 이것을 통해 말씀하시고자 바가 무엇인지 알아보자.

II. 본문의 구조

1:1	표제어
1:2-2:3	창조이야기
1:2	창조이전의 상황

---

1) 이 글은 「포룸비블리쿰」 7 (2010), 5-25쪽에 실려 있다.

1:3-5	첫째 날
1:6-8	둘째 날
1:9-13	셋째 날
1:14-19	넷째 날
1:20-23	다섯째 날
1:24-31	여섯째 날
2:1-3	창조의 완성과 안식
2:4a	결미어

위의 구조에서 보듯이 성서의 첫 번째 창조이야기는 표제어(서언)과 결미어(종언)로 둘러싸여 있다. 이 창조이야기는 다시 창조 이전의 상황(1:2)과 창조의 완성과 안식(2:1-3)을 말하는 내용으로 둘러싸여 있고,[2] 그 안에 '하나님이 이르시되'(1:3, 6, 9, 14, 20, 24)로 시작하여 '저녁이 되고 아침이 되니 이는 ○○째 날이니라'(1:5, 8, 13, 19, 23, 31)로 마치는 6일 동안의 창조기사가 나타난다. 6일 동안 진행된 창조에 대한 묘사는 '그대로 되니라'(1:3, 7, 9, 11, 15, 24, 30)와 '하나님이 보시기에 좋았더라'(1:4, 12, 18, 21, 25, 27)의 어구의 반복적인 사용을 통해서 조직적으로 구성되어 있다. 이러한 반복과 함께 각 날의 창조에 대한 묘사가 '창조의 말씀'(1:3a, 6, 9, 11, 14, 20, 24, 26), '창조의 행동'(1:4b, 7, 16-18, 21, 25a), '창조의 맺음말'(1:5b, 8b, 13, 19, 23, 31b)의 순서로 이루어진다.[3]

이러한 구성 가운데 1-3일의 창조와 4-6일의 창조는 서로 대응되는 구조를 가지고 있다. 제1일에는 빛이 창조되었고, 제4일에는 빛을 나오게 하는 해, 달, 별들이 창조되었다. 2일에는 궁창을 만들어 궁창 위와 아래를 나누었는데, 제5

---

2) 정석규, 『구조로 읽는 창세기』 (서울: 프리칭아카데미, 2006), 16.
3) 정석규, 『구조로 읽는 창세기』, 17.

일에는 하늘을 나는 새들과 물속에서 생활하는 물고기들이 창조되었다. 제3일에는 땅이 드러나 기기에 사는 식물들이 나게 되었는데, 제6일에는 그 식물들을 먹을거리로 삼고 사는 동물들과 사람이 창조되었다.

우리는 이러한 창조의 과정을 '나눔'과 '채움'의 관점에서 기술할 수 있다.[4] 하나님은 첫째 날에 빛을 창조하셨고 그 후에 빛과 어두움을 나누셨다(1:4). 둘째 날에는 궁창을 만들어 궁창 위의 물과 궁창 아래의 물을 나누셨다(1:6-7). 셋째 날에는 물이 한 곳으로 모이게 하여 땅과 바다를 구분하셨다(1:9-10). 이처럼 1-3일에는 하나님이 함께 섞여 있던 것들(빛과 어두움, 궁창 아래의 물과 궁창 위의 물, 육지와 바다)을 분리하여 각각 자신의 영역에 자리를 잡게 하는 창조를 하셨다. 이와는 달리 4-6일에는 1-3일에 나누었던 각 영역을 피조물로 채우는 창조를 펼치신다. 넷째 날에는 하나님께서 해, 달, 별들을 만들어 첫째 날 나누셨던 빛과 어두움을 주관하게 하셨다(1:16-18). 다섯째 날에는 둘째 날 구분했던 궁창 위와 아래를 새와 물고기로 채워 번성하고 충만하게 하셨다(1:20, 22). 여섯째 날에는 셋째 날에 구분하여 드러난 땅 위를 동물들과 사람으로 충만하게 하셨다(1:28).[5]

---

4) 정석규, 『구조로 읽는 창세기』, 17-18. 이것을 다른 용어로 표현하면 '형태 만들기'(forming)와 '채우기'(filling)라고 할 수 있다(이한영, 『역사와 서술에서의 오경 메시지』[서울: 크리스챤, 2008], 72).

5) 하나님의 창조행위를 '말씀창조'와 '행위창조'의 차원으로 나누어 살펴보면 다음과 같이 말할 수 있다: 일관된 말씀창조와는 별도로 하나님의 모든 새로운 사역 안에는 항상 창조주의 특별한 행동이 나타난다. 하나님은 나누시고(4, 7, 9절), 이름 지으시고(5, 8, 10절), 만드시고(7, 16, 25절), 두시고(17절), 창조하시고(21, 27절), 복을 주신다(22, 28절). 하나님의 행동을 나타내는 이들 낱말들은 그의 창조사역에 다음과 같이 적용된다: "나누심"과 "이름 지으심"은 처음의 세 가지 사역에 적용되고(3-5, 6-8, 9-10절), "만드심"과 "두심"은 천체들에 적용되며(14-19절), "만드심"은 궁창과(7절) 지상의 동물세계(24-25, 26절), 그리고 "창조하심"과 "복을 주심"은 동물(20-23절)과 인간(26-31절)에게 적용된다. C. Westermann, 『창세기 주석』, 강성열 옮김 (서울: 한들, 1998), 27.

Ⅲ. 본문해설

1. 표제어(1:1)

> ¹태초에 하나님이 하늘과 땅을 창조하셨다.

이것은 '태초에'[6] 하나님이 천지, 즉 우주를 창조하셨다는 선언이다. 이것은 창조이야기(1:1–2:4a)의 머리말이며, (구약)성서 전체의 시작이자 대전제이기도 하다. 이것은 세계의 시작이 자연발생적인 것이 아니라, 하나님에 의해서 '창조' 되었다는 선언이다.[7] 이것은 하나님만이 창조주이시며, 다른 모든 것은 하나님의 피조물임을 말하고 있다. 따라서 이 우주의 주관자는 하나님이시며, 인생의 주인도 하나님이심을 분명히 말하고 있는 것이다.

2. 창조이야기(1:2–2:3)

1) 창조이전의 상황(1:2)

> ²그 땅은 혼돈하고 공허(תֹהוּ וָבֹהוּ)하였으며, 어둠이 깊음 위에 있고, 하

---

6) '태초에'라는 표현이 어느 시점을 말하는 지에 대한 논란이 있었다. 많은 사람들이 잠언 8장 22–27절을 근거로 지혜가 천지창조 이전에 창조되었다는 견해를 피력한다. 만물이 창조되기 전에 지혜가 먼저 창조되었다는 것이다(22절). 이것은 '지혜', 즉 모든 실체의 근간을 이루는 원대한 계획이 하나님으로부터 왔다는 사고를 보여준다. J. L. Kugel, 『고대성경해석가들이 본 모세오경』, 김은호/임승환 공역 (서울: 기독교문서선교회, 2003), 77ff. 하지만 1절의 첫단어를 〈베레쉬트〉로 읽느냐 혹은 〈바레쉬트〉로 읽느냐에 따라 "태초에"와 "어떤 처음의 때에"라고 해석할 수 있다. 이러한 상이한 독법에 관하여 다음을 참조하라. 이영근, "창조의 환경설정." 「포룸비불리쿰」4 (2010. 3–4), 7–10.

7) 〈바라〉(ברא)동사의 특징: 1) 하나님만 주어로 나타난다. 2) 어떤 재료 없이 창조하신다(창1:1, 21, 27; 2:3–4). 3) 이 동사로 가장 많이 언급되는 것은 인간(창1:27)과 예기치 않은 새로운 것(민16:30; 사65:17)이다. 4) 하나님의 활동을 묘사하는데만 사용되고 하나님의 주권적이고 자유로운 창조행위를 가리킨다. 정석규, 『구조로 읽는 창세기』, 20; G. von Rad, *Theologie des Alten Testaments. Bd I: Die Theologie der geschichtlichenÜberlieferungen Israels* (MÜnchen: Chr. Kaiser Verlag, 1969), 156; C. Westermann, *Genesis. Bd. I* (BK) (Neukirchen–Vluyn: Neukirchener Verlag, 1974), 136–139.

나님의 영이 물 위를 운행하고 계셨다.

이것은 창조의 과정에 대한 묘사이다. 창세기 1장은 아무것도 없는 상태에서 이루어지진 '무에서 유'(creation ex nihilo)의 창조를 말하지 않는다. 2절은 창조이 전의 상황이 묘사되어 있다. 땅과 어둠과 하나님의 영이라는 세 가지 주어가 등 장한다. 땅은 〈토후와 보후〉였다고 말한다. 이것을 칠십인경은 〈아오라토스 카이 아카타스큐아스토스〉 ἀόρατος καὶ ἀκατασκεύαστος (invisible and unformed) 라고 번역한다(NIV: formless and empty; ELB: wüst und leer).[8] 이러한 번 역들은 '형태가 없었고 비어있다'는 외형적인 모습을 강조한다. 하지만 〈토 후〉와 〈보후〉가 사용된 구약성서의 다른 본문들을 보면(사34:11; 렘4:23; 참 조. 신32:10),[9] 이것은 땅의 질적인 측면을 보여준다. 그것은 황폐하고 부정적 인 것과 삶의 위협으로 가득해 사람이 살 수 없는 곳이다. 창세기 1장의 창조과 정은 이러한 땅을 사람(생명체)이 살 만한 곳으로 만들어 가는 것으로 나타난다.

두 번째 주어 어둠은 깊음 위에 있었다. '깊음'으로 번역된 〈테홈〉은 원시바 다를 가리킨다. 〈테홈〉은 복을 수여하는 바다가 될 수 있지만(창49:25), 일반적 으로는 세계를 위협하는 파괴적인 혼돈의 물을 의미한다(창7:11; 8:2; 시104 편).[10] 세 번째 주어 하나님의 영(רוּחַ אֱלֹהִים)[11]은 물 위를 휘감아 돌고 있었다. 원시바다의 깊은 물을 운행하는 모습이다. 이것은 같은 동사가 사용된 신명기

---

8) 슈텍은 "sinlos und untauglich"(의미없고 부적격한)이라고 번역한다(O.H. Steck, *Der Schöpfungsbericht der Priesterschrift*, FRLANT 115, ²1981).

9) 또한 이사야 44장 9절 이하를 참조하라. 여기에서는 '우상을 만드는 자는 다 허망하다(토후)'고 외치는데, 이것은 우상을 만들어 자신이 만든 것을 섬기는 자는 창조 이전의 〈토후〉 상태로 돌아가려는 자들이라고 말할 수 있다.

10) 혼돈의 바다를 제어하시는 하나님의 창조와 역사와의 연결에 관하여 사51:10-12를 참조하라.

11) BHS의 소마소라는 〈루아흐 엘로힘〉에 이러한 사무엘서을 제외하고(사무엘서에는 〈루아흐 엘로힘〉이 8회, 〈루아흐 아도나이〉 (רוּחַ יְהוָה)가 5회 나타난다) 총 8회 나타나는데, 그 가운데 2번은 본문에서와 같이 정 관사를 포함하고 있고(대하24:20) 나머지 6번은 정관사 없이 나타난다고 말한다. 이 모든 용례는 모두 '하 나님의 영'으로 해석된다. 바람, 영, 하나님의 숨을 의미하는 〈루아흐〉에 관하여 다음 본문들을 참조하라: 창 2:7; 시104편; 사42:5; 슥12:1; 욥33:4.

32장 11절(〈라하프〉 동사의 피엘형)과 비교하여 볼 때 어미 독수리가 둥지 위를 날면서 새끼 독수리를 돌보는 모습을 연상시킨다.[12] '혼돈과 공허'의 땅이 있고 어둠으로 가득 차 있지만, 여전히 하나님의 영에 의해서 보호되고 운행되고 있는 세계의 모습을 보여준다.

2) 첫째 날(1:3-5)

> [3]그때 하나님이 말씀하셨다: "빛이 있으라". 그러자 빛이 생겼다. [4]그리고 하나님이 그 빛을 보시니 좋았다. 하나님이 그 빛과 어둠 사이를 나누셨다. [5]그리고 하나님이 그 빛을 낮이라 부르시고, 그 어둠을 밤이라 부르셨다. 저녁이 되고 아침이 되니 한 날이었다.

하나님은 첫째 날 빛을 창조하셨다. 혼돈의 상징인 흑암이 제한되고 생명의 조건이 완성된 것이다. 이 빛은 태양 빛과는 다른 특별한 빛이다.[13] 이 빛은 여러 가지 상징성을 가지고 있다.[14] 빛이 창조됨으로써 흑암이 자신의 시간으로 제한된다. 원초적 어둠과 빛을 가른 것이다. 이제 어둠은 밤이라 불리는 시간에만 작용할 수 있게 되었다. 이로써 낮과 밤의 리듬이 생겨났다. 이것을 다른 말로 말하면 시간이 시작된 것이다. "모든 것은 시간이다. 우리 인간도 시간이다.

---

12) 여기에서 〈루아흐 엘로힘〉은 〈루아흐〉의 기본의미인 '바람'을 살리고 〈엘로힘〉을 앞의 낱말 〈루아흐〉를 꾸미는 최상급으로 보아, '매우 강한 바람'으로 옮길 수 있다. 이영근, "창조의 환경설정," 12–13; G. von Rad, *Das erste Buch Mose: Genesis* (ATD) (Berlin: Evangelische Verlagsanstalt, ⁹1972), 31.

13) J. L. Kugel, 『고대성경해석가들이 본 모세오경』, 81. 넷째 날에 나오는 천체들은 빛을 운반하는 것일 뿐 빛 자체는 아니다. 이것은 이집트나 메소포타미아의 천체숭배가 시행되고 있는 상황에서 그 의미가 더욱 명료해진다. 하나님 한 분만이 창조주시며 주관자이심을 분명하게 드러내고 있다.

14) 이사야서에서는 하나님이 직접 빛으로 나타난다(사60:1–3). 하나님과 회복된 자들의 생활을 묘사하면서 야훼가 '영원한 빛'이 되고 영광이 될 것이라고 말한다(사60:19–20). 또한 예수 그리스도는 이 세상에 빛으로 오셨다(요1:4–5, 9–10; 8:12; 고후4:6; 엡5:14). 더 나아가 새 하늘과 새 땅에 조성된 새 예루살렘에서 빛은 예수 그리스도와 하나님의 영광을 상징한다(계21:22–23 "이 성은 해나 달의 비췸이 쓸데없으니 이는 하나님의 영광이 비취고, 어린 양이 그 등이 되심이라. 만국이 그 빛 가운데로 다니고, 땅의 왕들이 자기 영광을 가지고 그리로 들어오리라."; 계22:5 "다시 밤이 없겠고 등불과 햇빛이 쓸 데 없으니 이는 주 하나님이 저희에게 비취심이라. 저희가 세세토록 왕노릇하리로다.").

창조주 하나님. 〈도덕의 성서〉에 그려진 세밀화 (1220년 경)로서 오스트리아 빈(Wien)의 국립도서관에 소장되어 있다. 컴퍼스를 든 하나님의 모습을 통해 천지창조는 하나님의 완전성과 지성으로 이루어진 것임을 나타내고 있다. 컴퍼스를 든 하나님의 모습은 19세기 낭만주의 화가이며 시인인 윌리엄 블레이크에게 영향을 주어 〈태초에〉와 같은 작품의 모티브가 되기도 하였다.

시간은 창조의 근본 소여성이다."[15]

'보시니 좋았다'는 의미는 무엇인가? 하나님의 판단에 좋은 것이다. 그것은 빛이 창조된 모습을 보니 그것이 상황에 적절하고 쓸모 있으며 성공적이었다는 말이다. 저녁이 되고 아침이 되는 '한 날'이라고 말한다. 밤과 낮이 지나야 하루가 된다는 말이다.[16]

---

15) K. Marti, 『창조신앙: 하느님의 생태학』, 이제민 옮김 (왜관: 분도출판사, 1995), 17. 창조이야기는 첫날의 시간과 마지막 날의 안식이 감싸고 있는 구조로 구성되어 있다. 시간은 모든 것이 흘러가고 모든 것이 전개되며 발전하는 테두리로서 정해져 있다. 모든 것은 시간 안에서 흐르고 전개된다. 시간은 이중성을 가지고 있다. 시간은 상처를 준다. 그러나 시간은 상처를 치료해 주기도 한다. 시간은 압박하고 부담을 준다. 그러나 시간은 또한 해방시키고 풀어준다(전3:12) (K. Marti, 『창조신앙: 하느님의 생태학』, 18).

16) 날은 다음과 같은 다양한 의미를 가지고 있다. 1)역사적 시간 혹은 개인적인 삶의 한 때를 가리킨다(삼상3:2; 신16:3; 삼상26:10). 2) 환한 시간과 캄캄한 시간을 구별할 때 사용한다. 3)양력의 하루를 가리킨다('종일'; 시편32:3). 4) 어떤 사건이 종결된 한 때를 가리킨다(창2:4; 레14:1-2; 전12:3). 성서에는 하루에 대하여 상대적인 평가를 한다: "사랑하는 자들아. 주께는 하루가 천년같고 천년이 하루같은 이 한 가지를 잊지 말라"(벧후3:8) 이와 더불어 시편 90편 4절에서는 "천년이 지나간 어제 같은 밤의 한 경점"일 뿐이라고 말한다. 하나님의 시간과 인간의 물리적인 시간은 서로 비교할 수 없는 양적 질적 차이가 있다. 그러므로 본문의 하루에

3) 둘째 날(1:6-8)

⁶하나님이 말씀하셨다: "물 가운데 궁창이 있어 물과 물 사이를 나누라."
⁷그리고 하나님이 그 궁창을 만드시고, 그 궁창 아래의 물과 그 궁창 위
의 물 사이를 나누시니, 그대로 되었다. ⁸그리고 하나님이 그 궁창을 하
늘이라고 부르셨다. 저녁이 되고 아침이 되니 둘째 날이었다.

둘째 날에 하나님은 물 가운데 궁창을 만들어 궁창 아래 물과 궁창 위의 물[17]
을 나누셨다. 깊은 물(심연)을 '단단한 것'(궁창)을 통해 밀어내시며 공간을 만드
셨다. 이 공간을 통해 궁창 위와 아래의 구분이 생겼다.[18] 그리고 그 궁창을 하
늘이라 부르셨다(수직적 분리). 그런데 둘째 날에는 왜 '보시니 좋았다'는 말이
없을까? 그것은 아직 나눔의 과정이 완전히 끝나지 않았기 때문이다. 궁창 아래
의 물은 이제 다시 한 곳으로 모여야 하고 육지와 바다로 나뉘어져야 한다.

4) 셋째 날(1:9-13)

⁹하나님이 말씀하셨다: "하늘 아래에 있는 물은 한 곳으로 모이고, 그 마
른 곳은 드러나거라." 그러자 그대로 되었다. ¹⁰그리고 하나님이 그 마른
곳을 육지라 부르시고, 물이 모인 곳을 바다라고 부르셨다. 하나님이 보
시니 좋았다. ¹¹그리고 하나님이 말씀하셨다: "그 땅은 씨를 맺는 채소와
땅 위에서 그 종류대로 그 안에 씨가 있는 열매를 맺는 과실수를 내라."
그러자 그대로 되었다. ¹²그리고 그 땅은 그 종류대로 씨를 맺는 채소와

대하여 현재 우리의 물리적인 시간개념으로 이해하려고 하는 것은 부적절하다.

17) 궁창 위의 물을 현대인 시각으로 보면 대기권이라고 할 수 있다. 우리 지구 위에 생명이 가능한 것은 우리
가 대기권의 보호막 안에 감싸여 있기 때문이다. 이 보호막은 우주로부터의 살인적인 방사선들을 완전히
는 아니지만 차단하기 때문에 생명이 생겨나고 보존될 수 있다(K. Marti, 『창조신앙: 하느님의 생태학』, 24).

18) 홍수 이야기는 이러한 분리와 자리 만들기의 과정을 거꾸로 바꾸신다(창6:5-6; 7:11-12). 홍수심판을 통해 지
구는 살인적이고 생명 없는 무질서가 될 수 있다. 그러나 그것은 우연이 아니다. 그것은 인간의 죄와 어리석
음의 결과로 일어난 것이다. 홍수이야기는 인간의 죄악으로 나타날 수 있는 끔찍한 결과에 대해서 경고한다.

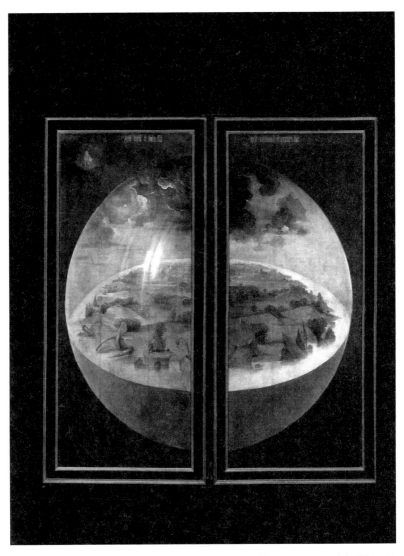

세계의 창조(Creation of the World). 네덜란드의 화가 히에로니무스 보슈(Hieronymus Bosch)의 작품(1500년 경)으로 마드리드 프라도 박물관에 소장되어 있다. 이것은 교회의 제단 뒤쪽 칸막이에 그려진 제단화로서 천지 창조 셋째 날이 두 패널 면에 걸쳐서 묘사되어 있다.

그 종류대로 그 안에 씨가 있는 열매를 맺는 나무를 자라나게 하였다. 하나님이 보시니 좋았다. [13]저녁이 되고 아침이 되니 셋째 날이었다.

하나님은 셋째 날 물이 한 곳으로 모이고 마른 곳은 드러나라고 말씀하셨다. 여기에는 '보시니 좋았다'는 어구가 있다. 왜 그런가? 위에서 설명한 것처럼 셋째 날에는 분리의 과정이 완성되었다. 수직적 분리와 수평적 분리가 종결되고 생명을 위한 공간이 확보된 것이다. 그러니 하나님 보시기에 좋다는 평가를 얻게 된 것이다. 이 후에 하나님은 땅에게 명령하셨다: "씨 맺는 채소와 씨 있는 열매 맺는 과실수를 내라." 그 이후 채소와 과실수가 종류대로 생겨났다.[19]

여기에서 한 가지 주목할 사항은 창조주 하나님의 조력자로서 나타나는 땅의 모습이다. 본문을 엄밀히 따져 보면 식물을 창조한 것은 하나님이 아니라 하나님의 명령을 받아 식물을 나게 한 땅이다. 하나님은 자신의 창조력을 땅에게 전권 위임한다. 땅이 창조성을 갖게 한 것이다.[20] 이것을 통해 얻을 수 있는 교훈은 신학과 과학, '창조론'과 '진화론' 사이에 양자택일식의 대결구도는 바람직하지 않다는 사실이다. 이 두 진영은 서로 대립되는 것으로만 파악되지 않는다. 관점이 다르다고 말할 수 있다. 땅이 식물을 내는 것만 보면 그것은 자연발생적인 현상이라고 말할 수 있다. 하지만 이것을 신앙의 관점에서 보면 그것은 하나님이 유도하신 창조의 과정이다.

5) 넷째 날(1:14-19)

[14]하나님이 말씀하셨다: "하늘의 궁창에 발광체가 있어, 그 낮과 그 밤을 나누고, 징조와 절기와 날들과 해가 되라. [15]또한 그것들은 땅 위에 빛을 비추는 하늘 궁창의 발광체들이 되라." 그러자 그대로 되었다. [16]그리고

---

19) 창조의 빛깔은 초록색이다. 그것은 생명과 살아 있는 숨의 빛깔이다. 우리가 숨을 쉬는 산소를 공급하는 것은 콘크리트나 아스팔트가 아니다. 산소 공급은 오직 식물, 나무, 초록만이 할 수 있다.

20) K. Marti, 『창조신앙: 하느님의 생태학』, 29-31.

하나님이 두개의 큰 발광체를 만드시고, 큰 발광체는 그 낮을 주관하게 하고, 작은 발광체는 그 밤을 다스리게 하셨다. 그리고 별들도 (만드셨다), [17]하나님이 그것들을 하늘의 궁창에 두시어 땅 위에 빛을 비추게 하셨고, [18]또한 그 낮과 그 밤을 다스리며 그 빛과 그 어둠을 나누게 하시었다. 하나님이 보시니 좋았다. [19]저녁이 되고 아침이 되니 넷째 날이었다.

우선 태양의 창조가 식물과 나무의 창조 다음에 나온다는 사실은 당시 고대 이스라엘의 상황에 비추어볼 때 큰 의미가 있다. 이것은 주변세계의 태양숭배나 천체숭배에 대하여 다음과 같은 의미의 말을 하는 것과 같다: "태양과 같은 것이 창조주일 수 없다. 그것이 땅과 생명을 창조한 것이 아니다. 창조는 홀로 하나님의 작품이다." 하나님은 하늘의 궁창에 발광체가 있어서 낮과 밤을 나누고, 징조와 절기와 날들과 해가 되게 하라고 하셨다. 천체들(해, 달, 별)은 빛을 비추는 기능만 할 뿐 빛 자체가 아니다.

해와 달과 별들의 창조가 이루어짐으로 시간 안에 질서가 주어진다. 그것은 '절기와 나날과 해를 나타내는 표'로서 기능한다. 해, 달, 별들은 단순히 빛나는 물체가 아니다. '다스리다'는 동사를 통해 낮과 밤을 다스리고 빛과 어둠을 나누는 역할을 하게 한다.[21]

6) 다섯째 날(1:20-23)

[20]하나님이 말씀하셨다: "물들은 생물의 떼로 번성하게 하고, 새는 땅 위 그 하늘의 창공에 날아다닐지라." [21]그리고 하나님이 큰 타닌들과 물에 번성하는 모든 움직이는 생물을 그 종류대로, 나는 모든 새를 그 종류대로 창조하셨다. 그리고 하나님이 보시니 좋았다. [22]그리고 하나님이 그것들을 축복하셨다. 말씀하시기를: "생육하고 번성하며 바다들의 물에 충

---

21) 독일말 Laune는 라틴말 Luna(달)에서 파생되었다. 달은 우리 인간의 기분과 느낌과 관련이 있다. K. Marti, 『창조신앙: 하느님의 생태학』, 38-39.

만하라. 새들도 땅에서 번성하라." ²³그리고 저녁이 되고 아침이 되니 다
섯째 날이 되었다.

다섯째 날 하나님은 물고기와 새를 창조하셨다. 여기에서도 셋째 날과 같은 구
조가 고찰된다. 하나님은 물에게 말씀하셨고, 물은 생물을 번성하게 했다. 물이
생명체를 탄생시키는 또 하나의 모태이다. 여기에서 주목되는 사실은 물고기 가
운데 흔히 '큰 물고기'라 번역되는 〈타닌〉(תנין)을 창조하신 것이다. 이 〈타닌〉은
본문에 따라서 '뱀'(출7:9-12; 신32:33; 시91:13)이나 '악어'(겔29:3; 32:2)를 지칭
하기도 한다. 하지만 다른 곳(욥7:12; 시74:13; 사51:9; 렘51:34)에서는 혼돈의 상
징인 '용'과 같은 신화적인 동물을 지칭한다. 여기에서 말하는 바는 분명하다. 혼
돈의 괴물과 같은 무시무시하게 크고 위협적인 바다 동물도 하나님의 창조물이
라는 사실이다.²²⁾

여기에서 또한 하나님의 특별한 모습이 고찰된다. 그것은 하나님이 물고기와
새들을 창조하시고 창조물을 축복하신 것이다. 물고기들을 향하여 "생육하고
번성하며 물에 충만하라."고 했고, "새들도 땅에서 번성하라."고 말씀하시며 축
복했다.²³⁾ 여기에 히브리어 발음으로 비슷한 여러 동사들이 연이어 나옴으로 축
복의 의미가 확대되고 있다:²⁴⁾ 〈바라〉 (창조하다) – 〈바라크〉 (축복하다) – 〈파
라〉 (생육하다) – 〈라바〉 (번성하다) – 〈말레〉 (충만하다).

7) 여섯째 날(1:24-31)

²⁴하나님이 말씀하셨다: "땅은 생물을 그 종류대로 내되, 짐승과 기는 것
과 육지의 동물을 그 종류대로 내라." 그러자 그대로 되었다. ²⁵그리고 하
나님이 땅의 동물을 그 종류대로, 짐승을 그 종류대로, 땅의 모든 기는

---

22) 이희학, 『인간의 죄악과 하나님의 구원행동: 창세기 1-11장의 신학』 (서울: 대한기독교서회, 2009), 67.
23) '땅에서 번성하라'는 축복을 창세기 2장 19절과 관련지어 볼 때 새는 육지동물과 같이 땅과 관련되어 있고,
    땅으로부터 생겨난 동물이라고 추론할 수 있다.
24) 이희학, 『인간의 죄악과 하나님의 구원행동: 창세기 1-11장의 신학』, 67-68.

것을 그 종류대로 만드셨다. 하나님이 보시니 좋았다. ²⁶그리고 하나님이 말씀하셨다: "우리가 우리의 형상과 우리의 모양을 따라 인간을 만들어 바다의 물고기와 하늘의 새와 짐승들과 모든 땅과 땅에 번성하는 모든 기는 것을 다스리게 하자." ²⁷그리고 하나님이 그의 형상을 따라 아담을 창조하셨다. 그가 하나님의 형상을 따라 창조하셨다. 그는 그들을 남자와 여자로 창조하셨다. ²⁸그리고 하나님이 그들을 축복하셨다. 하나님이 그들에게 말씀하셨다: "생육하고 번성하며 땅에 충만하여 그것을 정복하라. 바다의 고기와 하늘의 새와 땅에서 움직이는 모든 생물을 다스리라." ²⁹그리고 하나님이 말씀하셨다: "보라. 내가 너희에게 땅 위에서 씨를 맺는 모든 채소와 씨 있는 열매를 내는 모든 나무를 준다. 이것이 너희에게 먹을거리가 될 것이다. ³⁰또한 땅의 모든 동물과 하늘의 모든 새와 생명이 있어 땅 위에서 기는 모든 것에게 푸른 식물을 먹을거리로 준다." 그러자 그대로 되었다. ³¹하나님이 그가 창조하신 모든 것을 보셨다. 보시니 매우 좋았다. 저녁이 되고 아침이 되니 여섯째 날이었다.

여섯째 날 하나님은 '땅은 온갖 동물들을 내라' 하셨다. 다시 땅이 창조사업의 능동적인 동업자로 나타난다. 땅이 하나님의 위임을 받아 육지 짐승을 산출한다.²⁵⁾ 그러나 25절에서 '하나님께서 만드셨다.'고 말한다. 땅이 동물을 내지만 그 것들을 생명으로 부르신 것은 하나님임을 분명하게 보여준다.²⁶⁾ 하나님이 육지의 동물을 보시니 좋았다.

26절부터는 인간창조의 내용이다. 첫 번째 창조이야기에서 인간은 우주적인 피라미드의 정점에 있다. 따라서 창세기 1장의 창조이야기는 목표지향적이며 단계적으로 인간의 창조를 향하여 움직인다.²⁷⁾ 이렇듯 인간창조는 하나님께 특

---

25) '흙으로 각종 들짐승과 공중의 각종 새를 지으셨다'는 창세기 2장 19절의 내용을 참조하라.
26) K. Marti, 『창조신앙: 하느님의 생태학』, 54–55.
27) G. von Rad, *Theologie des Alten Testaments*, 155. 첫 번째 창조이야기(1:1–2:4a)와 두 번째 창조이야기(2:4b–25)에서 인간의 위치가 상이하게 그려지고 있음을 볼 수 있다. 두 번째 창조이야기에서 인간은 정

별한 일이었다. 그래서 '우리'라는 주어가 등장한다. 심사숙고의 결단을 동반하는 행동이다.[28] 인간창조는 하나님의 마음 깊은 곳에서 특별하면서도 장엄하게 이루어진 하나님의 결정을 통해서 이루어진다.[29] 하나님은 자신의 형상을 따라 사람을 남자와 여자로 만들었다. 남자와 여자 모두 하나님의 형상을 지닌 존재로 만들어졌다. 그리고 그들을 축복하셨다. "생육하고 번성하며 땅에 충만하여 그것을 정복하라(Dominium Terrae), 모든 생물을 다스리라." 이러한 축복의 내용은 창세기 전반에 흐르는 중심주제이다(5:1-2; 9:1-2; 8:17; 12:1-3; 13:14-18; 15:4-6; 26:2-5; 28:3-4; 35:11-12; 47:27; 48:4).

여기에서 우리는 좀 더 깊이 고찰해 보아야 할 두 가지 사실을 발견한다. 먼저 인간이 '하나님의 형상'을 따라 창조되었다는 말의 의미가 무엇인가 하는 것이다. 이것은 단지 외형적 유사성을 말하는 말이 아닐 것이다. 그 의미에 대하여 다음 세 가지를 말할 수 있다.[30] 첫째로, 인간은 왕처럼 존귀한 존재라는 사실이다. 고대 중동에는 왕을 하늘에 있는 신의 모형으로 생각하는 사상이 있었다.[31] 아멘오피스 3세(Amenophis III, 1403-1364 BC)는 '신의 살아 있는 형상',

---

점에 있지 않고 중심에 있다. 하나님은 인간 주위에 자신이 수행한 활동의 결과들을 세운다.

28) '우리'라는 복수형 사용의 의미에 관하여 다음을 참조하라. 이희학, 『인간의 죄악과 하나님의 구원행동: 창세기 1-11장의 신학』, 71-73. 다음과 같은 해석의 예들을 볼 수 있다: 1)교리적 해석: 삼위일체 하나님을 가리킨다고 본다; 2)신화론적 해석: 다신론적 상황을 반영한다고 본다(창6:2) (H. Gunkel); 3)언어적 분석: a) 왕적 어투-국왕이 '우리'(We-짐)이라는 경칭과 위엄의 복수를 사용하는 것과 같다(S. R. Driver); b)심사숙고형-중요한 결정을 앞두고 심사숙고할 때 쓰는 화법이다(창11:7; 사6:8) (C. Westermann); 4)종교사적 해석: 천상회의 상황을 반영한다(왕상22:19; 욥1:6; 2:1; 38:7) (G. von Rad, W. Zimmerli).

29) G. von Rad, *Theologie des Alten Testaments*, 158.

30) 이희학, 『인간의 죄악과 하나님의 구원행동: 창세기 1-11장의 신학』, 75-76.

31) 성서와 고대 중동 문헌을 비교해 볼 때 다음과 같은 특징들이 있다: 1)신론의 차이: 다신론적 환경에서 신들은 서로뿐 아니라 인간들과 끊임없는 권력 갈등관계 속에 있다. 그 신들은 신인(神人) 속성을 지니고 있고, 인간들은 신이 되고자 한다. 그러나 창세기의 하나님은 절대 타자성을 가지고 계신 분으로 우주만물을 무에서 유로 창조하신 유일신이시며 피조물을 구속하시는 분이다(1:1; 3:15). 그러므로 사람은 신이 되어 행복할 수 없고 하나님과 함께 함으로 행복할 수 있다(3:5). 2) 인간론에 있어서 고대 중동의 신화는 신들이 인간을 지속적으로 파괴하고자 하나 창세기에서 인간들은 하나님의 형상을 입은 피조물로서 하나님의 대언자로서 땅에서 번성하며 다스리는 복을 부여받은 존재다(1:28). 3) 역사관에 있어서 고대 중동의 신화에는 이 땅에서의 점진적인 유토피아를 말하지만, 창세기에서는 인류의 타락과 함께 하나님의 심판에 의한 종말론

'땅에 놓아둔 신의 형상'으로 인정되었다. 창세기에는 왕에게만 사용하던 '하나님의 형상'이란 칭호를 인류 전체를 뜻하는 〈아담〉에게 적용시키고 있다. 구약성서에서는 '제왕신학의 민주화'가 일어나고 있다. 〈아담〉이 '하나님의 형상'을 따라 지음 받았다는 사실은 모든 인간은 평등하며, 모두가 왕처럼 존귀한 존재로 창조되었음을 말하고 있다. 인간은 하나님의 형상과 모양을 따라 창조되어 피조세계 가운데 으뜸의 자리에 있는 최고의 위상과 가치를 지닌 존재임을 말해준다. 둘째로, 인간은 하나님의 상대자로서 하나님과 사귐을 가질 수 있는 유일한 존재라는 사실이다. '형상'과 '모양'이라는 것은 하나님과 인간 사이의 긴밀한 관계성을 표현한다. 인간만이 하나님과 직접적으로 관계할 수 있는 피조물이며, 하나님과 교제할 수 있는 상대자이다. 하나님은 인간에게 말씀하시고, 인간은 하나님께 응답하며 나아갈 수 있다. 셋째로, 인간은 하나님의 '대리자'임을 말한다. 인간 모두가 하나님의 왕적 모상이며 대리자이다. 하나님은 피조물들에 대한 통치권을 위임하셨다. 바다와 하늘과 땅의 모든 생물을 다스리라고 말씀하셨다. 사람은 하나님께로부터 위임받은 통치권을 가지고 이 땅에서 피조세계를 다스리며 관리할 권한과 책임을 동시에 갖고 있다.

두 번째는 인간창조의 목적에 관한 문제다. 여기에서 우리는 인간창조의 특별한 목적을 볼 수 있다. '사람을 만들어 바다와 하늘과 육지의 동물을 다스리게 하자'는 의도였다. 이것은 고대 중동문헌의 창조설화와 비교할 때 그 의미가 더 뚜렷해진다. 인간창조는 신들의 고역을 대신하기 위한 것이 아니라, 하나님을 대신해서 인간이 이 땅을 통치하게 하기 위한 것이었다. 그러나 여기에서 중요한 것은 '다스림'의 내용과 성격이다. 이 통치에 대한 해석은 피조물에 대한 인간의 행동방식의 근거를 제공한다. 여기에서 다스림은 왕의 통치를 의미한다.

적인 역사관을 말한다(3:15–24). 4) 윤리적인 측면에서 볼 때 고대 중동의 신화와 서사시에서는 도덕적인 패러다임을 찾아볼 수 없으나 창세기는 선악과를 따먹지 말라는 하나님의 계시적 윤리를 인간에게 요구한다(2:16–17). 이한영, 『역사와 서술에서의 오경 메시지』 (서울: 크리스찬, 2008), 78–79. 창조를 주제로 하고 있는 고대중동의 문헌에 관하여 다음을 참조하라. 이한영, 『역사와 서술에서의 오경 메시지』, 75–79; G. J. Wenham, 『모세오경』, 박대영 옮김 (서울:성서유니온선교회, 2007), 32–42.

왕은 무엇보다 판관으로서 형평, 샬롬을 위해서 일해야 한다(예컨대, 왕상3:16-
28에 나타나 있는 솔로몬의 판결). 재판은 깨진 평화를 다시 세우는 것이다. 다
스림은 폭력이나 전멸이 아니다. 여러 요구와 승낙의 평화롭고 만족을 주는 균
형을 회복하는 것이다. 왕은 자기가 다스리는 백성의 복지와 번영을 위해 책임
을 져야 한다. 백성을 억압하고 착취하는 것이 아니라 백성이 샬롬을 누리도록
돌보는 목자적 다스림을 해야 한다는 사실이다(시23편; 요10장).[32] 결론적으로
말하면, 하나님의 다스림을 수행하는 것이다.

하나님은 사람에게 씨맺는 채소와 씨있는 모든 과실수를 먹을거리로 허락하
셨다. 동물들에게도 푸른 식물을 먹을거리로 주셨다. 여기에서 알 수 있는 것은
상함과 해함이 없는 평화의 세계에 대한 그림이다(사11:6-9 참조). 하나님은 그
가 창조한 모든 것을 보실 때 좋았다. 그러나 여섯 째 날에는 좋았다는 사실이
강조된다. 그 모든 것이 '매우' 좋았다. 이것은 창조의 조화로움과 완전성을 강
조한다.[33]

8) 창조의 완성과 안식(2:1-3)

> [1]하늘과 땅과 그것의 모든 것이 완성되었다. [2]하나님이 일곱째 날에 그가
> 하신 그의 일을 마치시고 일곱째 날에 그가 하셨던 그의 모든 일로부터
> 안식하셨다. [3]그리고 하나님이 일곱째 날을 축복하시고 그것을 거룩하게
> 하셨다. 왜냐하면 그가 그 날에 창조하여 만드셨던 그의 모든 일로부터
> 쉬셨기 때문이다.

본문은 일곱째 날에 일을 마치셨다고 한다. 하지만 이것이 일곱째 날에도 일
하셨다고 해석할 수 있는 여지가 있기 때문에, 고대역본들(사마리아오경, 칠십

---

32) C. Westermann, 『창세기 주석』, 33. 〈라다〉의 용례 자체는 부정적 다스림(레26:43; 46, 53; 느9:28; 사14:6;
렘5:31; 겔34:4)과 긍정적 다스림(왕상5:4; 시72:8; 110:2; 사14:2) 모두를 보여준다. 하지만 구약성서를 통
해 보여주는 왕의 통치는 공평과 정의를 통한 샬롬을 맛보게 하는 다스림이다(시72:8; 또한 참조, 사11:1-9).
33) 이희학, 『인간의 죄악과 하나님의 구원행동: 창세기 1-11장의 신학』, 79.

인경, 시리아역)은 여섯째 날로 읽고 있다. 그러나 일곱째 날에 하시던 모든 일로부터 안식하셨다는 표현을 통해 일곱째 날은 쉼의 날이라는 것을 알 수 있다. 하나님은 이 날을 특별하게 취급하셨다. 히브리어 정관사를 통해 유독 일곱째 날을 특별한 날임을 알려준다. 일곱째 날은 동물과 사람에 이어 하나님께 축복받는 특별한 대상이다. 그리고 하나님에 의해서 거룩하게 되었다. 거룩의 가장 근본적인 특징은 하나님께로의 분리/구별이다.[34] 하나님은 일곱째 날을 특별히 구별하여 안식하셨고, 하나님의 모범을 따라 모든 피조물이 안식하게 하신 것이다(십계명).

하나님의 안식에는 어떤 의미가 있을까? 하나님이 안식하심으로써 창조를 그들의 자율성과 자유에 내 놓으신 것이다. 창조물이 살아 있기 때문에 하나님께서는 뒷전으로 물러나 안식을 취하실 수 있다. 생명의 자율과 자유는 실험과 모험을 의미한다. 창조의 완성을 통해 창조의 작품과 그것을 유지하고 구원하시는 돌봄 사이에 분명한 차이가 있음을 보여준다.[35] 창조는 시작이다. 그러므로 끝이 있다. 창조의 마지막에는 안식이 있다(히4:1-11).

3. 결미어(2:4a)

⁴ᵃ이것들이 하늘과 땅을 창조할 때 있었던 하늘과 땅의 내력(תוֹלְדוֹת)[36]이다.

본 절은 창조 이야기의 결미어로서 앞의 본문들이 창조의 과정을 이야기하고 있다는 사실을 마무리한다. 여기에 창세기 서술에서 특징적으로 나타나는 〈톨레도트〉가 등장한다. 이 말은 '계보, 내력, 족보' 등으로 번역되

---

34) "하나님께서는 그의 날(안식일: 창2:3; 출20:10-11)과 제사장(레22:9), 그리고 그의 백성(레22:32)을 거룩하게 하셨다." J. Milgrom, *Leviticus 1-16* (AB) (New York: Doubleday, 1991), 615; 김근주, "포도주와 독주를 마시지 말라,"『포룸비블리쿰』6 (2010. 7-8), 44.

35) G. von Rad, *Theologie des Alten Testaments*, 161.

36) 완전서법으로는 룻4:18에서와 함께 2번 나타난다.

며 창세기 서술의 두 축 가운데 하나로 나타난다.[37] 본 절(4a)은 이중적인 기능을 한다. 전 이야기를 마무리하면서 동시에 다음 이야기(2:4b-3:23)를 준비한다. 창세기의 이야기는 10개의 톨레도트 이야기가 있다.[38]

Ⅳ. 나가는 말

여기에서 우리는 다음과 같은 점들을 중심내용으로 요약할 수 있다. 첫째, 하나님은 창조주이시라는 사실이다. 하늘과 땅, 즉 우주 전체를 만드신 분은 하나님이시다. 그러한 사실은 〈바라〉라는 동사의 사용을 통해서도 확인된다. 하나님은 이 세계의 주인이시며, 이 세계에 창조질서를 세우신 분이라는 사실이 분명하게 드러난다. 둘째, 하지만 첫 번째 창조이야기(1:1-2:4a)에서 강조되는 점은 '무질서'에서 '질서'를 만들어 가시는 하나님의 모습이다. '분리'와 '채움'을 통해 피조물이 있어야 할 자리에 있게 하시고, 있어야 할 것들로 채우신다. 그것을 통해 인간을 비롯한 피조물들이 자신의 역할을 감당하며 서로 조화를 이루며 살게 하신다. 셋째, 인간이 창조의 절정으로 나타난다. 그것은 두 가지 점에서 확증된다. 인간은 하나님의 형상으로 창조되었다는 점(27절)과 하나님이 인간에게 바다와 하늘과 땅의 모든 생물을 다스리는 권한을 위임하셨다(28절)는 사실이다. 인간은 하나님의 형상성을 가짐으로 다른 모든 피조물보다 우위에 있

---

37) 창세기의 이야기 전개방식에는 주요 인물 이야기를 서술 마지막 부분에 등장시키는 특징이 나타난다. 예컨대, 가인의 내러티브(4:17, 25)는 셋 전에 기술되었고, 셈의 내러티브는 야벳과 함(10:2, 6, 21) 이후에 소개된다. 이삭은 이스마엘의 이야기(25:12, 19) 이후, 그리고 야곱은 에서의 내러티브(38:1; 31:2)를 이어 전개된다. 이 외에 축복과 저주로 구성된 6개의 신탁이 태고사(3:15; 9:24-27)와 족장사(12:2-7; 24:60; 27:21-29, 39-40; 40:12, 19)에 삽입되었다. 에피소드를 엮어나가는데 있어 중심 인물들의 대립형태로 이 두 부분에서 일관되게 묘사된다. 예로 가인과 아벨, 아브라함과 롯, 이삭과 이스마엘, 에서와 야곱, 요셉과 유다, 베레스와 세라, 에브라임과 므낫세의 대립이다. 또한 창세기 안에서뿐 아니라 오경 전체에서 언약에 따른 복으로서 일관되게 제시되는 땅과 번성의 약속을 볼 수 있다(창1:28; 9:1; 17:6; 28:3; 35:11; 48:4; 49:22; 출1:7; 레 26:9). 이한영, 『역사와 서술에서의 오경 메시지』, 67.

38) 이한영, 『역사와 서술에서의 오경 메시지』, 65-66.

게 된다(시8:6; 겔28:12).[39] 여기에서 야훼 신앙의 중요한 신학을 엿볼 수 있다. 그것은 이스라엘이 하나님을 인간형상을 지닌 분으로 본 것이 아니라, 인간을 하나님과 같은 형상을 지닌 존재로 보았다는 사실이다.[40] 그만큼 인간의 존엄과 가치가 높이 평가되고 인정된다. 하지만 여기에는 책임이 있다. 인간은 하나님의 형상을 따라 지음 받은 특별한 존재로서 하나님의 대리자가 되어 피조물을 잘 다스려야 하는 것이다. 이 다스림은 일방적인 착취나 억압이 되어선 안된다. 공평과 정의를 통해 샬롬을 맛보게 하는 왕의 통치이어야 한다. 넷째, 하나님은 안식을 통해 창조를 완성하신다. 하나님은 6일 동안 일하신 후 제7일을 거룩하게 하시고 그 날에 쉬셨다. 안식을 통해 창조의 목적을 이룬 것이다. 그러므로 안식일을 지키는 것은 매우 큰 의미가 있다. 인간은 안식일을 지킴으로 하나님이 제정하신 안식에 참여하게 된다. 이렇듯 인간이 따르는 노동과 안식의 리듬 속에서 하나님의 창조질서가 실현되는 것이다.[41]

---

39) G. von Rad, *Theologie des Alten Testaments*, 158.

40) G. von Rad, *Theologie des Alten Testaments*, 159.

41) 안식의 의미에 관하여 다음을 참조하라. 하경택, "주 5일 근무제와 교육목회: '노동'과 '쉼'에 대한 구약성서의 이해," 「교육목회」26 (2005), 26–31.

에덴 동산 이야기 1 (창2:4b-25)[42]

I. 들어가는 말

본문은 '창조'라는 동일한 주제를 다루면서도 창세기 1:1-2:4a과는 다른 관점에서 기록되어 구별된다는 점에서 '두 번째 창조이야기'라고 명명할 수 있다. 이 두 번째 창조이야기는 창세기 3장까지 이어진다. 이어지는 내용에서 에덴동산이 사건의 무대이자 배경으로 나타나기 때문에 '에덴동산 이야기'라는 제목을 붙일 수 있다. 첫 번째 창조이야기가 '하나님의 창조와 세계의 기원'이라고 명명될 수 있다면, 두 번째 창조이야기는 '하나님의 인간 창조와 역사의 시작'이라고 명명될 수 있을 것이다.

II. 본문의 구조

첫 번째 창조이야기(1:1-2:4a)와 두 번째 창조이야기(2:4b-25)에는 다음과

---

42) 이 글은 「포룸비블리쿰」 8 (2011), 11-32쪽에 실려 있다.

같은 여러 가지 점에서 차이를 보여준다.[43] 1) 두 번째 창조이야기에서 창조주는 '하나님'(אֱלֹהִים, 〈엘로힘〉)이 아니라 '야훼 하나님'(יהוה אֱלֹהִים, 〈야훼 엘로힘〉)으로 소개된다.[44] 이것은 보통명사인 '하나님'만을 사용하고 있는 첫 번째 창조이야기와 구별되며, 다른 곳에서 고유명사인 '야훼'만을 사용하고 있는 것과도 구별된다. 고유명사인 '야훼'와 보통명사인 '하나님'의 결합은 매우 독특한 경우인데, 아마도 첫 번째 창조 이야기와의 관계를 고려하여 오경의 최종 편집자가 '야훼'에 '하나님'을 삽입한 것으로 보여진다. 2) 첫 번째 창조 이야기가 인간창조를 '정점'으로 하는 '천지(天地)의 창조'를 다루고 있다면, 두 번째 창조이야기는 인간 창조를 '중심'으로 하는 '지천(地天)의 창조'를 다루고 있다.[45] 전자가 하나님의 일반적이고 보편적인 세계의 창조에 대한 보도라고 한다면, 후자는 구체적이고 특수한 인간의 창조에 집중하고 있다. 3)두 번째 창조이야기에서는 첫 번째 이야기에서와는 달리 창조주 하나님이 인간과 가까이 계시는 분으로 등장한다. 하나님은 멀리 계시는 초월적인 존재가 아니라 인간과 같이 지상에 거하시는 분이다. 4) 두 번째 창조이야기에서는 창조가 도식적이고 장엄한 문체로 기술되지 않고, 원시적인 민담의 형식으로 보도된다. 토기장이가 흙으로 그릇을 빚듯이 하나님은 흙으로 남자를 창조하셨으며, 그 남자의 갈빗대로 여자를 만드셨다. 5) 두 번째 창조이야기에서는 하나님의 창조행위를 소개할 때 〈바라〉(בָּרָא, '창조하다' 1:1, 21, 27, 2:3-4a)동사를 전혀 사용하지 않는다. 그 대신 〈아사〉(עָשָׂה, '만들다' 2:4, 8), 〈야차르〉(יָצַר, '짓다' 2:7, 8,19), 〈나타〉(נָטַע, '심다' 2:8) 등의 동사가 사용된다. 이것은 수고스런 행위를 통해 창조하시

---

43) 이희학, 『인간의 죄악과 하나님의 구원행동: 창세기 1–11장의 신학』, 83–85.

44) '야훼 하나님'은 뱀과 여자의 대화부분(3:1–5)을 제외하고는 2–3장에서 일관되게 사용되고 있다(20회). 2:4b–3:24을 제외하면 구약 전체에서 16회 더 사용되었고, 오경에서는 오직 출애굽기 9장 30절에서 한 더 나타날 뿐이다.

45) 두 창조이야기에서 인간이 차지하고 있는 상이한 위치를 다음과 같이 말할 수 있다: "두 번째 창조이야기에서 인간은 중심이다. 그 주위에 하나님은 자신이 수행한 활동의 결과들을 세운다. 하지만 첫 번째 창조이야기에서는 인간이 우주적인 피라미드의 정점이다. 따라서 첫 번째 창조이야기는 목표지향적이며 단계적으로 인간의 창조를 향하여 움직인다." G. von Rad, *Das erste Buch Mose. Genesis* (ATD), 156.

는 하나님의 모습을 보여준다. 말씀으로 창조하시는 하나님의 모습은 전혀 등장하지 않는다. 6) 창조이전의 모습이 다르다. 첫 번째 창조이야기가 땅이 혼돈하고 세상이 무질서하게 뒤섞여 있는 상태에서 창조를 시작하는 반면, 두 번째 창조이야기에서는 물도 없고 초목도 인간도 없는 황량한 땅에서 창조를 시작하신다. 첫 번째 창조이야기가 '무질서'에서 '질서'로 나아가게 하는 창조라면, 두 번째 창조이야기는 '결핍'에서 '채움'으로 나아가게 하는 창조라고 할 수 있다. 7) 창조의 순서가 다르다. 첫 번째 창조이야기는 '빛 – 궁창 – 육지와 바다, 식물 – 해, 달, 별 – 물고기, 새 – 땅의 동물, 인간'의 창조순서를 보이고 있다. 하지만 두 번째 창조이야기에서는 '남자 – 에덴 동산(식물) – 동물– 여자'의 순서로 만들어진다. 두 번째 창조이야기에서 다른 피조물들은 언급되지 않는다. 8) 물에 대한 표상이 다르다. 첫 번째 창조이야기에서 물은 혼돈의 세력이며 하나님의 창조 세계를 위협하는 세력이다. 하지만 두 번째 창조 이야기에서 물은 생명의 근원으로 하나님이 지으신 세계를 풍성하게 한다. 9) 인간에 대한 강조점이 다르다. 첫 번째 창조이야기에서 하나님의 형상을 따라 지음받은 인간의 위대성이 강조된다면, 두 번째 창조이야기에서는 흙으로 지음받은 인간이 지니고 있는 한계성과 허약성에 대한 근원적인 통찰이 돋보인다.

첫번째 에덴 동산 이야기 (2:4b–2:25)는 두번째 에덴 동산 이야기 (3:1–24)까지 이어진다. 이것을 한 마디로 요약하면 '인간의 창조와 타락 이야기'라고 말할 수 있다. 에덴에 살도록 창조된 아담과 하와(2:4b–25)가 하나님이 금지하신 명령을 어기고 에덴으로부터 추방당한다(3:1–24)는 이야기이다. 첫 번째 에덴 동산 이야기의 구조는 명확하게 드러난다. 이 이야기는 창조 이전의 상황에 대한 묘사(2:4b–6) 이후 전개되는 네 종류의 창조활동에 대한 보도로 구성되어 있다.

2:4b–6	창조이전의 상태
2:7	하나님의 첫 번째 창조: 아담
2:7a, b	두 가지 행위를 통한 아담의 창조

2:7c	창조의 결과: 살아있는 존재가 된 아담
2:8-17	하나님의 두 번째 창조: 에덴 동산
2:8	에덴의 창설
2:9	온갖 종류의 나무를 나게 하심
2:10-14	네 줄기의 강
2:15-17	아담의 임무와 하나님의 금령
2:18-20	하나님의 세 번째 창조: 동물들
2:18	'그에게 알맞은 도움'(돕는 배필)의 필요성
2:19	동물의 창조
2:20	아담이 동물들에게 이름을 부여함
2:21-25	하나님의 네 번째 창조: 여자
2:21-22	아담의 갈비뼈로 여자를 만드심
2:23-25	한 몸을 이룬 남자와 여자

Ⅲ. 본문해설

1. 창조이전의 상태(2:4b-6)

[4b]야훼 하나님이 땅과 하늘을 만드시던 날에, [5]그때 들판의 초목이 땅에 있지 않았고, 들판의 채소도 나지 않았다. 왜냐하면 야훼 하나님이 땅 위에 비를 내리게 하지 않았고, 그 땅을 경작할 사람도 없었기 때문이다. [6] 그러나 안개가 땅에서 올라와 모든 지면을 적셨다.

두 번째 창조이야기(2:4b-25)에서 첫 번째 창조이야기(1:1-2:4a)와는 달리 땅이 강조되고 있다.[46] 여기에서는 하늘이나 바다에 관한 언급이 없다. 오직 땅에 집중하고 있다. '땅에 사는 인간'과 '땅과 인간의 관계'에 대한 문제가 초점이다.[47] '땅과 하늘'은 하나님의 창조를 요약하는 표제어 역할을 한다. 여기에서는 창세기 1장 1절에서처럼 정관사(ה, ⟨하⟩)가 사용되지 않고 있다(⟨에레츠 베샤마임⟩, אֶרֶץ וְשָׁמַיִם). 정관사의 생략으로 땅과 하늘에 대한 제한적인 의미가 사라진다. 다시 말하면, 이러한 표현을 통해 땅과 하늘 전체에 대한 것이라기 보다는 땅과 하늘에 대한 부분적인 접근을 하고 있음을 시사한다고 말할 수 있다.

창조는 결핍을 채워가는 과정이다.[48] 창조이전의 상태에 대하여 하나님께서 비를 내리지 않아 초목과 채소가 없었고, 땅을 경작할 사람도 없었다고 말한다.[49] 물, 식물, 사람의 결핍이 하나님의 창조활동의 동인이다. 하나님은 창조활동을 통해 이러한 결핍을 채우신다.[50]

여기에는 주목할 만한 다양한 낱말들이 등장한다.[51] '땅'(אֶרֶץ)과 '하늘'(שָׁמַיִם)은 서로 대조되는 개념이며, 일반적으로 지구를 의미하는 가장 일반적이고 포괄적인 낱말들이다(창1:1; 2:4). '들/밭'(שָׂדֶה)은 야생동물과 식물의 터전으로 인위적으로 개간되지 않은 넓은 벌판을 말하는데, 이곳에서 사람들은 양 떼를 방목하기도 한다(창2:19; 3:1, 18; 4:8). '흙, 토지'(אֲדָמָה)는 사람들에 의해 경작

---

46) 이와 같은 사실은 땅과 관련된 낱말들이 반복되어 나온다는 사실을 통해 알 수 있다. ⟨아다마⟩ (אֲדָמָה 흙 – 5회: 2:5, 6, 7, 9, 19); ⟨사데⟩ (שָׂדֶה) 들 – 4회: 2:5[2x], 19, 20); ⟨간⟩ (גַּן 동산 – 5회: 2:8, 9, 10, 15, 16). 또한 하나님께서 ⟨아다마⟩를 경작하게 하려고 '아담'을 만드시고(2:5), 아담을 '아다마'로부터 지으셨다(2:7)는 언어유희 안에서도 잘 고찰된다. 정석규, 『구조로 읽는 창세기』, 33.

47) '땅과 하늘'의 순서로 언급하고 있는 본문: 시148:13("여호와의 이름을 찬양할지어다. 그의 이름이 홀로 높으시며 그의 영광이 땅과 하늘위에 뛰어나심이로다."); 사45:12("내가 땅을 만들고 그 위에 사람을 창조하였으며, 내가 내 손으로 하늘을 펴고 하늘의 모든 군대에게 명령하였노라."); 또한 다음을 참조하라. 삿5:4; 시68:8.

48) 정석규, 『구조로 읽는 창세기』, 38.

49) 이것이 4개의 부정문으로 1개의 긍정문으로 묘사되어 있다.

50) 이 외에도 남자가 홀로 있어 좋지 않은 모습, 즉 '그에게 알맞은 도움'(돕는 배필)의 결핍도 여자의 창조를 통해 온전한 모습으로 만들어 가신다(2:23–25).

51) 이희학, 『인간의 죄악과 하나님의 구원행동: 창세기 1–11장의 신학』, 92–93.

될 수 있는 농경지를 말하며, 땅의 일부분을 구성한다(창2:5; 3:17; 4:3). 이것은 인간과 가장 밀접히 관련되고 있는데, 하나님이 인간을 흙으로 창조하셨다는 사실을 통해서도 알 수 있다(창2:7). '초목'(שִׂיחַ)은 키가 작은 관목을 가리키며(창21:15; 욥30:4, 7), '채소'(עֵשֶׂב)는 인간과 동물이 먹을 수 있는 식물로서 야생식물과 재배식물을 모두 포함한다(창1:29, 30; 3:18).

2. 하나님의 첫 번째 창조: 아담(2:7)

> [7]그때 야훼 하나님이 흙에서 난 먼지로 그 사람을 지으시고, 그의 코에 생명의 호흡을 불어넣으셨다. 그러자 그 사람은 생명체가 되었다.

본문은 인간을 무엇으로 그리고 어떻게 창조했는지 잘 보여준다. 이것을 통해 인간에 대한 구약성서의 이해를 잘 알 수 있다. 다음과 같은 세 가지 사실을 알 수 있다.[52] 1) 유한적인 인간의 모습이다. 본문은 하나님이 인간을 '흙'으로 창조하였다고 보도한다.[53] 히브리어 본문은 인간은 '흙에서 난 먼지'(מִן־הָאֲדָמָה עָפָר)로 만들었다고 말한다. 여기에서 '먼지'(עָפָר, 〈아파르〉)는 인간을 창조할 때 사용한 재료이며, '흙'(אֲדָמָה, 〈아다마〉)은 그 재료의 출처 또는 유래를 말한다. 인간은 '흙의 먼지'로 만들어진 초라한 존재이다(욥10:9; 시90:3; 104:29; 사29:16). 이것은 인간이 유한적이며 무상한 존재로 창조되었음을 말한다. 인간은 신이 아니며, 신이 될 수 없다. 범죄한 인간에게 하신 말씀('너는 먼지니 먼지로 돌아가리라', 창3:19)은 인간의 본질, 즉 죽어서 흙으로 돌아가야 하는 인간의 유한성을 말하고 있다. 2) 땅에 의존적인 인간의 모습이다. '흙의 먼지'로 창조된 인간의 이름은 '아담'(אָדָם)이다. 아담은 세 가지 경우로 사용된다. 인류전체

---

52) 이희학, 「인간의 죄악과 하나님의 구원행동: 창세기 1-11장의 신학」, 93-96.
53) 인간을 흙으로 창조하였다는 모티브로 인간의 창조를 말하고 있는 문헌들: 애굽의 신 크흐눔(Khnum)은 진흙으로 인간을 만들었으며, 헬라의 프로메테우스(Prometheus)는 흙과 물로 인간을 만들었다고 말한다. 또한 길가메쉬 서사시에 등장하는 여신 아루루(Aruru)는 진흙으로 엔키두(Enkidu)를 만들었다.

혹은 인간을 의미하는 보통명사로 단수형으로 사용되지만, 집합적 의미를 갖는 경우와 최초의 인간 개인을 가리키는 경우, 그리고 여자의 대응개념으로서 남자를 지칭하는 경우가 있다. 언어유희(wordplay)가 엿보이는 '아담'(사람)과 '아다마'(흙) 사이의 밀접한 연관성은 인간은 흙으로부터 왔으며 흙으로 돌아가야 하는 존재라는 사실을 보여준다.[54] 또한 이것은 인간이 땅에 속해 있으며, 땅에 의존해서 살아가야만 하는 존재라는 사실을 선언하는 것이다. 3) 하나님께 의존적인 인간의 모습이다. 하나님은 땅의 먼지로 인간을 지으신 후 그의 코에 '생기'(נִשְׁמַת חַיִּים, 〈니쉬마트 하임〉)를 불어넣어 주었다. 그런 후에야 인간은 '살아 있는 존재'(נֶפֶשׁ חַיָּה, 〈네페쉬 하야〉)가 되었다. 여기에서 '생기'는 하나님으로부터 유래된 생명력을 지닌 숨이며, 흙으로 창조된 인간을 살아있는 존재로 만든 역동적인 힘이다. 이것은 인간과 똑같이 흙으로 만들어진 각종 동물들(2:19)과 본질적으로 구별되는 표지이며, 인간이 다른 피조물들에 비해 우월한 위치에 있다는 것을 증거한다. 이것은 첫 번째 창조이야기와 비교하여 볼 때 '하나님의 형상'과 동일한 신학적 의미를 지니고 있다. 또한 여기서 우리는 '인간의 생명은 하나님이 그 생기를 거두어 가시면 끝난다'(욥34:14-15; 시104:29; 146:4; 전12:7)는 구약의 인간이해를 발견할 수 있다. 인간의 생명과 존재의 근거는 하나님으로부터 비롯되었으며, 인간 생명의 소유권은 하나님에게 있다는 것이다. 인간은 독자적인 생명력을 지닐 수 없으며, 처음부터 영원히 살 수 있는 존재로 창조된 것도 아니다. 인간은 철저히 하나님에게 의존되어 있으며 본질적으로 인간의 생명에 대한 소유권은 하나님에게 있다. 그래서 시편 36편 9절에서는 다음과 같이 노래한다: "진실로 생명의 원천이 당신께 있사오니 당신의 빛 안에서 우리가 빛을 봅니다."

---

54) 이러한 언어유희는 아카드어 〈아다마투〉(adamātu, 붉은 땅)와 〈아다무〉(adamu, 붉은 피)에서도 찾아볼 수 있다. 〈아다마〉는 '철을 함유한 붉은 색의 농토'를 의미하며, 〈아담〉은 '땅처럼 붉은 색을 띠고 있는 존재'라는 것이다. 이러한 점에서 땅과 사람 사이에 있는 깊은 연관성이 고찰된다. F. Maass, *ThWAT I*, 82.

3. 하나님의 두 번째 창조: 에덴 동산(2:8-17)

1) 에덴의 창설(8)

> [8]그리고 야훼 하나님이 동쪽의 에덴에 한 동산을 마련하시고, 그곳에 그
> 가 지으셨던 그 사람을 두셨다.

하나님은 인간을 창조하신 후 그가 거처할 수 있는 공간을 마련해 주셨다. 그것
이 에덴동산이다. 그곳은 물도 풀도 나무도 없는 황량한 땅이 아니라 지상의 낙원
인 것이다. '동산'(ן, ‹간›)이란 말을 70인경에서는 ‹파라데이소스› (Παράδεισος)
로 번역한다. 이 낱말은 고대 페르시아어 ‹파이리다에자› (pairidaēza)에서 유래하
였다. 이것은 '둘레에'라는 뜻의 pairi와 '담'이란 뜻의 daēza라는 말이 합성되어 만
들어진 낱말로서 '울타리가 둘러쳐져 있는 정원 혹은 공원'(창3:23)을 뜻한다.[55]
‹에덴›은 기쁨, 희열, 환희, 황홀을 뜻하는 말로 고대 중동의 한 지역을 가리키는
말이다(창4:16; 사37:12). 이 말은 '번성하게 하다, 풍성하게 하다'를 의미하는 아
람어 ‹아단› ('dn)과 깊이 관련되어 있다.[56] 구약성서에서 에덴은 언제나 물이
풍부하며 큰 나무들이 자라는 비옥한 지역을 상징한다. 구약에서 '에덴 동산'은
'야훼의 동산'(창13:10; 사51:3) 혹은 '하나님의 동산'(겔28:13; 31:9)으로 불린
다. 또한 단순히 '에덴'으로 불리기도 한다(창4:16; 사51:3; 겔31:9, 16, 18).
  '동쪽'을 뜻하는 히브리어 ‹케뎀›은 두 가지 의미를 가지고 있다. 시간적으로
보면 '옛날에, 태고에'라는 뜻이고(사45:21; 46:10), 장소적인 의미로 보면 '앞
쪽', 또는 '동쪽'을 의미한다(창11:2; 25:6). 여기에서는 장소적인 의미로 사용되
었다. 본문은 '에덴동산'이 팔레스틴의 동쪽, 즉 메소포타미아 지역에 위치한 것
으로 말해준다.

---

55) B. Jacobs–Hornig, *ThWAT II*, 38. 이것이 훗날 라틴어 번역인 ‹불가타›를 통해서 '하나님의 정원'을 뜻
  하는 말로 변화되었다.
56) B. Kedar–Kopfstein, *ThWAT V*, 1094.

2) 온갖 종류의 나무를 나게 하심(9)

> [9]그리고 야훼 하나님이 흙으로부터 보기에 아름답고 먹기에 좋은 모든 나무를 나오게 하셨고, 동산 중앙에 생명의 나무와 선악을 알게 하는 나무를 (나오게 하셨다).

9절은 에덴 동산 가운데 있는 특별한 두 개의 나무에 관심을 집중하고 있다. 하나는 '생명나무'이며, 다른 하나는 '선악을 알게 하는 나무'이다. '생명나무'는 그것의 과실을 먹는 자들에게 영원한 생명을 줄 수 있는 능력을 소유하고 있는 나무이다(창3:22).[57] 요한계시록에도 생명나무가 등장한다. 여기에는 종말론적 의미가 있다(계2:7; 22:2). 성도들은 새 예루살렘에서 아담의 타락 이후 잃어버렸던 에덴 동산의 생명의 삶을 회복할 것인데, 그 회복의 징표가 새 예루살렘의 생명수 강과 생명나무라는 것이다. 잠언에서 '생명나무'는 '지혜'(3:18), '의인의 열매'(11:30), '이루어진 소망'(13:12), '온유한 혀'(15:4) 등으로 비유된다. 이러한 용례들을 통해 알 수 있는 것은 이러한 것들을 소유한 자들은 생명나무의 과실을 먹은 것처럼 언제나 푸르고 풍성한 삶을 살게 된다는 사실이다.

'선악을 알게 하는 나무'는 오직 창세기 2장 9절과 17절에만 등장한다. 3장 3절에서는 이 나무가 '동산 중앙에 있는 나무'로만 지칭된다. 이 나무의 의미는 무엇인가? 이것에 대한 다양한 의견들이 제시되었다:[58] 1) 윤리적인 판단지식과 도덕적 분별력, 2) 성적인 지식, 3) 전지의 지식(Omniscience), 4) 더 이상 하나님을 필요로 하지 않는 독자적인 판단력. 이 가운데 네 번째 이해가 본문내용에 가장 적절하다고 보여진다. 선과 악을 판단하는 데에 하나님의 도움 없이도 가능하게 되었다는 말이다. 이것은 하나님으로부터의 자기분리를 말하며, 인간의 자기 절대화를 의미한다. 즉 인간은 스스로 하나님에게 의존하지 않은 채 선악

---

57) 이 낱말은 구약성서에서 총 7회 등장한다(창2:9; 3:22, 24; 잠3:18; 11:30; 13:12; 15:4).
58) 이희학, 『인간의 죄악과 하나님의 구원행동: 창세기 1–11장의 신학』, 100–102; C. *Westermann, Genesis 1–11 (BK 1/1)*, 330–333.

을 완전하게 구별할 수 있고, 선악을 아는 일에 신적인 능력을 소유하게 되었다는 말이다(3:5, 22). 이처럼 피조물인 인간이 창조주인 하나님으로부터 완전히 분리되었음을 선언하는 것이 타락이며, 그것은 창조주에 대한 도전행위였다는 것이다.

3) 네 줄기의 강(10-14)

> [10]강이 에덴에서 흘러나와 동산을 적셨고, 그곳으로부터 나뉘어져 네 개의 줄기가 되었다. [11]그 첫째의 이름은 비손이다. 그것은 금이 있는 하윌라의 온 땅을 두르고 있었다. [12]그 땅의 금은 질 좋은 것이고, 그곳에는 베돌라흐[59]와 쇼함의 돌(호마노, 홍옥수, 보석)도 있었다. [13]두 번째 강의 이름은 기혼이다. 그것은 구스의 온 땅을 두르고 있었다. [14]세 번째 강의 이름은 힛데겔이다. 그것은 앗수르의 동쪽으로 흐르고 있었다. 네 번째 강은 유프라테스 강이었다.

이 단락에서는 네 줄기의 강이 묘사된다. 강이 에덴에서 흘러나와 네 줄기로 흐른다. 처음 두 강의 이름과 위치는 논란이 되지만, 나머지 두 강은 잘 알려진 강들이다. 첫 번째 강은 비손인데, 금의 생산지인 하윌라 땅을 적신다. 비손은 구약성서에서 이곳에만 언급되어 있다. 인더스 강이나 갠지스 강, 혹은 메소포타미아에 있는 어느 강을 가리키는 것으로 이해되기도 한다. '금이 있는 하윌라 땅'이라는 진술에 근거해, 아라비아 지역의 어떤 강과 연관시키기도 한다(창10:29; 25:18; 삼상15:7; 대상1:9, 23). 두 번째 강의 이름은 기혼인데, 구스 땅으로 흐른다. 구스는 구약성서에서 에디오피아를 지칭하기도 하는데(사20:3, 5; 렘46:9), 본문과 어떤 관련성이 있는지 확실히 알 수 없다. 창세기 10장 8절에

---

59) 베델리엄: 이것은 아라비아, 인도 등에 나는 식물에서 채집된 쓴 맛있는 대황색의 방향의 고무로 여겨진다. 그러나 창세기 2장 12절에는 귀금속, 보석과 함께 병기되어 있는데, 이것을 시리아역의 〈베룰레흐〉(berulech)에 따라 '진주'로 해석하는 학자도 있다. 페르시아만은 양질의 진주가 생산되는 곳이다.

근거해 구스인이 바벨론 제국의 후계자들인 카시트인들로 인정되어, 기혼 강이 메소포타미아 지역에 있는 강들 중 하나로 간주되기도 한다. 세 번째 강의 이름은 힛데겔인데, 앗수르 동쪽으로 흐른다. 지금의 티그리스강을 말한다(단10:4). 네 번째 강의 이름은 유브라데인데, 바벨론 땅을 적신다. 이것은 메소포타미아 지역을 관통하는 유프라테스 강을 가리킨다.

오랫동안 이 네 강을 근거로 에덴 동산의 실제 위치를 파악하려고 노력했다. 하지만 본문에서 강조되는 것은 지리적 위치가 아니라, 에덴 동산의 상징성이다. 본문은 에덴 동산이 당시 가장 비옥하고 풍요로운 메소포타미아 지역의 땅과 관련시켜 최고의 풍족한 조건들을 갖추고 있는 지상 낙원이라는 점을 보여준다. 여기에서 숫자 넷은 동서남북처럼 네 방향, 즉 전 세계를 의미한다. 네 강의 발원지인 에덴 동산의 보편성과 완전성을 강조하고 있다.[60] 에덴 동산은 세계의 중심이며, 여기에서 흘러가는 강물은 모든 세계에 생명의 젖줄기가 된다는 것이다.

4) 아담의 임무와 하나님의 금령(15-17)

[15]야훼 하나님이 그 사람을 데려다가 에덴동산에 두시고 그것을 경작하며 지키게 하셨다. [16]야훼 하나님이 그 사람에게 명령하여 말씀하셨다: "이 동산의 모든 나무로부터 정말 먹을 수 있다. [17]하지만 선과 악을 아는 지식의 나무에서는 먹지 마라. 그것으로부터 네가 먹는 날에 너는 정말 죽을 것이다."

하나님은 아담을 데려다가 에덴 동산에 두시고 두 가지 임무를 주셨다. 그것은 동산을 '경작하며'(עבד) '지키게'(שמר) 하는 것이었다(15절). 에덴 동산에서의 아담은 무위도식하는 것이 아니라 경작과 보존을 동시에 하는 노동하는 인간이었다. 그러므로 노동은 하나님의 징벌이 아니다. 그것은 하나님의 창조질

---

60) 이희학, 『인간의 죄악과 하나님의 구원행동: 창세기 1-11장의 신학』, 106.

서에 속하는 선하고 아름다운 것이다.[61] 타락 후 가해진 징벌은 노동이 아니라 노동조건의 악화였다. 여기에서 우리는 인간의 활동에 대한 또 다른 측면을 본다. 그것은 '경작'과 '보존'의 균형이다. 이것을 다른 말로 하면 개발과 보호가 조화를 이루어야 한다는 것이다. 일방적인 개발이나 보호는 하나님의 뜻에 맞지 않다. 경작과 보존이 균형을 이룰 때 선한 문화의 창조가 실현될 수 있다.

하나님은 동산에서 모든 나무의 실과를 먹도록 허락하셨다. 그러나 단 한 가지 예외를 두셨다. 그것은 선악을 알게 하는 지식의 나무 열매를 먹지 말라는 것이다. 이 금지명령을 통해 하나님은 한 가지 경계를 설정하셨다. 이 동산의 주인은 하나님 자신이며, 하나님의 명령에 순종할 때만 동산의 희락을 누릴 수 있다는 사실을 말해준다. 이러한 의미에서 하나님이 주신 자유는 참 자유이다. 모든 것이 가능한 것은 자유가 아니다. 그것은 선택과 책임이 없는 의미가 없는 자유다. 금지사항이 있고 경계가 있을 때 참된 자유를 소유하게 된다. 그것을 지키느냐 그렇지 않느냐의 선택권이 있고, 자신의 행동에 대한 책임을 질 때 참된 자유의 의미가 있다.

여기서 '먹는 날에 죽는다'고 말하는데 이 때 죽음은 무엇인가? 그것은 육체적인 죽음이 아니라 관계의 단절을 의미할 것이다. 창세기 3장 19절은 인간은 원래부터 먼지로 돌아갈 죽을 인생으로 창조되었음을 암시한다(위의 7절에 대한 해설을 보라; 또한 아래의 사역을 참조하라).[62] 이는 결과적으로 육체적인 죽

---

61) 원역사에 나타난 노동의 의미에 관하여 다음 논문을 참조하라. 윤형, "창세기 원역사에 나타난 노동과 주권(창 1–11장)" 「구약논단」 41 (2011. 9), 136–157.

62) 이한영, 『역사와 서술에서의 오경 메시지』, 82.

בְּזֵעַת אַפֶּיךָ תֹּאכַל לֶחֶם עַד שׁוּבְךָ אֶל־הָאֲדָמָה כִּי מִמֶּנָּה לֻקָּחְתָּ

너는 땅으로 돌아갈 때까지 네 얼굴에 땀을 흘려 먹을 것을 먹을 것이다.
왜냐하면 네가 흙으로부터 취함을 입었기 때문이다.

כִּי־עָפָר אַתָּה וְאֶל־עָפָר תָּשׁוּב:

참으로 너는 먼지니, 먼지로 돌아가리라.
선악과 이후 하나님께서는 이렇게 죽을 수 밖에 없는 존재인 사람을 '손을 들어 생명나무 실과도 따먹고 영생할까'(창3:22)하여 에덴동산에서 쫓아내시고 그 동산 동편에 그룹들과 두루 도는 화염검을 두어 생명나

음을 맞게 될 것이라는 말이 아니라 사는 동안 고난의 땀을 흘릴 것이라는 사실을 강조하는 데 초점이 맞추어져 있는 것이다(전2:22-23; 시90:10).

4. 하나님의 세 번째 창조: 동물들(2:18-20)

1) '그에게 알맞은 도움'(돕는 배필)의 필요성(18)

> [18]그리고 야훼 하나님께서 말씀하셨다: "그 사람이 혼자 있는 것이 좋지 않다. '돕는 배필'을 그에게 만들어 주겠다."

여기에 기술된 하나님의 말씀은 두 가지 내용으로 구성되어 있다.[63] 전반부는 아담이 혼자 있는 것이 좋지 못하다는 하나님의 평가다. 후반부는 이러한 부정적인 모습, 즉 '결핍'을 해결하기 위해 돕는 배필을 만들겠다는 하나님의 계획이다. 여기에서 다시 한 번 두 번째 창조이야기의 주제인 결핍을 채워주시는 하나님의 모습을 확인하게 된다.

2) 동물의 창조(19)

> [19]그 때 야훼 엘로힘이 그 땅으로부터 들판의 모든 생물과 하늘의 모든 새를 지으셨고, 그가 어떻게 부르는가를 보기 위해서 그 사람에게 데리고 가셨다. 그 사람이 부르는 모든 것, 생명체가 그것의 이름이 되었다.

하나님은 여자를 창조하시기 전 먼저 각종 들짐승과 공중의 새를 만드셨다. 그런데 본문은 하나님이 이 동물들을 '흙'으로 만드셨다고 한다. 이것은 하나님이 아담을 지으실 때 사용하신 것과 같은 재료이다. 이것은 인간과 동물의 관계

무의 길을 지키게 하였다(창3:23-24).

63) 정석규, 『구조로 읽는 창세기』, 44-45.

동물의 창조(The Creation of the Animals), 고딕시대의 독일 미술가 베르트람 폰 민덴(Meister Bertram von Minden)의 작품(1383년)으로서 독일 함부르크 미술관(Kunsthalle)에 소장되어 있다. 동물들의 이름을 부르는 아담의 모습에서 선한 목자이신 예수 그리스도의 모습을 떠올리게 한다.

가 가깝다는 점을 보여준다. 이러한 사실은 하나님의 창조행동을 묘사할 때 '지
으셨다'는 의미의 〈야차르〉 (יצר) 동사를 동일하게 쓰고 있다(7절과 9절)는 점
에서도 확인된다.

3) 아담이 동물들에게 이름을 부여함(20)

> ²⁰그 때 그 사람이 모든 짐승들과 하늘의 새들과 들판의 모든 동물들의 이
> 름들을 불렀다. 그러나 아담을 위해서는 '돕는 배필'을 발견하지 못했다.

본문은 인간과 동물이 동일한 재료로 창조되었지만, 동일한 차원의 존재는
아니라는 점을 강조한다. 그것은 인간이 동물들에게 이름을 지어 주었다는 사
실에서 알 수 있다. 고대 세계에서 이름을 부여하는 것은 그 대상에 대한 지배
권을 가지고 있음을 말한다(1장에서 하나님이 피조물에 대하여 이름을 부르는
행위를 생각해 보라).[64] 인간이 동물들의 이름을 지어주었다는 것은 인간이 동
물에 대한 절대적인 주권을 행사할 수 있으며, 동물들을 지배할 수 있는 고유한
권리를 가지고 있음을 나타낸다. 동물은 인간이 지배할 수 있는 대상이지, 숭배
의 대상이 아님을 보여준다.

하나님은 동물들이 도움이 되기를 바라셨다. 그러나 동물들은 부분적인 도움
을 줄 수 있어도 '돕는 배필'은 될 수 없었다. '돕는 배필'이라고 번역한 히브리어
는 〈에제르 케넥도〉 (עֵזֶר כְּנֶגְדּוֹ)라고 표현되어 있다. 이것을 직역하면 '그에게
알맞은 도움'이라는 말이다. 1) 이것은 우선 배필의 동등한 위치를 말한다. 동등
한 위치에 있지 않다면 그에게 어울리는 도움이 되지 못할 것이다. 이러한 의미
에서 동물들은 아담의 돕는 배필이 될 수 없었다. 그러므로 여자가 남자의 돕는
배필로 창조되었다고 해서 종속적이거나 열등한 관계에 있다고 말할 수 없다.

---

64) 부모가 자녀에게 이름을 지어주는 것도 마찬가지 원리다. 또한 역사적 사건을 통해서도 이러한 사실을 알
수 있다. 왕하23:34에 의하면 애굽의 바로 느고가 엘리야김을 왕으로 세우면서 그의 이름을 여호야김으로
고쳐 불렀다. 왕하24:17에서는 바벨론왕이 맛다니야를 왕으로 세우면서 그의 이름을 시드기야로 고쳐 불렀
다. 이희학, 『인간의 죄악과 하나님의 구원행동: 창세기 1–11장의 신학』, 56.

오히려 남자와 여자의 동등한 관계가 강조되어야 한다. 2) 또한 이것은 상호의 존적인 관계를 말한다. 서로가 없을 땐 완전한 모습이 될 수 없다. 서로가 있을 때 서로를 보완하여 완전함을 이룰 수 있다. 그래서 남자와 여자가 합하여 '둘이 한 몸'을 이룰 때 온전한 사람의 모습을 가지게 된다.

5. 하나님의 네 번째 창조: 여자(2:21-25)

1) 아담의 갈비뼈로 여자를 만드심(21-22)

> 21그래서 야훼 하나님이 그 남자에게 깊은 잠이 이르러 잠들게 하시고, 그의 갈빗대 중 하나를 취하고 그 밑을 살로 막았다. 22야훼 하나님이 그 남자에게서 취한 갈비뼈로 여자를 만들어 그 사람에게 데리고 갔다.

하나님은 여자를 창조하시기 위해 남자를 깊은 잠에 빠지게 하시고 그에게서 갈빗대 하나를 취하셨다. 그리고 그 취한 갈비뼈로 여자를 만드셨다. 여자의 창조는 하나님의 마지막 창조행위로서 창조의 절정이며 완성이다. 하나님이 여자를 남자의 갈빗대(צֵלָע)로 만드신 사실은 무엇을 의미할까? 해부학상으로 볼 때 갈비뼈는 인간의 소중한 내장을 보호하는 역할을 수행한다. 이러한 의미에서 갈빗대로 여자를 만들었다는 사실은 남자의 우월성이 아니라 여자의 소중함을 드러낸다. 여자는 남자의 가장 소중한 존재이며, 남자의 생명과도 같은 귀중한 존재라는 사실이다. 또한 남자의 머리뼈나 발의 뼈로 만들지 않고 신체의 중심부에 위치한 갈비뼈로 만들었다는 사실은 여자와 남자가 본질적으로 동등한 인격적인 존재라는 사실을 강조하고 있다고 말할 수 있다.

2) 한 몸을 이룬 남자와 여자(23-25)

> 23그러자 그 사람이 말했다: "이제 이것이야말로 내 뼈 중의 뼈요, 내 살

중의 살이다. 이는 여자라고 불리리라. 왜냐하면 그가 남자로부터 취해졌기 때문이다." [24]그러므로 남자가 그의 아비와 어미를 떠나 그의 아내와 연합하여, 하나의 몸이 되는 것이다. [25]그 사람과 그의 아내 두 사람이 벌거벗었지만 부끄러워하지 않았다.

남자는 여자를 보고 다음과 같이 외친다: "이제 이것이야말로 내 뼈 중의 뼈요, 내 살 중의 살이다." 여자를 향한 최고의 탄성이다. 이것은 여자를 향한 자신의 솔직한 감정을 드러내는 말이요, 여자가 자신의 몸보다 더 소중한 존재라는 사실까지 함축하고 있다. 24절은 남자와 여자가 한 몸이 되는 원리를 설명한다. 이것은 성경에 나오는 첫 번째 주례사라고 할 수 있겠다. 이 본문을 통해 얻을 수 있는 교훈들 가운데, 가정을 이루는 남편과 아내가 명심해야 할 내용들을 다음과 같이 요약할 수 있을 것이다.

첫째, 온전한 부부가 되기 위해서는 부모를 떠나야 한다. 온전한 부부관계는 부모로부터 떠남으로 시작된다. 부모를 떠난다는 것은 부모를 버리라는 말이 아니다. 부모로부터 독립해야 한다는 말이다. 부모로부터 독립한다는 것은 두 사람의 관계가 부모와의 관계보다도 더 중요하며 우선적인 관계라는 사실을 인식하는 것이다. 여기서 부모라고 할 때 이 부모는 혈육의 부모만을 가리키지 않는다. 좀 더 넓게 이해하면 가장 가까웠던 사람들을 말한다. 그동안 친했던 친구도 될 수 있고 선배나 후배도 될 수 있다. 어쨌든 그 어떤 사람과도 두 사람보다 더 가까워서는 안 된다는 것이다. 결혼하는 신랑과 신부는 두 사람의 부부관계가 가장 중요하고 최우선적인 관계임을 명심하고 행동해야 한다는 말이다.

둘째, 아내와 합하여 둘이 하나의 몸이 되라는 말씀에서 '둘이 한 몸이 되는 방법'에는 다음과 같은 것들이 있다.

① 하나님이 짝지어 주신 것을 믿는 것이다. 이 두 사람은 서로 사랑해서 결혼하게 된 것이다. 하지만 이 결혼에 임하는 두 사람이 잊지 말아야 할 사

실은 이 결혼이 두 사람의 감정이나 선택이 아니라 하나님의 예정과 인도 하심이었다는 사실이다. 이것이 내 인생을 인도하시는 하나님을 믿는 신앙인의 태도이다.

② 부부는 돕는 배필임을 알아야 한다. 하나님이 왜 짝을 만들어주셨는가? 그것은 독처하는 것이 좋지 않았기 때문이다. 혼자일 때는 완전하지 않다. 둘이 한 몸을 이룰 때 완전한 모습이 된다. 왜 그런가? 서로의 부족한 점을 채우기 때문이다. 부부는 서로의 부족한 점을 채우기 위해 존재한다. 서로가 있을 때 비로소 완전해진다는 것이다. 상대방의 약점을 보면 그것을 비난하기보다는 내가 채워야 할 부분으로 알고 채우도록 노력해야 한다.

③ 사랑은 의지적인 노력이라는 사실을 깨닫는 것이다. 아담은 하와를 보고 이러한 고백을 했다: "내 뼈 중의 뼈요 살 중의 살이라." 결혼에 이르는 과정에서는 누구에게나 상대방에 대한 감격이 있다. 그것이 첫 만남이든 아니면 어떤 특별한 계기를 통해서든 그러한 느낌을 갖게 된다. 행복한 부부관계를 위해서는 그러한 사랑의 감격이 있어야 한다. 이러한 서로에 대한 감격이 늘 살아 있다면 그 부부관계는 문제가 없을 것이다.

하지만 인간의 감정은 오래가지 못한다. 사랑의 감정은 짧으면 3개월, 길면 1년 6개월까지 지속된다고 한다. 그러니까 감정에 의존한 사랑을 하려고 하는 사람은 결국 실패할 수밖에 없다. 지속되는 사랑을 위해서는 의지적인 노력이 필요하다. 하나님께서 나에게 돕는 배필로 맺어주신 하나님의 뜻을 생각하며 의지적인 노력을 통해 사랑해야 한다. 그럴 때 행복한 부부가 될 수 있다.

남자와 여자는 한 몸이 되어 첫 번째 부부가 되었다. 본문은 두 사람은 벌거벗었지만 부끄러워하지 않았다고 말한다. 이것은 둘 사이에 어떤 장애물도 없이 온전한 부부의 관계에 있었다는 사실을 분명하게 보여준다. 이것을 통해 이상적인 부부이자 이상적인 가정 공동체를 이루고 있는 두 사람의 모

아담과 하와(Adam and Eve). 독일 르네상스 회화의 완성자였던 알브레히트 뒤러(Albrecht Dürer)가 그린 그림 (1507년)으로서 마드리드 프라도 미술관에 소장되어 있다. 그의 유일한 유화인 이 그림은 아담과 이브를 인체비 례에 맞게 그린 최초의 그림으로 잘 알려져 있다.

습이 부각된다.

Ⅳ. 나가는 말

첫 번째 창조이야기와는 달리 두 번째 창조이야기는 '땅의 관점'에서 창조가 서술된다. 그러한 이유로 창조 이야기가 우주 전체를 포괄하는 것이 아니라 지상의 일부, 즉 에덴동산을 중심으로 그려진다. 두 번째 창조 이야기에서 부각되는 점은 '결핍을 채워 가시는 하나님'의 모습이다. 창조활동 이전에는 '하나님께서 비를 내리지 않아 초목과 채소가 없었고, 땅을 경작할 사람도 없었'고 말하면서, 없던 것을 채우신다(첫번째 창조 이야기에서 '나눔'과 '채움' 주제와 비교해 보라). 하나님은 인간을 지으신 후 인간을 위해서 특별한 활동 공간을 만드셨다. 그것이 에덴동산이다. 여기에서 첫 번째 창조이야기에서와 같이 인간의 특별성이 부각된다. 인간은 하나님의 창조에서 중심으로 나타난다는 사실이다. 모든 것이 인간을 위한 창조로 그려지고 있다. 또한 코에 '생기를 불어넣으셨다'는 사실에서도 인간의 특별성이 드러난다. 이러한 사실은 다른 어떤 피조물의 경우에서도 관찰되지 않는 내용이다. 또한 본문은 에덴동산에서 해야 할 인간의 두 가지 임무를 말한다. '경작과 보존'이다. 이것은 인간의 활동이 경작이나 보존 가운데 어느 한 가지로만 치우쳐서는 안 된다는 사실을 말해준다. 동시에 이것은 동물의 이름을 지어주는 모습에서 드러나듯이 인간은 피조세계에 대한 주관자이면서 동시에 관리자라는 사실을 깨닫게 한다.

이렇게 피조물 가운데 비교할 수 없는 특별한 의미를 지닌 존재로 인간이 부각되지만, 동시에 인간은 매우 유한적이고 의존적인 존재임을 본문은 분명하게 보여주고 있다. 인간은 땅과 하나님께 의존하여 살 수 밖에 없는 존재이며, 하나님이 생기를 거두어 가시면 인간의 삶은 그것으로 끝난다는 사실을 알 수 있다. 또한 '돕는 배필'이 있을 때 '좋다'고 평가되듯이 인간은 인간과 관계를 맺으며 살아갈 때 비로소 온전한 존재가 된다는 사실을 알게 한다. 이러한 돕는 배필의 역할은 동물들이 대신할 수 없다. 이러한 점에서 여자는 남자의 결핍을 채울 수 있는 유일한 존재이며, 남자와 여자 모두 서로를 필요로 하고 서로에게 의존적인 존재임을 알 수 있다.

첫 번째 창조이야기가 '하늘의 관점'에서 우주의 출발, 세계의 기원을 말하고 있다면, 두 번째 창조이야기는 '땅의 관점'에서 인간이 중심으로 등장하는 역사의 시작을 말하고 있다. 첫 번째 창조이야기가 창조세계의 구조와 원리적인 측면을 드러낸다면, 두 번째 창조이야기는 그러한 창조세계의 구체적인 실상이 에덴동산을 무대로 펼쳐지는 남자와 여자, 아담과 하와 이야기를 통해 서술되고 있다. 그러므로 이 두 가지의 창조보도는 각기 다른 이야기를 함으로 서로 대립하거나 모순적인 관계에 있는 것이 아니라, 서로 다른 관점에서 기술함으로써 하나님의 창조를 더 완전하고 깊이 있게 보여주는 상호보완적인 관계에 있는 이야기들임을 알 수 있다.

제3장 에덴 동산 이야기 2 (창3:1-24)[65]

I. 들어가는 말

에덴 동산 이야기의 후반부이다. 첫 번째 창조 이야기가 '하나님의 창조와 세계의 기원'이라는 우주적인 그림을 보여주고 있다고 한다면(1:1-2:4a), 두 번째 창조 이야기는 '하나님의 인간 창조와 역사의 시작'이라는 제목처럼 땅을 딛고 사는 인간을 중심으로 펼쳐지는 지상의 사건을 묘사한다(2:4b-3:24). 에덴 동산 이야기가 서술하는 것은 하나님이 에덴동산에서 인간과 관계하신다는 사실과, 그 관계 속에서 벌어지는 사건들에 대한것이다. 전반부의 내용(2:4b-25)에서는 하나님이 사람을 만드시고 에덴 동산에 두시어 인간 활동의 환경과 근거를 마련하신 사실이 서술된다. 특별히 사람이 홀로 지내는 것을 좋지 않게 여기시고, '돕는 배필'을 지어주심으로 '한 몸'을 이루는 삶을 살게 하셨다. 오늘 다루게 되는 후반부의 내용(3:1-24)은 그러한 사람들 이야기의 연속이다. 여기에서 과연 사람들은 하나님이 선하게 계획하신 창조의 목적에 부합되는 삶을 사는가 아니면 그렇지 않는가 하는 의문이 생겨난다. 이제부터 인간들의 삶이 어떻게 진행되는지 알아보자.

---

65) 이 글은 「포롬비블리쿰」 9 (2011), 5-27쪽에 실려 있다.

Ⅱ. 본문의 구조

본문의 내용을 크게 두 부분으로 나눌 수 있다: 범죄(1–7절)와 징벌(8–24). 이 두 개의 단락에는 특별한 주목할 만한 점들이 발견된다. 먼저 전반부에서는 인간의 범죄가 그냥 일어나지 않았다는 사실에 주목하게 된다. 인간의 범죄는 뱀의 유혹을 통해서 일어났다. 이야기의 흐름상 창세기 2장 16–17절의 금지명령(¹⁶야훼 하나님이 그 사람에게 명령하여 말씀하셨다: "이 동산의 모든 나무로부터 정말 먹을 수 있다. ¹⁷하지만 선과 악을 아는 지식의 나무에서는 먹지 마라. 그것으로부터 네가 먹는 날에 너는 정말 죽을 것이다.") 이후, 바로 3장 6절의 사건(⁶그 때 그 여자가 보니 그 나무가 먹음직하고, 보기에도 좋으며, 그 나무가 지혜롭게 할 만큼 탐스러웠다. 그래서 그녀는 그 열매를 따서 먹고 그녀와 함께 한 자기 남편에게도 주니 그도 먹었다.)으로 이어질 수도 있다. 하지만 현재 창세기 본문에서는 뱀의 유혹 장면이 들어 있다(3:1–5). 이것은 뱀의 유혹이 갖는 의미를 생각하게 한다.⁶⁶⁾ 인간이 범죄한 것은 자발적인 것이 아니라 뱀이 유혹하고 충동하였기 때문이라는 사실이다.

다음으로 후반부에서는 범죄한 사람들을 찾아오시는 하나님의 모습이 두드러진다. 하나님이 찾아오신 것은 벌주려 하기 보다는 그들의 잘못을 깨닫게 하고 하나님과의 관계를 다시금 새롭게 하려고 하신 것으로 볼 수 있다. 하지만 아담과 하와는 자신들의 잘못을 인정하기 보다는 변명하기에 급급했다. 그들의 변명에는 하나님에 대한 원망과 불평의 목소리도 들어 있다. 이로 인해 그들은 하나님의 징벌을 피할 수 없었다. 하지만 하나님은 그들에게 벌을 주시면서도 은혜의 행동으로 보호하신다. 가죽옷을 만들어 입혀 주심으로 하나님의 보호 아래 살게 하신다. 범죄하고 책임 전가하는 인간의 모습과는 달리 여전히 찾아오시며 은혜를 베푸시는 하나님의 모습이 뚜렷하게 대조를 이룬다. 이러한 내용을 좀 더 자세하게 분류하면 아래와 같이 나눌 수 있다.

---

66) C. Westermann, *Genesis* 1–11 (BK 1/1) (Neukirchen–Vluyn: Neukirchener, 1983), 322.

3:1-5   뱀의 등장과 유혹

3:6-7   사람들의 범죄

3:8-13   범죄한 사람들을 찾아오시는 하나님

3:14-21   하나님의 심판과 은혜주심

3:22-24   에덴동산에서 쫓겨나는 사람들

Ⅲ. 본문해설

1. 뱀의 등장과 유혹(3:1-5)

¹그 때 야훼 하나님께서 만드신 모든 들짐승들 가운데 뱀이 가장 간교하였다. 그가 그 여자에게 말했다. "참으로 하나님께서 '너희는 동산의 모든 나무로부터 먹지 말라.'고 말씀하셨느냐?" ²그 여자가 그 뱀에게 말하였다: "우리가 동산 나무들의 열매는 먹을 수 있다. ³하지만 하나님께서 말씀하시기를, '동산 중앙에 있는 나무의 열매는 먹지 말고 만지지도 말라, 그러면 너희가 죽을 것이다.' 하셨다." ⁴그러자 그 뱀이 그 여자에게 말했다. "너희가 절대로 죽지 않을 것이다. ⁵이는 하나님께서 너희가 그것을 먹는 날에 너희의 눈이 열리고 너희가 선과 악을 아는 하나님처럼 될 것을 아셨기 때문이다."

이번 이야기에서는 뱀이 등장한다. 갑작스러운 등장이다. 무엇인가 새로운 일이 벌어질 것을 암시한다. 그것은 위의 '본문의 구조'에서 말한 바와 같이 뱀이 사람들을 유혹하는 것이다. 여기에서 뱀이 하는 기능은 분명하다. 뱀은 유혹자로서 등장한다. 여기에서 뱀은 '하나님께서 만드신 모든 들짐승 가운데 가장

간교하다'고 소개된다(1절). 뱀은 하나님의 피조물 중에 하나일 뿐이다. 하지만 뱀이 말을 한다. 이러한 점을 통해 뱀은 단순한 동물이 아니라 마귀 혹은 사단의 화신으로 등장함을 알 수 있다(계12:9; 20:2; 또한 참조. 에녹1서 69:6; 솔로몬의 지혜서 2:24).[67] 신약성서 본문에서는 이 뱀을 통해 역사하고 있던 실체가 사단이었음을 말한다(고후11:3; 딤전2:13-14; 또한 참조. 요8:44). 이러한 뱀의 역할과 행동은 야훼께서 입을 여시고 말하게 함으로 야훼의 사자를 보게 했던 발람의 나귀와 정반대의 모습이다(민22:21-35).[68]

여기에서 '간교한'으로 번역된 〈아룸〉(עָרוּם)은 부정적인 의미와 긍정적인 의미를 동시에 가지고 있는 낱말이다. 총 11회 나타나는 용례 가운데 본문을 포함한 두 번(욥5:12; 15:5)을 제외하고, 나머지 아홉 번 모두 잠언에서 '슬기롭다'는 긍정적인 의미로 사용되었다(잠12:16, 23; 13:16; 14:8, 15, 18; 22:3; 27:12).[69] 뱀은 지혜가 있었다. 그래서 예수님도 '뱀같이 지혜롭고 비둘기 같이 순결하라'고 말씀하셨다(마10:16). 하지만 여기에서 그 지혜는 선을 위해서가 아니라 악을 위해서 사용되었다. 사람을 유혹하여 범죄하게 하여 하나님으로부터 멀어지게 만들기 위해서였다.

뱀은 여자를 만나서 묻는다. "참으로 하나님께서 '너희는 동산의 모든 나무로부터 먹지 말라.'고 말씀하셨느냐?" 뱀의 질문에는 여자를 유혹하는 그의 간교함이 들어 있다:[70] 첫째로, 그의 질문은 도전적이며 회의감을 일으킨다. 뱀은 하나님의 명령을 몰라서 물었던 것이 아니었다. 하나님의 말씀에 대한 불신을 조장하기 위한 것이었다. '참으로'(אַף כִּי)라는 어구를 통해 여자로 하여금 하나님의 말씀에 대해 의심하게 하였다. 둘째로, 그의 질문은 하나님의 말씀을 교묘히

---

67) 뱀을 가나안 풍요 제의의 상징이라거나 지혜나 혼돈의 상징, 하나님의 적대자들의 원형, 또는 신화적인 상징물 등으로 보는 다양한 해석들이 있다. G. J. Wenham, 『창세기 1-15/16-50』, 박영호 역 (서울: 솔로몬사, 2000), 190-191; C. Westermann, *Genesis* 1-11, 323; 강성열, 『현대인을 위한 창세기 강해』 (서울: 한국장로교출판사, 1998), 58-59.

68) 이한영, 『역사와 서술에서의 오경 메시지』, 89-90.

69) HAL, 855.

70) 이희학, 『인간의 죄악과 하나님의 구원행동: 창세기 1-11장의 신학』, 116.

변조한다. 뱀은 하나님의 명령 가운데 한 부분만을 강조하며 정반대로 뒤집어 질문한다. 하나님은 창세기 2장 16b-17절에서 "이 동산의 모든 나무로부터 정말 먹을 수 있다. 하지만 선과 악을 아는 지식의 나무에서는 먹지 마라. 그것으로부터 네가 먹는 날에 너는 정말 죽을 것이다."라고 말씀하셨다. 하지만 뱀은 '모든 나무로부터 먹지 말라'고 하느냐고 말하며 부정적인 답변을 유도한다. 그리고 이 질문을 통해 여자는 자연히 먹지 말라고 한 선악과에 대해 관심을 갖게 된다. 이처럼 뱀은 하나님의 말씀을 변형시켜 여자가 자신의 의도대로 행동하도록 조장한다. 셋째로, 이 질문은 여자로 행동하게 한다. 이 질문에는 어떤 행동에 대한 직접적인 언급은 없다. 하지만 직접적인 명령보다 훨씬 강력한 힘이 있다. 자율적인 사고를 통해 행동에 이르게 하는 유혹이다. 자율적이고자 하는 인간의 속성을 간파하고 던진 질문인 것이다.

이러한 뱀의 간교함이 효과를 발휘한 사실은 여자의 답변에서 확인할 수 있다. 여자는 뱀에게 대답하면서 하나님의 말씀을 인용한다. 하지만 여자도 하나님의 말씀을 왜곡한다. 여자는 생략과 추가를 통해 하나님의 명령을 변질시킨다. '동산 중앙에 있는 나무의 열매는 먹지도 말고 만지지도 말라'고 한 것은 두 가지 점에서 하나님의 명령과 다르다. 먼저 '동산 중앙에 있는 나무'는 정확하지 않은 표현이다. 동산 중앙에는 생명나무와 선악을 알게 하는 열매의 나무가 있었다. 하나님은 그 가운데 '선과 악을 아는 지식의 나무'에서 먹지 말라고 하신 것이다. 그런데 여자는 특정한 나무를 지칭하지 않는 생략의 방법으로 본래 하나님의 명령을 모호하게 만든다.[71] 두 나무 모두를 의미하는지 아니면 두 나무 가운데 어느 한 나무를 말한다면 그것이 어떤 나무인지 알 수 없게 만든다. 다음으로 여자는 본래의 하나님의 명령에 '만지지도 말라'는 말을 덧붙인다. 먹지 말 뿐만 아니라 만지지도 말라고 함으로써 하나님의 명령이 부당한 것임을 은근히 드러내고 있다. 여기에서 우리는 여자가 하나님의 명령에 대해 불만과 불신을 가지고 있었음을 알 수 있다. 여자는 이러한 변형과 확대를 통해 뱀의 말

---

71) C. Westermann, *Genesis* 1–11, 326.

에 동조하며 하나님의 명령에 의문을 제기한다. 그는 하나님의 명령을 있는 그대로 수용하지 못한다. 자신의 처지와 형편에 따라 하나님의 말씀을 마음대로 판단하고 왜곡하고 있다. 이것은 하나님의 말씀을 받은 자들이 깊이 새겨야 할 면모다. 하나님의 말씀을 변형하거나 왜곡시키지 않고 있는 그대로 받고, 그 의도와 의미를 읽어내고 전달하는 것이 성서의 독자와 성서 해석자가 해야 할 일임을 다시금 깨닫게 한다.

어쨌든 이러한 여자의 반응을 기회로 삼아 뱀은 다시 말한다: "너희가 절대로 죽지 않을 것이다." 하나님의 말씀에 부정어 〈로〉 (לֹא) (not)를 앞세워 절대로 죽지 않을 것이라고 단언한다. 그리고 하나님이 그렇게 금지하신 이유가 '눈이 열려 선과 악을 아는 하나님처럼 될 것'을 우려했기 때문이라고 말한다. 뱀의 단호한 태도와 설득력 있는 그의 논거는 여자의 마음을 흔들어 놓았다. 여자는 사탄의 전략에 현혹되어 그의 의도대로 행동하게 된다. 이제 이러한 뱀의 말에 여자가 어떻게 반응하는지 본문의 서사를 통해 알아보자.

2. 사람들의 범죄(3:6–7)

> 6그 때 그 여자가 보니 그 나무가 먹음직하고, 보기에도 좋으며, 그 나무가 지혜롭게 할 만큼 탐스러웠다. 그래서 그녀는 그 열매를 따서 먹고 그녀와 함께 한 자기 남편에게도 주니 그도 먹었다. 7그러자 두 사람의 눈들이 열려 자기들이 벌거벗은 줄 알았고, 그들이 무화과나무 잎을 엮어 자기들의 치마를 만들었다.

마음이 흔들린 상태로 본 나무는 매혹적이었다. 먹음직하고 보기도 좋았으며 현명하게 할 만큼 탐스럽게 보였다. 하나님의 말씀보다 뱀의 주장이 더 설득력 있게 느껴졌다. 먹기에 좋아 보인 감각적 충동과 보기에 좋아 보이는 심미적 충동뿐만 아니라 '지혜롭게' 할 만큼 탐스럽게 보이는 이성적 충동까지 경험하게

은혜로부터 타락(The Fall from Grace). 네덜란드 화가 휘고(Hugo van der Goes, 1440-1482)의 작품으로 빈 미술사 박물관에 소장되어 있다. 수많은 화가에 의해서 그려지는 주제이지만, 유혹하는 뱀이 앞다리와 뒷다리를 가지고 있으며 여성의 모습을 한 것이 인상적이다. 사탄과 유혹자에 대한 당대의 해석을 엿볼 수 있게 한다.

된다.[72] 여자는 이러한 충동들을 더 이상 억제할 수 없었다. 그래서 여자는 그 열매를 따서 먹었고, 자기와 함께 한 남편에게도 주어 그도 먹게 하였다. 그러자 그들의 눈이 열려 자신들이 벌거벗었음을 알았고, 무화과나무 잎으로 치마를 만들어 입었다. '치마'라고 번역된 〈하고라〉(חֲגֹרֹת)는 '주위를 둘러싸다'는 동사에서 파생된 명사로서 주로 '허리띠'(삼하18:11; 왕상2:5; 왕하3:21)를 의미했다. 여기에서는 '허리에 둘러매어 부끄러운 곳을 가리는 앞치마'와 같은 모양의 치마를 무화과나무 잎으로 만들어 입은 것을 말한다. 임시방편적으로 급하게 만들어 입어 자신들의 잘못과 수치를 우선 가리고 보자는 그들의 마음만큼이나 초라한 가리개였다.

여기에서 뱀이 여자에게 한 말을 평가해보자. 그는 선악과를 먹으면 일어나게 될 일에 관하여 세 가지 사실을 말했다(4–5절). 즉, 그들이 죽지 않을 것이고, 눈이 열릴 것이며, 선과 악을 아는 하나님처럼 될 것이라고 말했다. 겉으로 보기에는 뱀의 말이 옳은 것처럼 보인다. 선악과를 먹었어도 그들은 죽지 않았고, 눈이 열렸으며, 선악을 알게 되었기 때문이다. 하지만 그것은 '의사'(擬似, pseudo)진실이었다. 깊이 생각해 보면 뱀의 말은 진실이 아니었음을 알 수 있다. 첫째로, 아담과 하와는 선악과를 먹은 후에도 뱀의 말처럼 죽지 않았다. 육체적 죽음을 경험한 것은 아니지만, 그들은 하나님과의 관계의 측면에서는 죽음을 경험해야 했다. 하나님과의 친밀한 교제가 사라지고 숨고 찾아야 하는 관계의 단절을 맛보아야 했다. 결국 그들은 에덴동산에서 쫓겨나 가시와 엉겅퀴가 있는 땅을 수고롭게 일구어야 하는 운명이 되었다. 뱀의 주장이 아니라 하나님의 말씀이 진실이었음이 증명된다. 둘째로, 선악과를 먹은 후에 뱀의 말처럼 아담과 하와의 눈이 열렸다. 하지만 그들이 경험한 것은 새로운 사고력과 초인적인 판단력이 아니었다. 그들의 눈–열림은 자기들의 벌거벗은 몸을 발견하여 수치심을 일으키는 것이요, 자신들의 잘못에 대한 죄책감을 갖게 만드는 눈–열림이었다. 그러므로 눈이 밝

---

72) 이희학, 「인간의 죄악과 하나님의 구원행동: 창세기 1–11장의 신학」, 120–121.

아진 것은 자신들을 기쁘고 행복하게 하는 이로움을 준 것이 아니라 결국 대인(對人)관계와 대신(對神)관계를 깨뜨리는 파괴적인 결과를 맞게 했을 뿐이다. 셋째로, 뱀은 선악과를 먹으면 선과 악을 아는 '하나님처럼' 될 것이라고 말했다. 하지만 그들은 하나님이 되지 못했다. 하나님과 같이 되는 것은 하나님의 말씀을 거역하고 자기 맘대로 행동하는 자율적인 인간이 될 때 이루어지는 것이 아니라 하나님과 함께 하나님의 말씀 안에 있을 때 가능하다. 인간은 하나님의 말씀 안에 있을 때 하나님의 대리자로서 활동할 수 있다. 그분의 위엄과 권능을 가지고 피조물을 다스릴 수 있다(창1:28; 시8:4-8; 요10:34-35)[73]. 하지만 하나님의 말씀을 거부하고 하나님과 같이 되려는 것은 자신이 하나님의 피조물임을 거부하는 것이며, 자신을 신적인 위치에 올려놓는 '자기 신격화,' '자기 절대화'의 선언인 것이다.[74]

바로 여기에 선악과를 따먹는 행위가 지니고 있는 범죄의 의미가 있다. 구약 성서에서 '선악을 분별하는 것'은 선한 것으로 나타나며, 하나님이 인간에게 원하시는 것이었다. 제사장들은 사람들이 바친 제물이 좋은지 나쁜지를 가릴 수 있어야 했다(레27:12, 14). 이스라엘 정탐꾼들은 그 땅이 좋은지 나쁜지를 분별해야만 했다(민13:18-20). 일반적으로 성인은 어린이들과는 달리 선과 악을 아는 사람들로 정의되었다(신1:39; 사7:15-16). 언약 공동체는 생명과 선한 것 그리고 죽음과 악한 것을 구별하고 그 중에서 전자를 선택할 수 있어야 했다(신11:26-28; 30:15-20). 또한 선과 악을 분별하는 것이 하나님의 사자가 가지고 있는 능력에 비유된다(삼하14:17). 솔로몬이 구한 것도 선과 악을 분별할 수 있는 능력이었고, 하나님은 그의 바람을 기뻐하셔서 그에게 구하지 않은 부귀와 영광도 허락하셨다(왕상3:9). 이사야의 임마누엘 예언에서 악을 버리고 선을 택

---

[73] 하나님의 말씀을 맡은 자가 가지는 신적인 권위에 관하여 필자의 졸고를 참조하라. "시편 82편의 해석과 적용." 「구약논단」33 (2009.9), 49-66.

[74] 이렇게 자기 자신을 절대화하는 인간의 모습이 에스겔 28장 1-10절에서 잘 그려지고 있다. 두로 왕은 교만하여져서 자신을 신이라 말하고 하나님인 양 행동할지라도, 하나님은 그가 여전히 사람이며 힘센 자 앞에서 죽을 수밖에 없는 연약한 존재임을 깨닫게 하신다(시82:6-7).

하는 것은 성인이 가지게 되는 판단력을 의미한다(사7:15-16). 이와는 반대로 바르실래는 예루살렘에 함께 가자고 권유하는 다윗에게 자신의 연로함에 대해서 말하면서 자신이 너무 늙어 좋고 나쁨을 구별할 수 있는 판단력이 흐려졌음을 말하고 있다(삼하19:35). 이처럼 선악을 분별하는 능력은 인간에게 하나님이 원하시는 바이며 성숙한 인간에게 요구되는 선한 덕목이었다. 문제는 그것을 통해 하나님이 설정하신 창조질서의 경계를 넘어가 자신의 마음대로 행동하는 인간의 자율성에 있었다. 선과 악을 알고 판단하는 것이 문제가 아니라, 하나님의 금령을 어김으로 인간 스스로가 자신의 기준에 따라 '무엇이 좋고 나쁜지를 결정하는' 자율성이 문제였던 것이다. 이것은 하나님에 대한 의존관계에서 벗어나 자신의 의지를 따라 독립적으로 살아가겠다는 독립선언이며, 자신의 존재의 근원인 하나님으로부터 분리된 삶을 살겠다는 하나님에 대한 거부를 의미한다.

이로써 뱀은 여자를 유혹하여 그가 범죄하게 하는 데 성공한다. 여기서 한 가지 짚고 넘어가야 할 사실은 남자의 책임성에 관한 문제이다. 흔히 남자의 범죄는 여자의 범죄로 인해 일어난 결과임을 강조한다. 그래서 여자는 남자를 유혹하는 존재로 인식된다(예컨대, 욥의 아내에 대한 교부들의 해석).[75] 하지만 여자가 죄를 범하는 장면에서 남자도 그 책임을 면하기 어렵다. 왜냐하면 본문의 흐름상 여자가 뱀의 유혹을 받고 범죄하는 그 현장에 남자도 한 몸이 된 부부의 일원으로서 같이 있었다고 여겨지기 때문이다. 그렇다면 남자는 여자가 범죄할 때 침묵함으로써 여자의 범죄를 방조(傍助)한 셈이 된다.

뱀의 '간교함'을 쫓아간 결과는 인간이 '벌거벗은 존재'라는 사실을 안 것이다. 이러한 사실이 '간교하다'는 뜻의 〈아룸〉(עָרוּם)과 '벌거벗다'의 뜻을 가진 〈에롬〉(עֵירֹם)의 언어유희(wordplay)를 통해서 분명해진다. 이전에는 부끄러움 없이 지내던 아담과 하와가 이젠 수치심을 느끼고 자신들의 몸을 가려야 하는 균열된 관계를 갖게 된다. '하나'였던 두 사람의 관계가 '둘'로 다시 나누어지게 되

---

75) 하경택, 『질문과 응답으로서의 욥기 연구: 지혜, 탄식, 논쟁 안에 있는 '신-학'과 '인간-학'』(서울: 한국성서학연구소, 2006), 69-70.

었다. '내 뼈중의 뼈요, 내 살중의 살이라'(2:23)고 외치며 자신보다 더 귀중하게 여겼던 '일체의 관계'가 잘못에 대한 책임을 타인에게 전가하는(3:11–13) '분리의 관계'로 역전되었다. 이것이 하나님의 명령에 대한 불순종으로 인해 나타난 죄의 결과이며, 사람이 경험해야 했던 또 하나의 '죽음'이었다.

3. 범죄한 사람들을 찾아오시는 하나님(3:8–13)

> [8]그들이 그 날 바람이 있을 때 동산에서 거니시는 야훼 하나님의 음성을 듣고, 그 사람과 그의 아내가 야훼 하나님의 면전에서 피하여 동산 나무들 사이에 자신들을 숨겼다. [9]야훼 하나님께서 그 사람을 부르시고 그에게 말씀하셨다: "네가 어디 있느냐?" [10]그가 말했다. "내가 동산에서 당신의 음성을 들었으나 벌거벗은 것을 두려워해서 숨었습니다." [11]그러자 그가 말씀하셨다. "누가 너에게 네가 벌거벗었다고 말해주었느냐? 내가 네게 먹지 말라고 명령했던 그 나무로부터 네가 먹었느냐?" [12]그 사람이 말했다. "당신께서 나와 함께 있게 하신 그 여자가 그 나무로부터 내게 주어 내가 먹었습니다." [13]야훼 하나님께서 그 여자에게 말씀하셨다. "네가 행한 이 일이 어찌된 것이냐?" 그러자 그 여자가 말했다. "그 뱀이 나를 속여 내가 먹었습니다."

범죄한 후 인간의 모습은 그 이전과 판이하게 달라진다. 하나님을 기쁨으로 맞이하지 못한다. 하나님이 거니시는 소리를 듣고 하나님의 면전으로부터 피하고 숨는다. 하나님과의 관계에서 근본적인 변화가 일어난 것이다. 죄가 하나님과 인간 사이를 막게 되어 하나님의 낯을 두려워하고 피해야 하는 신세가 되었다.

그러나 하나님은 이러한 죄인들을 찾아오신다. 오셔서 물으신다. "네가 어디 있느냐?" 이 질문은 아담이 어디 있는지 몰라서 하는 질문이 아니다. 만약 그랬다면 '아담아! 어디 있느냐?'라고 물으셨을 것이다. 이것은 아담이 어디 있는지 지금 어떻게 하고 있는지 다 알고 물으시는 것이다. 아담은 자기를 숨긴다고 숨어 있지만 하나님의 눈에는 훤히 들어다 보이는 상황에서, 마치 아담이 눈 앞에 있는 것처럼 보시고 물으시는 질문이다. 이렇게 아담을 찾아오시는 모습에서 끊임없이 인간을 찾아오시는 하나님의 모습을 엿볼 수 있다(창세기 4장에서 범죄한 가인을 찾아오시는 하나님의 모습을 참조하라). 인간은 하나님을 배반하고 하나님을 떠난 인간으로 살아가지만, 하나님은 그럼에도 불구하고 찾아오셔서 인간이 자신과 온전한 관계를 맺게 하고자 하시는 것이다.

하나님의 질문에 아담은 대답한다. "내가 동산에서 당신의 음성을 들었으나 벌거벗은 것을 두려워해서 숨었습니다." 이러한 답변을 듣고 하나님은 다시 물으신다. "누가 너에게 네가 벌거벗었다고 말해 주었느냐? 내가 네게 먹지 말라고 명령했던 그 나무로부터 네가 먹었느냐?" 이것은 범죄한 인간을 질책하고 꾸중하기 위해 던지는 질문이 아니다. 자신의 잘못을 회개하고 하나님께 돌아오기를 바라는 하나님의 사랑이 담긴 물음이다. 하지만 아담은 그러한 하나님의 기대대로 행동하지 않는다. 자신의 잘못을 변명하기에 급급하다. 자신의 행동이 '하나님이 그와 함께 있게 한 여자' 때문이었다고 자신의 잘못에 대한 책임을 전가한다. 우리는 아담의 답변에서 하나님을 향한 원망도 엿볼 수 있다. '당신이 함께 있게 한 여자'라는 표현을 통해 자신의 행동에 대한 하나님의 책임성을 은근히 드러내고 있는 것이다.

하나님은 여자에게도 질문하신다. "네가 행한 이 일이 어찌된 것이냐?" 여자는 이 질문에 뱀이 자신을 속였기 때문이라고 변명한다. 여자는 선악과를 먹은 후 자신이 뱀에게 속았다는 사실을 알게 되었다. 뱀의 말은 의사(擬似)진실이요, 하나님의 말씀이 참된 진리임을 알았다. 그토록 먹음직스럽고 보기에 좋고 탐스러웠던 선악과가 하나님과의 관계를 단절시키고 자신들에게 수치심과 두려움을 줄 뿐이라는 사실을 깨닫게 된 것이다.

여기에서 한 가지 질문이 생긴다. 어째서 남자와 여자는 벌거벗은 것을 부끄러워하고 두려워했는가 하는 점이다. 전에는 부끄럽지 않던 모습이 왜 이제는 부끄럽게 되었는가? 그것은 벌거벗은 모습을 통해 자신의 죄를 깨닫기 때문이다. 죄로 인해 하나님과의 관계가 깨진 인간은 하나님을 두려운 존재로 인식한다. 하나님 앞에 떳떳하게 나설 수 없기 때문이다. 하나님과의 관계에서 담이 생긴 것이다. 이런 수치심과 두려움을 없애려면 하나님과의 관계가 회복되어야 한다. 하나님은 그러한 관계의 회복을 위해서 찾아오셨다.[76] 하지만 남자와 여자는 그러한 기회를 활용하지 못했다. 그들은 자신의 잘못에 대해 변명하고 책임 전가 하는 데에 급급하여 하나님으로부터 심판의 말을 들어야 했다.

4. 하나님의 심판과 은혜주심(3:14-21)

[14]야훼 하나님께서 그 뱀에게 말씀하셨다. "네가 이 일을 행하였으니 너는 모든 가축과 들의 모든 짐승 가운데 저주를 받아 네 배로 다닐 것이며 네 평생토록 먼지를 먹어야 할 것이다. [15]내가 너와 여자 사이에, 또 네 씨와 그녀의 씨 사이에 적의를 두리니, 그는 너에게 머리를 부술 것이요, 너는 그의 발꿈치를 부술 것이다." [16]여자에게 말씀하셨다. "내가 참으로 너의 임신의 고통을 크게 하리니, 네가 고통 가운데서 자식들을 낳을 것이요, 너의 욕망은 네 남편에게 있고 그가 너를 다스리게 될 것이다." [17]또 그가 아담에게 말씀하셨다. "네가 네 아내의 음성을 듣고 내가 네게 명하여 말하기를 '너는 그것으로부터 먹지 말라.'고 한 그 나무로부터 먹었기 때문에, 너로 인하여 땅이 저주를 받고 너는 네 평생토록 고통 중에서 그것으로부터 먹어야 할 것이다. [18]그것은 너에게 가시나무와 엉겅퀴

---

76) 이러한 관계회복은 예수 그리스도를 통해서 이루어진다. 예수 그리스도는 '우리의 화평'이시다. 둘을 하나로 만드셨는데, '원수 된 것 곧 중간에 막힌 담'을 자기 육체로 허시고, 십자가로 이 둘을 한 몸으로 '하나님과 화목하게' 하셨다(엡2:14-16). 또한 그분은 사람이 죄를 범하므로 하나님의 영광에 이르지 못하던 것을 자신 안에 있는 속량으로 말미암아 '하나님의 은혜로 값없이 의롭다 하심을 얻은 자'가 되게 하셨다(롬3:23-24). 오늘날도 이렇게 찾아오시는 하나님을 영접하면 하나님의 구원을 경험한다(요1:12-13).

를 내고, 너는 들의 채소를 먹을 것이다. [19]너는 땅으로 돌아갈 때까지 네 얼굴에 땀을 흘려 먹을 것을 먹을 것이다. 왜냐하면 네가 그것에서 취함을 입었기 때문이다. 참으로 너는 먼지니, 먼지로 돌아가리라." [20]그 때 그 사람이 자기 아내의 이름을 하와라 불렀다. 이는 그녀가 모든 산 자의 어머니이기 때문이다. [21]하지만 야훼 하나님께서는 아담과 그의 아내를 위해 가죽 옷을 만들어 그들에게 입히셨다.

여기에는 뱀과 남자와 여자에게 하신 심판선언이 있다. 먼저 뱀에 대한 심판 선고는 두 가지 차원에서 나타난다. 하나는 뱀의 모습과 움직이는 방식에 대한 것이요, 다른 하나는 뱀과 인간 사이에 있을 영원한 적대감에 대한 것이다.[77]

뱀이 죽을 때까지 배로 다녀야 하고 흙을 먹어야 한다는 첫 번째 사항은 현재 적으로 경험하고 있는 뱀의 모습에 대한 원인론적(原因論的, aetiological)인 설명이 된다. 또한 이것은 고대 중동 세계에 널리 퍼져 있었던 뱀 숭배사상에 대한 배격이기도 했다. 왜냐하면 흙을 먹는다는 것은 벌을 받아 가장 비천한 자리에까지 낮아지는 것을 뜻하는 형벌이었기 때문이다(시72:9, 사49:23, 65:25, 애3:29, 미7:17등).[78] 두 번째 사항으로 언급된 뱀과 인간 사이에 있을 영원한 적대감에 대한 말씀은 초대교회 교부 이레네우스(Irenaeus)이래 이른바 '원시복음'(proto-evangelium)으로 이해되어 왔다. 하지만 이것이 너무 교리적인 해석에 붙잡혀 있어서는 안 된다. 이 말씀이 처음부터 예수 그리스도와 사단 사이의 투쟁을 말하고 있는 것은 아니다. 뱀의 '씨'와 여자의 '씨'가 어떤 특정 인물을 지칭한 것이 아니라 뱀의 후손과 여자의 후손 전체를 의미한다고 볼 수 있다. 이것은 악의 세력과 그렇지 않은 세력 사이에 있을 긴 대결의 과정을 암시한다. 그

---

77) C. Westermann, 『창세기 주석』, 52.

78) 강성열, 『현대인을 위한 창세기 강해』, 66-67. 뱀의 형벌에 대한 랍비의 해석은 흥미롭다. 뱀에 대한 형벌이 특이하다고 생각한 어떤 사람이 물었다: "아니 뱀이 받은 형벌은 형벌이 아니라 축복입니다. 흙(티끌)을 먹고 살라고 했는데, 뱀이야말로 생물가운데 항상 먹을 것이 풍부한 것 아닙니까?" 그러나 랍비 부남이 말했다: "그것은 이제 어떤 것을 구걸해야 할 필요가 없다. 바로 그것이 형벌이다."

리고 예수 그리스도가 사단에 대하여 거두시는 승리는 이러한 싸움의 긴 과정 속에서 절정의 사건으로 나타난다.[79]

두 번째 심판선고의 대상은 여자였다. 여자에게 임한 고통은 어머니로서 받을 고통과 아내로서 받을 고통이다. 먼저 어머니로서 겪을 고통은 임신과 출산의 고통이다. 그러나 임신과 출산은 본래 하나님의 축복이었다. '생육하고 번성하여 땅에 충만하라'는 축복에 임신과 출산의 과정이 포함되어 있기 때문이다. 문제는 그 고통이 커졌다는 데에 있다. 자연스런 고통에서 견딜 수 없는 고통으로 증가된 것이다. 다음으로 아내로서 겪을 고통은 남편의 다스림을 받는 것이다. 여기에서 '욕망'으로 해석된 〈테슈카〉(תְּשׁוּקָה)는 '사모함'과 '그리움'이 있는 '욕망'(longing)을 뜻한다(창4:7, 아7:10). 이것은 긍정적인 면과 부정적인 면을 다 포함할 수 있다. 아내는 남편을 향한 바람과 욕망을 가지고 있다. 하지만 중요한 것은 이제 남편의 다스림을 받게 될 것이라는 사실이다. 남자와 여자의 동등한 관계가 아니라 지배와 피지배의 불평등한 관계를 갖게 될 것이라는 말이다. '돕는 배필'과 함께 한 몸이 되어 살아야 할 부부의 관계가 지배와 피지배의 주종관계로 바뀌는 심각한 결과가 범죄를 통해 초래되었다.

세 번째 심판선고의 대상은 남자였다. 남자에게 주어진 심판은 두 가지 차원으로 나타난다. 첫째는 땅의 저주이다. 사람으로 인해 땅이 저주를 받는다. 인간의 출처이자 활동 무대인 땅이 저주를 받아 가시와 엉겅퀴를 내게 된다. 인간의 범죄로 인해 하나님 보시기에 좋았던 조화로운 세계가 불편하고 고통스런 부조화의 세계로 바뀐 것이다. 여기에 남자가 겪어야 할 고통이 있다. 이것이 심판선고의 두 번째 차원이다. 땅이 더 이상 인간의 활동에 순응하지만은 않는다. 인간에게 적대적이고 투쟁적인 요소들을 생산한다. 남자는 가시와 엉겅퀴를 제거하고 땀을 흘리는 고통스런 노동을 통해서 삶을 이어갈 수 있게 된다. 삶에 보람과 즐거움을 주는 거룩한 노동이 고통과 수고를 동반한 힘겨운 노동으로 바뀐 것이다.

---

79) 강성열, 『현대인을 위한 창세기 강해』, 67.

마지막으로 남자는 '참으로 너는 먼지니, 먼지로 돌아가리라'는 말씀을 듣는다. 이것은 범죄 때문에 인간에게 가해진 죽음의 형벌을 의미하지 않는다. 인간은 본래 죽어야 하는 유한한 존재로 창조되었다. 이것은 생명나무의 열매를 통해서 영원히 살 수도 있다는 하나님의 염려를 통해서도 알 수 있다(22절). 하나님은 이 말씀을 통해 인간은 본래 죽음으로 자신의 삶을 마치게 된다는 인간실존의 유한성을 깨닫게 하시는 것이다.[80]

이때 아담은 이러한 인간의 유한성에 맞서서 하나님의 뜻과 복주심을 드러내는 행동을 수행한다(20절). 그는 자신의 아내의 이름을 '하와'(חַוָּה)라 부른다. 그것은 그녀가 '모든 산 자의 어머니'이기 때문이다. 여기에서 '생육하고 번성하라'는 하나님의 복주심이 현실로 받아들여진다. 인간은 죽는 존재이지만 또한 생육하고 번성하도록 창조되었다. 창세기 3장에 나타난 아담과 하와의 첫 부부를 통해서 많은 후손이 생겨날 것을 앞서서 내다보고 있는 것이다.

여기에서 하나님은 사람을 저주하지는 않았다. 하나님의 저주를 받은 것은 뱀과 땅이었다. 인간을 붙드시고 아끼시는 하나님의 모습을 볼 수 있다. 하나님의 은혜로운 행동은 여기에서 그치지 않는다. 두 사람을 에덴동산에서 추방시키기 전에 '가죽옷'을 입히셨다. 〈쿠토넷〉(כְּתֹנֶת)은 무릎이나 발목까지 내려오는 긴 옷을 말한다. 야곱이 요셉을 위해 만들어 준 옷도 이러한 〈쿠토넷〉이었다(창37:3). 남자와 여자가 만들어 입었던 무화과나무 잎으로 만든 '치마'와 대조된다. 짐승의 가죽으로 만든 질기고 튼튼한 옷이었다. 엉겅퀴와 가시나무가 위협하는 세계에서 인간을 보호하시려는 하나님의 은총의 선물이었다.

---

80) 창세기 2-3장에서는 '죄의 벌로 받은 죽음'과 '피조물로서의 죽음'을 구별하고 있음을 알아야 한다. '죄의 벌로 받은 죽음'이란 아담과 하와가 범죄함으로 하나님과의 관계성이 파괴되고 에덴동산에서 추방당한 일, 남자와 여자가 서로를 감추어야 하는 분리의 관계로 변질된 일, 인간과 자연과의 부조화가 일어나 서로 투쟁하는 적대적 관계로 바뀌어 거친 땅에서 땀을 흘리고 수고해야 하는 남자의 모습, 더해진 임신과 출산의 고통을 안고 남자로부터 지배를 받아야 하는 여자의 모습 등이다. '피조물로서의 죽음'은 인간의 죄가 아니라 인간의 피조성과 관련된다. 이 죽음은 진토로 만들어진 인간의 유한성을 말하는데, 이것은 창조의 원리이며 본질이다. 이희학, 『인간의 죄악과 하나님의 구원행동: 창세기 1-11장의 신학』, 134-35.

5. 에덴동산에서 쫓겨나는 사람들(3:22-24)

22야훼 하나님께서 말씀하셨다. "보라, 그 사람이 선과 악을 아는 일에 우
리 중 하나와 같이 되었다. 이제 그가 자기 손을 내밀어서 생명나무로부
터도 따서 먹고 영원히 살게 해서는 안 된다." 23그래서 야훼 하나님께서
는 에덴동산에서 그를 내어 보내어 그가 취함을 입은 그 땅을 갈게 하셨
다. 24그 때 그가 그 사람을 쫓아내시고 에덴동산 동편에 그룹들과 이리
저리 도는 칼의 화염을 두어 생명나무의 길을 지키게 하셨다.

하나님은 에덴동산에서 사람을 쫓아내셨다. 그것은 생명나무가 있는 그곳에
서 영생할지도 모른다는 염려 때문이었다(22절). 그래서 에덴동산의 동쪽에 천
사들의 일종인 그룹들을 세워 생명나무에 이르는 길을 지키게 하였다. 하나님은
범죄한 인간에게 생명나무에 이르지 못하게 함으로 영원히 사는 것을 허락하지
않으신다. 여기에서 우리는 생명나무 없이는 죽는 존재라는 것을 알게 된다(이
러한 의미에서 요한계시록 22장 1-2절에 묘사된 새 하늘과 새 땅의 예루살렘에
서 생명수 강가에 생명나무가 있다는 것은 사람이 잃어버렸던 낙원을 다시 찾게
된다는 의미로 이해할 수 있다). 이제 인간은 기쁨과 생명의 동산인 에덴동산을
잃어버리고 에덴동산 밖에서 죽어야 하는 존재로 살아야 한다. 그리고 그러한 인
간이 생존하는 방식은 땅을 경작하며 흙과 함께 사는 것이었다(23절).

Ⅳ. 여론(輿論): '남자가 여자를 다스리라'(창3:16)는 말씀에 대한 신약성서의 해석

아래와 같이 세 곳의 말씀을 통해서 구약성서의 '남자가 여자를 다스리라'는
말씀에 대한 신약성서의 해석들을 살펴볼 수 있다. 첫째로, 고린도전서 11장

낙원추방(The Expulsion from Eden). 이탈리아 화가 마사치오(Masaccio di San Giovanni, 1401– 1428)의 작품으로 피렌체 산타 마리아 델 카르미네 성당에 소장되어 있다. 천국의 문을 뒤에 두고 쫓겨나는 두 사람의 표정에서 절망적인 분위기가 잘 나타난다.

2-12절에 있는 내용이다. 여기에 전제되고 있는 상황은 고린도에서 여자들이 예배에서 개인적인 기여를 하려고 나설 때 그들은 머리에 무엇을 쓰지 않았다는 것이다. 그들은 이렇게 해서 자신들의 동등권을 주장하려 했을 것이다. 하지만 그러한 행동들은 당시 교회 분위기를 해치는 행동들이었다. 헬라의 풍속과 유대의 풍속이 현저히 차이가 나는 부분이기도 하다. 따라서 바울은 그러한 여자들의 행동을 질책하면서 창조질서를 지키도록 권면한다. 즉 '남자의 머리는 그리스도요, 여자의 머리는 남자요, 그리스도의 머리는 하나님이시라'(고전 11:3)는 말과 '남자는 하나님의 형상과 영광'이고 '여자는 남자의 영광'(7절)이라는 진술을 통해 남자와 여자의 차이를 분명하게 지적한다. 그러므로 여자는 '권세 아래에 있는 표를 그 머리에 두어야 한다'고 말한다(10절).

이러한 바울의 가르침은 당시 고린도 교회의 상황을 전제할 때 이해되고 수용될 수 있다. 교회의 혼란을 막고 질서를 세우기 위해서 권면했던 요구사항이다. 이 가르침이 시대와 장소를 초월해서 모든 상황에 적용되는 것은 아니다. 그래서 사도 바울은 이 단락 마지막 부분에서 남성위주의 일방적인 해석과 적용이 되지 않도록 보완적인 진술을 함으로써 끝을 맺는다: "그러나 주 안에는 남자 없이 여자만 있지 않고 여자 없이 남자만 있지 아니하니라. 이는 여자가 남자에게서 난 것 같이 남자도 여자로 말미암아 났음이라 그리고 모든 것은 하나님에게서 났느니라"(고전11:11-12). 남성의 우위성만을 강조하는 것이 아니다. '여자가 남자에게서 난 것 같이 남자도 여자로 말미암아 났다'는 사실을 지적함으로써 남성과 여성 모두 서로 보완적인 존재라는 사실을 강조한다. 이것은 남자와 여자의 관계가 '돕는 배필'이라는 것을 떠올리게 한다. 또한 모든 것이 하나님으로부터 나왔다는 사실을 강조함으로써 모든 것에 대한 통치권과 주권은 오직 하나님께 있다는 사실을 잘 보여준다. 그러므로 이 세상의 모든 권위와 질서는 하나님의 통치와 통제 아래 있을 때에만 온전할 수 있다.

둘째로, 디모데전서 2장 8-15절의 내용이다. 디모데에게 편지를 보낼 때 교회 공동체에 가장 심각한 위협을 주었던 집단은 영지주의자들이었다. 이들 집단에서는 여자들이 주도적이며 선교적으로 공격적인 역할을 했다(12절, 5:13, 딤후 3:6참조). 그러면서 그들은 여자들이 성적 역할을 극복해야 한다는 당시로는 상당히 급진적인 견해를 대변했다. 또한 성관계와 혼인과 자녀출산을 포기해야 한다고까지 주장했다(4:3). 이러한 주장에 대한 반응이 디모데전서 2장 11-15절의 내용인 것이다. 여기에서 바울은 우선 여자들이 하나님을 경외하는 사람들로서 마땅히 행할 바인 '선행'을 보여줄 것을 요구한다. 이것은 남자나 여자나 할 것 없이 그리스도인 모두에게 요구되는 사항이다.

여기에 덧붙여 바울은 전통적인 유대 사상에 따라 여자들에게 교훈한다. 여자들은 순종해야 한다는 것이다(11절, 참조. 엡5:22). 만약 여자들이 공개석상에서 가르치려고 한다면, 그것은 남자(또는 남편)를 지배하려는 것과 같다는 것이다. 여기에서 바울은 남자의 우위성에 대한 근거를 고린도전서 11장 9절에서와 같이 제2 창조기사에 두고 있다(13절, 참조. 창2:18). 유혹을 받아 범죄한 것도 여자였다는 것이다(14절). 하지만 이러한 해석에만 머물러 있다면 이는 일방적인 해석이 되고 만다. 창조이야기의 다른 강조점도 있다. 예컨대 남자와 여자 모두가 동일하게 하나님의 형상을 따라 지음 받은 존재라는 것이다(창1:27, 5:1-2, 또한 참조. 창9:6-7). 또한 유혹을 받아 범죄한 것도 여자만의 책임으로 돌릴 수 없다. 거기에는 남자의 동조 내지 묵인이 수반되어 있다. 따라서 우리는 성서본문을 대하고 해석할 때 무엇이 더 원칙적인 진술인가를 생각해야 하며, 어떤 본문이 특정한 상황에 제한된 의미를 가지는 것은 아닌가를 물어야 한다.

바울은 15절에서 "여자는 해산함으로 구원을 얻으리라"는 말로 마무리한다. 이것은 영지주의자들의 주장을 정면으로 반박하는 것이다. 구원받는 것은 자신의 역사적 현실이나 그 결과에 대해 거부하는 것으로 이루어지는 것이 아니라, 그러한 역사적이며 실존적인 현실을 하나님의 선물로 인정하고 긍정할 때 실현될 수 있다(5:14, 딛2:4). 여자의 특권인 해산을 통해 생명의 역사를 창조하는 것이다(창3:20). 이와 같은 교훈에는 조건문이 있다(15절 상반절): "만일 정절로써 믿음과 사랑과 거룩함에 거하면." 이것은 이른바 영지주의적 구원의 길을 위해 여자들이 자신들의 자연적 규정을 거부하는 것으로부터 그들의 태도를 돌이키게 하는 것이다. 따라서 이러한 바울의 교훈은 "이단에 대한 교정이지 교회 안에서 여자의 역할을 모든 시대에 적용되도록 확정시키는 율법"[81]이 아닌 것이다.

셋째로, 갈라디아서 3장 23-29절의 내용이다. 여기에서 강조되는 것은 믿음의 길을 통해 사람은 하나님의 자녀들이 된다는 사실이다. 율법은 우리를 그리스도께 인도하는 초등교사의 역할을 하지만, 믿음은 우리에게 의롭다함을 얻게한다. 따라서 믿음을 통해 우리 모두가 하나님의 자녀가 된다는 것이다. 여기에는 차이가 없다. 모두가 그리스도로 새로운 옷을 입었기 때문에 새로운 존재가된다(27절; 참조. 고후5:17). 그리스도 안에서 모든 차별은 해소된다. "너희는 유대인이나 헬라인이나 종이나 자유인이나 남자나 여자나 다 그리스도 예수 안에서 하나이니라"(28절). 혈통이나 신분의 고하를 막론하고 그리고 남자와 여자의 차이가 사라지는 새로운 존재가 되는 것이다. 우리는 모두 그리스도를 통하여 아브라함의 후손이 되며(16절) 하나님 유업의 상속자가 되는 것이다(29절). 갈라디아서 3장 28절은 그리스도인들이 경험하게 되는 새로운 실존에 대한 근본적인 토대와 원칙을 천명한다. 모든 상황윤리는 이러한 토대와 원칙 아래에서 해석되고 적용되어야 할 것이다.

V. 나가는 말

최초의 사람들은 하나님의 창조목적에 따라 살지 못하고 범죄하고 에덴동산으로부터 추방된다. 사람에게 허락하신 참된 자유를 잘못 사용하였다. 뱀의 간교한 유혹을 이기지 못하고 금지한 열매를 따먹고 하나님이 설정해 놓은 경계를 무너뜨린 것이다. 그러나 이러한 모습은 오늘 우리의 모습이기도 하다. 하나님의 말씀을 온전히 신뢰하지 못하고 자신의 욕망과 의지를 앞세울 때 여전히

---

81) 『독일성서공회해설 성경전서』 (서울: 대한성서공회, 2004), 338-339.

우리는 처음 사람들과 같이 하나님을 배반하고 범죄할 수 있다. 범죄의 결과는 관계의 파괴라는 죽음을 가져왔다. 하나님과의 관계가 단절되고, 사람 사이의 관계가 파괴되었다. 한 몸을 이루고 아름다운 조화를 이루어야 할 관계가 지배와 피지배의 관계로 바뀌었고, 기쁨과 보람을 주어야 할 신성한 노동이 고통과 수고의 작업으로 바뀌었다. '보시기에 매우 좋았더라'라는 창조세계의 아름다움이 빛을 잃게 된 것이다. 여기에서 우리는 다시 한 번 하나님 말씀 안에서의 삶이 얼마나 중요한 것인가를 깨닫게 된다. 인간의 범죄는 하나님 말씀에 대한 불신과 불만에서 시작되었기 때문이다. 하나님이 주신 참된 자유로 하나님을 거역하는 것이 아니라 하나님을 기쁘시게 하는 삶을 살 것을 다짐해 본다. 우리 모두가 하나님의 말씀에 대한 신뢰와 믿음으로 하나님이 계획하신 창조의 목적을 이루는 거룩한 삶을 살기 바란다.

가인과 아벨의 제사(창4:1-16)[82]

I. 들어가는 말

창세기 4장 1-16절에 나타난 가인과 아벨에 제사에 대한 문제만큼 뜨거운 논쟁이 되는 본문도 드물다. 그럼에도 불구하고 이 본문은 한국교회 강단에서 설교본문으로 자주 인용되고 선택된다. 대체로 설교자들은 이 본문을 통해서 하나님이 기뻐하시고 받으시는 참 예배란 무엇인가의 주제를 다룬다. 그러나 본문에 대한 깊은 연구가 결여된 설교는 본문에는 나타나 있지 않은 내용을 추가하거나 자의적으로 해석하여 가인과 아벨의 제사에 대한 잘못된 인식과 평가를 낳게 했다.

필자는 본 논문을 통해 가인과 아벨의 제사의 의미를 재조명해보려고 한다. 특별히 이 문제를 창세기 4장 1-16절의 전체적인 맥락에서 살피고자 한다. 그리하여 창세기 4장 1-16절의 맥락 속에서 가인과 아벨의 제사가 차지하는 의미는 무엇이며 창세기 4장 1-16절의 전체 본문의 중심 주제는 무엇인지 알아보고자 한다. 이미 잘 알고 있는 본문에 대한 이러한 고찰은 기존의 해석들이 가지고 있는 문제점을 파악하고 구약성서 본문에 대한 적절한 해석의 길을 모색한

---

82) 이 논문은 「서울장신논단」 14 (2006.2), 7-45쪽에 실려 있다.

다는 점에서 구약성서 해석방법론에 대한 시금석이 될 수 있을 것이다.

II. 본문의 해석사

우선 창세기 4장 1–16절의 본문 전체에 대한 연구는 개인적–시원(始原)적 (individuell-urgeschichtlich) 해석과 집단적(kollektiv) 해석의 두 가지 관점 아래에서 구분된다.[83] 베스터만(C. Westermann)에 의하면 창세기 4장 1–16절에 대한 연구가 19세기 말까지는 개인적–시원적 해석이 지배적인 경향을 나타내었고, 그 이후에도 유대교와 가톨릭 진영에서는 그러한 흐름이 지속된 반면, 개신교 진영에서는 벨하우젠(J. Wellhausen)과 쉬타데(B. Stade)를 기점으로 집단적 해석이 주류를 이루었다.

집단적 해석의 입장에서는 인물 가인(Kain)이 겐족속(Keniter)을 대표하며, 가인이 추방된 광야는 유대 남쪽 광야를 의미한다고 본다. 따라서 논란이 되는 가인의 표시도 겐족에 대한 종족표시(Stammeszeichen)로 설명된다. 결론적으로 집단적 해석의 입장은 가인과 아벨의 이야기를 로마의 로물루스–레무스 이야기와 같이 본래 겐족의 삶과 양식을 설명하려는 목적에서 쓰여진 '종족 원인설화'(ethnologische Ätiologie)로 간주한다. 이와는 달리 개인적–시원적 해석의 입장(대표적으로 U. Cassuto)에서는 모든 인간적인 존재들이 형제며 사람의 피를 흘린 자는 자신의 형제의 피를 흘리기 때문에 자신의 동생을 죽인 가인이 '살인자의 전형'(Prototyp des Möders)으로 여겨진다. 따라서 이러한 견해에 따르면 창세기 4장 1–16절의 내용이 창세기 2–3장의 내용과 긴밀한 연관성 속에 있게 된다. 두 본문 모두 인간의 일반 문제와 연관되는데, 2–3장은 하나님의 피조물로서 남자와 여자의 연합 속에 있는 인간의 문제를, 4장 1–16절은 형제와의 관계

---

83) 두 가지 해석의 역사에 대한 자세한 설명은 베스터만의 창세기 주석을 참조하라: C. Westermann, *BK*, 385–88.

속에 있는 인간의 문제를 다루고 있는 본문으로 고찰된다.

그러나 흥미로운 사실은 본문의 해석사를 조망하여 볼 때 이 본문에 대한 단호하고 일방적인 집단적 해석은 주로 주제적으로 접근하는 단행본들에서만 나타나고, 본문의 문장 하나하나를 해석하는 주석서에서는 본문 형성단계의 두 본문층을 가정하여 그 중 한 본문층만 집단적 의미로 해석될 수 있다고 보거나(예컨대, H. Gunkel, H. Holzinger, J. Skinner, O. Procksch, W. Zimmerli, G. von Rad 등), 이 이야기가 단지 개인적–시원적으로만 해석될 수 있다는 견해를 보인다는 것이다(예컨대, H. Ewald, F. Delitzsch, A. Dillmann, A. Ehrlich, P. Heinisch, B. Jacob, U. Cassuto, K. A. Deurloo 등).[84] 이러한 관찰을 통해 확인되는 사실은 본문에 대한 연구에서 본문의 생성과정에 대한 가설에 근거하여 과도한 추정에 의한 해석보다는 최종형태로서의 본문이 말해주고 있는 바에 고찰이 더 우선적인 과제가 되어야 한다는 것이다. 바로 이러한 접근이 '본문의 의도'(intentio operis)를 살피는 적절한 방식이 아니겠는가?

다음으로 이 본문과 관련하여 제기되는 질문은 왜 하나님[85]께서 아벨과 그의 제물은 받으시고, 가인과 그의 제물은 받으시지 않으셨는가에 관한 문제다. 이 문제 또한 해석사에서 첨예한 논쟁이 되었다. 여기에서는 그동안 제시되었던 해석들 가운데 대표적인 몇 가지 입장만을 소개하며 그 해석의 문제성을 지적하고자 한다(이 문제에 대한 필자의 견해는 본문 주석에서 보게 될 것이다).[86]

첫째로, 하나님은 농경적 삶의 방식보다 유목적 삶의 방식을 선호했다는 해석이다(H. Gunkel, R. de Vaux, E. A. Speiser). 이러한 해석의 배후에는 이 이

---

84) C. Westermann, BK, 387.
85) 논문에서 신명(神名)의 사용은 문맥에 따라 '야훼'와 '하나님'을 병행하여 사용할 것이다. 일반적인 서술에서는 주로 '하나님'이 본문해설에서는 주로 '야훼'가 사용될 것이다.
86) 가인과 아벨의 제사에 대한 하나님의 수용기준에 대한 학자들의 다양한 견해들이 다음 두 문헌에 잘 요약되어 있다: G. J. Wenham, WBC, 104; F. A. Spina, "The Ground for Cais's Rejection (Gen 4): 'adamah in the Context of Gen 1–11," ZAW 104 (1992), 320.

야기를 종족이나 민족의 유래와 상황을 설명하는 원인론적 설화로 읽으려는 해석자의 관심이 있다. 그래서 이 본문을 유목생활과 농경생활 사이의 갈등을 묘사하는 이야기로 읽으려 한다. 그러나 '땅을 경작하며 살아가는'(עֹבֵד אֲדָמָה) 가인의 삶의 양식은 하나님에 의해서 결코 부정적으로 평가되지 않는다. 왜냐하면 에덴동산에서부터 하나님은 아담에게 땅을 경작하는 일을 맡겼고(2:15), 땅을 경작하면서 사는 삶의 방식은 아담과 하와가 에덴동산에서 쫓겨난 후에도 계속되기 때문이다(3:23).[87] 오히려 적어도 구약성서의 원역사 초반부에서는 땅을 경작하며 살아가는 삶의 방식이 본질적인 인간유형에 더 가깝게 여겨진다. 따라서 가인과 아벨의 제사를 통해 하나님이 농경적 삶의 방식보다 유목적 삶의 방식을 더 좋아하셨다는 사실을 결론으로 도출하는 해석은 해석자의 이차적인 관심에 의한 해석일 뿐 본문 자체에 근거한 것이 아니다.

둘째로, 하나님이 동물의 희생제사를 곡식제사보다 선호했다는 해석이다(J. Skinner, B. Jacob). 특히 스피나(Spina)는 가인의 제물이 하나님으로부터 저주받은 땅(창3:17-19)에서 얻은 소출이기 때문에 하나님이 받지 않으셨다고 주장한다.[88] 이러한 해석은 "피흘림이 없은 즉 사함이 없느니라"(히9:22)의 말씀을 인용하며 예수 그리스도가 이 땅에 오셔서 십자가에서 피를 흘려 인류를 위한 화목제물이 되셨듯이 피 있는 제사를 드려야 죄사함을 얻는 참 제사인데 가인은 그러한 희생이 동반된 제사를 드리지 않았기 때문에 하나님이 받지 않으신 것이라는 교의적인 해석에서 뚜렷이 드러난다. 구약의 제사법 가운데 피 없이 드리는 소제도 있었지만 그것은 독립적인 제사로 드릴 수 없고 다른 종류의 제사와 곁들여 드리는 부차적인 제사법이었다는 것이다. 그러나 구약성서의 본문을 이러한 교의적인 시각을 가지고 무분별하게 판단하는 것은 본문을 이해하는

---

87) 사람이 땅을 경작하며 사는 것은 하나님의 창조질서에 속한다는 구약성서의 노동관에 대하여 필자의 졸고를 참조하라: 하경택, "'노동'과 '쉼'에 대한 구약성서의 이해," 「교육목회」 26 (2005. 가을호), 27-9.
88) F. A. Spina, 320.

데 큰 장애가 될 뿐만 아니라 잘못된 해석을 낳게 하는 촉매제가 된다.

우선 구약성서의 제사를 보면 크게 피 있는 제사와 피 없는 제사로 나뉜다. 피 없는 제사인 소제나 전제는 곡식과 포도주와 기름과 유향 등으로 드리는 제사였고, 피 있는 제사는 소, 양, 염소, 비둘기 등의 동물을 잡아 죽이는 제사였다. 이러한 제사의 방법은 레위기에서 번제, 소제, 화목제, 속죄제, 속건제의 5대 제사법으로 분류되어 소개되고 있다(레1:1-5:7). 그러나 피 없이 드리는 소제도 독립적인 제사로 드릴 수가 있었고(레5:11-13; 6:14-18; 민5:15), 이 가운데서도 제물을 마련할 능력이 없는 가난한 자들의 경우 죄를 속하는 속죄제를 드릴 때도 소제를 가지고 속죄제를 드릴 수 있었다(레5:7-13). 그러므로 피 없는 제사도 하나님이 인정하시는 정당한 제사였음을 알 수 있고, 피 있는 제사여야만 죄사함을 얻는 '참' 제사라는 주장은 구약성서 전체의 지지를 얻지 못한다.[89] 더군다나 가인과 아벨이 드린 제사가 속죄의 의미를 담고 있는 제사인지는 확실치 않다. 오히려 추수감사제 형식의 제사라고 보는 것이 더 타당하게 여겨진다(자세한 내용은 아래 본문주석을 보라).

더 나아가 그러한 주장은 구약성서의 정경적 맥락에서 보면 시내산 언약이후에야 주어진 제사법을 그 이전 사건들에 무시간적으로 적용시키고 있다는 점에서도 문제다. 본문에 나타나지 않는 것을 과도하게 상상하여 '가인은 아버지 아담을 통해 피의 제사를 드려야 한다는 하나님의 뜻에 대해 누누이 가르침을 받았지만 하나님의 뜻에 순종하지 않고 자기 마음대로 땅의 소산을 취하여 적당히 제사를 드렸다'는 주장을 펼치기도 한다. 그렇다면 족장시대의 아브라함이나 야곱이 단을 쌓아 드린 이른바 '단-제사'도 그러한 피의 제사였단 말인가?

셋째로, 가인과 아벨의 제사를 서술하고 있는 본문에서는 하나님이 제물을

---

89) 또한 구약성서는 피 있는 제사라 할지라도 하나님의 뜻을 행하지 않을 경우에는 하나님이 그 제사를 받지 않으실 뿐만 아니라 그러한 제사를 혐오하기까지 하신다고 말하고 있다(삼상15:16; 사1:11-17; 호6:6; 미 6:6-8; 시50:8-15 등).

수용하고 거부하신 이유를 알 수 없고, 그 제물의 수용 여부는 전적으로 하나님의 자유에 속한 것이라는 해석이다(G. von Rad, C. Westermann). 그리고 이러한 하나님의 속성은 이스마엘이 아니라 이삭, 에서가 아니라 야곱, 므낫세가 아니라 에브라임, 이새의 말째 아들 다윗을 선택하시는 하나님의 행동에서도 잘 드러난다는 것이다. 이러한 해석은 주로 현대 성서학자들에 의해서 제시되었다. 그리고 이러한 입장들은 기존 해석들이 본문 자체에서 출발하기 보다는 본문 이외의 이차적인 관심이나 교의적인 해석의 틀을 가지고 본문을 무리하게 해석하는 견해들에 대한 반론(反論)의 의미를 내포하고 있다.

물론 구약성서에서 하나님이 '은혜 줄 자에게 은혜를 주고 긍휼이 여길 자에게 긍휼을 베푸신다'고 자신을 소개하고 있는 것(출33:19; 롬9:15)과 토기장이의 비유(렘18:6; 롬9:21)나 야곱과 에서의 선택(말1:2-3; 9:13)을 통해서 하나님의 절대적인 주권에 대해서 말할 수 있다. 그렇다고 창세기 4장 1-16절의 본문이 가인과 아벨이 드린 제사에 대한 하나님의 반응에 관하여 침묵으로만 일관하고 있으며 불가해한 하나님의 주권으로 볼 수 밖에 없단 말인가? 본문 서술을 통해 하나님의 수용이유나 선택기준을 발견할 수는 없는가?

이제부터 이러한 문제의식을 가지고 본문주석을 통해 가인과 아벨의 제사와 그 이후 사건을 통해 탐구될 수 있는 의미들은 무엇인가를 살펴보도록 하자.

Ⅲ. 본문주석

1. 본문사역

¹그 사람⁹⁰)이 그의 아내 하와와 동침하였고 그녀가 가인을 낳고 말했다:

---

90) 히브리 본문은 정관사를 사용하여 사람을 지칭(הָאָדָם)하고 있다. 따라서 통상 '아담'이라고 번역하고 있는 이 낱말을 본문의 표현을 따라 '그 사람'이라고 옮겼다. 이것은 아담이 본래부터 고유명사가 아니라 사람을 가리키는 일반명사라는 점을 강조하기 위함이다.

"내가 야훼의 도움으로[91] 한 남자아이를 얻었다." [2]그가 또 그의 형제 아벨을 낳았다. 아벨은 '작은 가축[92]'을 치는 사람'이었고 가인은 '땅을 경작하는 사람'이었다. [3]세월이 흐른 후 가인은 그 땅의 열매 중에서 야훼께 제물(מִנְחָה)을 드렸다. [4]아벨 그도 그의 양떼의 첫 새끼들과 그것들의 기름으로부터 드렸고, 야훼께서 아벨과 그의 제물(מִנְחָה)을 주목하셨다.[93] [5]가인과 그의 제물에는 그가 주목하지 않으셨다. 그때 가인은 매우 분노했고, 그의 얼굴이 떨구어졌다.[94] [6]야훼께서 가인에게 말씀하셨다: "왜 너는 분노하고, 왜 너의 얼굴이 떨구어졌느냐? [7]네가 만약 잘했다면 왜 (얼굴을) 들지 않느냐?[95] 그러나 네가 만약 잘하지 못했다면, 죄가 문에 도사리고 있다. 그것(죄)의[96] 욕망이 네게 있다. 너는 그것을 다스려야 한다." [8]가인이 그의 아우 아벨에게 말했다.[97] 그들이 들에 있을 때, 가인이

91) 필자가 문맥을 고려하여 "도움으로"라고 옮긴 부분은 히브리어 본문에는 אֶת로 되어 있고 이것을 칠십인경 (LXX)은 διὰ τοῦ θεοῦ라고 옮기고 있다. 그밖에도 이 구절은 상이한 번역의 가능성을 제기하는데, 그 것은 "얻었다"로 번역된 동사 קָנָה가 "창조하다"의 뜻을 의미하기도 하여(창14:19, 22) "내가 야훼와 함께한 남자를 창조했다."라고 번역하거나, 앞에서 문제가 된 אֶת가 보통은 목적격 전치사로 쓰이기 때문에 "내가 한 남자, 야훼를 얻었다."고 번역하기도 하였다. 4:1의 번역의 문제에 관하여 다음을 참조하라. G. J. Wenham, *WBC*, 101–2.

92) 히브리 명사 צֹאן은 양과 염소와 같은 작은 가축을 일컫는 총칭어(generic term)이다. 따라서 본 사역에서는 통상 '양 치는 자'라고 번역하는 것과는 달리 원문의 의미를 '작은 가축'이라 번역하였다.

93) 개역성경에서는 이 부분을 '열납하다'라고 번역하고 있는데, 여기에 쓰인 히브리 낱말 שָׁעָה는 기본적으로 '바라보다, 주목하다, 주시하다'의 뜻을 가지고 있다(출5:9; 시119:117). 보통 '열납'으로 번역되는 히브리 낱 말은 '호의, 희열, 찬성'의 뜻을 가진 רָצוֹן이다.(레 1,3; 19:5; 시19:14).

94) 보통 우리말 성경에서 "안색이 변하다/얼굴빛이 달라지다"로 번역되어 있는 이 부분을 히브리 본문(וַיִּפְּלוּ פָנָיו)에 나와 있는 נפל동사('떨어지다')의 뜻을 살려 "그의 얼굴이 떨구어졌다"라고 번역하였다. 이러한 번역은 또한 7절의 야훼의 질문에 나타나는 נשׂא동사('들어 올리다')의 의미를 분명하게 파악할 수 있게 한다.

95) 필자가 능동의 뜻으로 번역한 אֵת(שְׂאֵת의 Qal 부정사 연계형)를 많은 영어역본들(NKJ, NRS, RWB 등)이 수동의 뜻인 '열납되다/수용되다'로 번역한다(예컨대, NIV: If you do what is right, will you not be accepted?). 하지만 본문 자체에서는 이 낱말의 형태를 수동의 의미로 번역할 근거를 찾을 수 없다.

96) 히브리어 본문에는 이곳에서 대명사의 불일치가 일어난다. 즉 통상 여성으로 취급되는 죄(חַטָּאת)가 남성형 대명사에 의해서 지칭되고 있다. 이러한 예는 심심치 않게 발견된다. 예컨대 창2:15에서 남성명사 (에덴)동산이 여성으로 지칭되고 있다(לְעָבְדָהּ וּלְשָׁמְרָהּ).

97) 사마리아오경, 70인경, 시리아역, 불가타에는 내용의 연결을 매끄럽게 하기 위해서 נֵלְכָה הַשָּׂדֶה ("우리 들

그의 아우 아벨을 향해 일어나 그를 죽였다. [9]야훼께서 가인에게 말씀하셨다: "너의 아우 아벨이 어디 있느냐?" 그가 말했다: "알지 못합니다. 제가 제 아우를 지키는 자입니까?"[10]그가 말씀하셨다: "네가 무엇을 하였느냐? 네 아우의 핏소리가 땅으로부터 내게 울부짖는다. [11]이제 너는 그 입을 벌려 네 손으로부터 네 아우의 피를 받았던 그 땅으로부터 저주를 받을 것이다. [12]네가 그 땅을 경작해도 더 이상 너에게 그 효력(힘)을 주지 않을 것이요, 너는 땅에서 도피하며 유랑하리라." [13]가인이 야훼께 말하였다: "내 죄벌(עֲוֹנִי)이 감당하기에 너무 큽니다. [14]보소서. 당신께서 오늘 이 지면으로부터 절 쫓아내시니, 당신의 얼굴로부터 내가 숨기었나이다. 내가 땅에서 방황하고 방랑하게 되었으니, 나를 보는 모든 자들이 나를 죽일 것입니다." [15]야훼께서 그에게 말씀하셨다: "그러므로[98] 가인을 죽이는 자는 누구나 일곱 배로 벌을 받을 것이다." 야훼께서 그를 보는 자들이 그를 치지 못하도록 가인에게 표를 주셨다. [16]가인이 야훼의 앞에서 나와 에덴의 동편 놋 땅에서 거주하였다.

2. 본문의 구조

본문의 구조는 우선 크게 두 부분으로 나누어지는데, 전반부는 가인과 아벨의 제사와 가인의 살인에 관한 내용이고, 후반부는 전반부 사건에 대해서 야훼와 가인이 나눈 대화의 내용인데 여기에서 가인의 행동에 대한 야훼의 징벌과 가인의 탄식에 대한 야훼의 보증의 행동이 서술되고 있다.

판으로 가자!")가 추가되어 있다.

98) 히브리 본문에 לָכֵן로 되어 있는 이곳을 70인경, 시리아역, 불가타 등은 문맥을 고려하여 לֹא כֵן (οὐχ οὕτως)로 고쳐서 읽고 있다.

4:1-8   가인과 아벨의 제사
    4:1-2   가인과 아벨에 대한 소개
    4:3-5   가인과 아벨의 제사
    4:6-7   야훼의 경고
    4:8   가인의 살인
4:9-16   야훼와 가인의 대화
    4:9-10   야훼의 질문과 가인의 답변
    4:11-12   야훼의 징벌
    4:13-15   가인의 탄식과 야훼의 보증
    4:16   가인의 떠남

3. 본문해설

1) 가인과 아벨의 제사(4:1-8)

(1) 가인과 아벨에 대한 소개(1-2)

1-2절은 인류 최초의 부부인 아담('그 사람')과 하와 사이에서 태어난 아들들을 소개하고 있다. 아담이 하와를 알았다. 이것은 아담과 하와가 동침했다는 것을 의미한다.[99]

---

99) 히브리말 ידע가 의미하는 '안다'는 것은 단순히 지적인 활동이나 어떤 실제에 대한 객관적인 명상을 표현하는 말이 아니라 오히려 경험적이며 정서적이며 무엇보다 관계적인 차원의 앎을 말한다. 이 낱말은 관여와 상호작용, 충성과 의무 등의 의미를 함축한다. 따라서 이 동사는 남자와 여자 사이의 그리고 하나님과 사람 사이의 가장 친밀하고 신성한 관계를 나타내는데 사용될 수 있다. 그러나 이 낱말은 동물간의 관계를 나타내는 말로는 사용되지 않는다. N. M. Sarna, JPS, 31. 우리말에도 '남자/여자를 안다'는 표현을 통해 성적인 관계를 나타내는 용례가 있다.

여기에서는 일반적인 족보에서와는 달리 여성의 역할이 강조되고 있다.[100] 보통은 창세기 5장 3절에서와 같이 남자가 아들을 '낳은'(ילד) 것으로 표현한다. 그러나 본문에서 가인과 아벨을 낳은 하와의 행동을 강조한다. 그리고 그는 가인을 낳은 후 그를 '야훼의 도움으로' 얻었다고 외친다(위의 사역에 대한 설명 참조). 이것은 마치 아담이 하와를 처음으로 본 후 '이는 내 뼈 중의 뼈요 살 중의 살이라' 외친 그의 외침과 유사하다(창2:23). 이러한 묘사를 통해 '모든 산자의 어미'가 될 것이라는 하와의 위치와 역할이 강조되고 있는 것이다(창3:20).

하와의 두 아들의 이름은 가인(קין)과 아벨(הֶבֶל)이다. 가인의 이름에 대한 해석은 여러 갈래로 진행되었다. 우선 아랍어의 어원적인 설명을 통해 '대장장이'나 '수공업자'를 뜻한다는 설명(5:-14)과 본문의 해석사에서 본 것처럼 겐 종족의 이름과 관련이 있다는 설명이다. 그러나 이러한 설명 모두 추정에 그칠 뿐 확실한 설명을 해 주지 못한다. 오히려 하와가 외친 외침 가운데 '얻었다'는 사실을 〈카나〉(קנה)라는 동사를 통해 표현하고 있는데, 가인의 이름이 이 동사와 연관되어 설명될 수 있을 것이다. 즉 가인은 야훼의 도움을 통해 야훼께로부터 '얻은' 자식이라는 것이다.

가인의 이름과는 달리 아벨의 이름에 대한 설명에서는 많은 주석가들이 대체로 동의한다.[101] 아벨의 이름과 동일한 낱말인 הֶבֶל 〈헤벨〉은 "숨" 또는 "입김"을 뜻하는 말로서 쉽게 없어지고 지나가 버리는 그림자와 같은 인생을 상징적으로 표현하고 있으며(시62:9; 144:4; 욥7:16), 따라서 전도서에서는 "허무"라는 말로서 전도서의 주제를 나타내는 핵심어가 되고 있다(전1:2, 14; 2:11, 17 등). 이와 같은 의미를 가진 아벨의 이름은 뒤이어 전개될 사건을 예견해 주고 있으며 짧고 허무하게 끝나는 아벨의 운명을 암시하고 있다. 위와 같은 고찰을 통해 알 수 있는 것은 구약성서의 다른 본문에서와 같이 여기에서도 이름을 통해 그 사람의 본질이 표현되고 있음을 알 수 있으며 사람이 서술되는 이야기의

---

100) C. Westermann, *BK*, 393.
101) 예컨대 다음을 참조하라. G. von Rad, *ATD*, 75; G. J. Wenham, *WBC*, 102; C. Westermann, *BK*, 398.

일부가 되고 있다.

2절 하반절에서는 아벨과 가인의 직업이 소개된다. 아벨은 양과 염소와 같은 작은 가축을 돌보는 '목자'(רֹעֵה צֹאן)였고, 가인은 땅을 경작하는 '농부'(עֹבֵד אֲדָמָה)였다. 아벨과 가인의 직업을 통해서 두 직업 간의 갈등이나 두 직업 중 어느 하나가 더 낫다는 사실을 말해주고 있지 않다. 야곱과 에서의 경우처럼 두 사람의 각기 다른 삶의 방식을 묘사할 뿐이다. 두 직업은 당시 사회의 근간이 되는 기본적인 삶의 방식이었다.[102] 따라서 여기에서 다루어지는 문제가 어떤 특정 직업이나 종족에 기반을 둔 집단 간의 갈등이나 대립이 아니라 가인과 아벨 두 사람으로 대표되는 인간 일반의 문제라는 사실을 인식해야 한다.

이로써 앞으로 전개될 사건과 문제에 대한 조건과 상황이 제시되었다. 아직까지는 어떤 사건이나 문제가 발생하지 않았다. 이러한 도입 이후에 과연 어떤 문제가 발생하며 사건이 어떻게 진행되는가?

(2) 가인과 아벨의 제사(3-5)

세월이 흐른 후 가인과 아벨은 야훼께 제물을 드린다. 가인은 땅의 소산 가운데서 제물을 드렸고, 아벨은 자신의 가축떼 가운데 첫 새끼들과 그것들의 기름으로 제물을 드렸다. 야훼께서 아벨과 그 제물은 주목하시며 받으셨으나 가인과 그의 제물은 주목하지 않으셨다. 이때 가인은 매우 분노했고 그는 자신의 얼굴을 떨구었다.

이렇게 간단하게 서술된 본문이 그토록 긴 시간 동안 많은 논란을 일으켰다. 가인과 아벨의 제사 사건을 이해하고 하나님의 선택기준과 수용이유를 알아보기 위해서는 우선 두 사람이 드린 제사의 동기와 목적을 규명하는 것이 매우 중요하다. 이 작업이 제대로 선행되어야 가인과 아벨의 제사에 대한 잘잘못을 제

---

102) G. R. Castellino, *Les origines de la civilisation selon les Textes Bibliques et les Textes Cunéiformes* (VTSuppl 4) (1957), 133: "두 형제 가인과 아벨은 두 가지 상이한 직업에 종사한다; 그러나 이 두 직업은 신석기 시대 이후로 줄곧 모든 사회생활의 기초를 형성했다"(C. Westermann, *BK*, 431에서 재인용).

대로 평가할 수 있다. 가인과 아벨의 제사가 앞의 본문의 해석사에서 보았듯이 자신들이 지은 죄를 속하고 하나님과의 관계를 올바로 회복하기 위한 속죄제나 속건제 혹은 화목제의 성격을 가진 제사였는가 아니면 다른 목적을 가지고 드려진 제사였는가? 구약성서의 정경적 맥락에서 보면 적어도 전자의 경우는 아님을 알 수 있다. 그렇다면 어떤 동기에서 이루어진 제사였는가?

가인과 아벨이 드린 제사는 일종의 '감사제'였다. 이러한 제사의 성격은 3절 도입부의 표현을 통해서 짐작할 수 있다. "세월이 흐른 후"라고 번역된 부분은 히브리말로 מִקֵּץ יָמִים וַיְהִי 〈봐여히 미케츠 야밈〉이라고 표현되어 있다. 직역하면 "날들의 끝에"라는 말이다. 이 표현은 구약성서에서 이곳을 제외하고 총 11회 등장하는데 이 가운데 아홉 번은 정확한 숫자에 의해 규정되어 있고(창8:6 41:1; 출12:41; 신9:11; 삿11:39; 삼하15:7; 왕상2:39; 대하8:1; 렘42:7), 한 곳에서는 '많은'이라는 수식어가 첨가되어 나타난다(렘13:6). 왕상17:7과 이곳에서만 다른 수식어 없이 사용되었는데, 왕상17:7의 경우는 문맥을 볼 때 번역하는데 어려움이 없다('얼마 후'라고 번역하는 것이 자연스럽다). 그러므로 이 표현은 오직 창4장의 본문에서만 그 뜻이 모호하다.

그러나 이렇게 해석상의 어려움을 제공하는 이 표현은 יָמִים 〈야밈〉의 다른 용례를 통해서 그 뜻이 명확해질 수 있다. 그것은 〈야밈〉(직역하면 '날들')이 막연한 시간의 흐름만을 나타내는 것이 아니라 일년이란 특정한 기간을 뜻할 수도 있다는 것이다(레25:29; 삼상1:21). 따라서 이러한 용례를 창4장에 적용하면 '일 년의 끝', 즉 한 해를 마무리하면서 드리는 추수감사제와 같은 성격의 제사였음을 알 수 있다. 이러한 해석은 실제로 이미 여러 학자들에 의해서 제시된 바 있다(예컨대, B. Jacob와 J. Junker나 몇몇 랍비들의 주석에서).[103]

이러한 제사의 성격은 두 사람이 드린 제물을 מִנְחָה 〈민하〉라는 동일한 용어[104]

---

103) G. J. Wenham, *WBC*, 103. 베스터만은 이 제사의 성격을 "첫수확 혹은 첫열매 제사"(Erstlings- oder Primitialopfer)라고 말한다(C. Westermann, *BK*, 401).

104) 그러나 이것이 칠십인경에서는 가인의 제물을 θυσίαν으로 아벨의 제물을 δώροις라고 각각 다르게 번역하고 있다.

를 사용하여 표현하고 있다는 사실을 통해서도 확인된다. 특정한 제의적인 용어를 사용하지 않고 종교적이거나 세속적인 상황에서 모두 쓰일 수 있는 중립적인 용어를 사용하고 있기 때문이다.[105] 또한 이것은 두 사람이 드린 제사의 차별성이 제물의 종류에 있지 않음을 반증하는 것이다. 두 사람이 드린 제사가 감사제의 성격을 지닌 제사라면 땅의 소산물 가운데서 일부를 제물로 드린 가인의 제사는 지극히 정상적인 것이다. 땅을 경작하는 사람이 자신이 한 해 동안 힘써 일군 농산물 가운데서 일부를 뽑아 야훼께 드리고, 가축을 돌보던 자가 가축 중에 일부를 뽑아 감사의 마음으로 야훼께 드린다면 그것이 야훼께서 바라시고 기뻐하시는 제사가 아니고 무엇이겠는가?

그렇다면 무엇이 문제인가? 과연 어떠한 이유로 야훼께서는 아벨과 그의 제물은 주목하시고 가인과 그의 제물은 주목하지 않으셨단 말인가? 우선 야훼께서 보신 것이 제물만이 아니라 사람까지도 함께 보셨다는 서술을 통해 제사는 제물만의 문제가 아니라는 사실을 알 수 있다. 제사란 인격과 삶, 올바른 동기와 정성이 동반된 행위가 되어야 야훼가 받으시는 참 제사가 될 수 있다는 것이다.

가인과 아벨의 제사가 어떻게 차이가 나는가? 본문의 서술을 통해서도 두 사람의 제사는 차이가 남을 알 수 있다. 가인의 경우는 그냥 "땅의 열매 중에서 야훼께 제물을 드렸다"고 기록하고 있지만, 아벨의 경우는 "자신의 가축 떼의 첫 새끼들과 그것들을 기름들 가운데서 드렸다"고 보도하고 있다.[106] 첫 새끼는 가축 가운데서도 구별한 것임을 알 수 있고 그 가운데서도 특별히 그것들의 기름

---

105) מִנְחָה의 의미: 1)(경의와 존경, 감사, 우정, 예속 등을 표현하는) 선물/예물; 예컨대, 에서에게 준 야곱의 선물(창32:14, 19, 21이하, 33:10)이나 요셉의 형들이 준 예물(창43:11, 15, 25이하); 2)제물: 주로 소제(Speiseopfer)를 뜻하는 말로 쓰이나 가인과 아벨의 이야기에서 보여주듯이 반드시 곡식제사만을 의미한 것은 아니다(삼상2:17); *HAL*, 568–9.

106) "가축 떼의 첫 새끼들과 그것들의 기름"(מִבְּכֹרוֹת צֹאנוֹ וּמֵחֶלְבֵהֶן)이라는 표현에서 접속사 〈바브〉는 단순한 등위접속사가 아니라 앞의 단어를 설명하는 접속사이다(GK §154a 1b). 그러므로 이것은 가축의 첫 새끼와 기름이라는 두 종류의 제물을 드린 것이 아니라 첫 새끼 부위 중 기름, 즉 최고의 부위를 하나님께 제물로 바친 것을 의미한다(U. Cassuto, *A Commentary on the Book of Genesis: From Adam to Noah*, 205; N. M. Sarna, *JPS*, 32; 김인환, "가인과 아벨의 제사: 하나님의 선택기준," 「총신대 논총」 18 [1999], 70).

을 드렸다는 것은 제물로 드릴 수 있는 여러 가지 가능한 대상들 가운데서 가장 좋은 것으로 엄선하여 드렸다는 사실을 보여준다.[107] 그야말로 아벨은 자신의 가축으로부터 "정수"(精粹)(pick)를 드렸다.[108] 적어도 아벨의 제사가 가인의 제사보다는 더 많은 정성을 들였고 더 나은 제사였음을 알 수 있게 하는 대목이다.[109]

이렇게 간접적으로 알 수 있었던 가인과 아벨의 제사에 대한 평가는 제사에 대한 야훼의 반응 이후 가인의 행동을 통해서 똑똑히 드러난다. 야훼가 자신과 자신의 제물을 주목하지 않으시자[110] 가인은 분노했고 자신의 '얼굴을 떨어뜨림'[111]으로 자신의 불만을 표현했다. 만약 가인이 드린 제사의 동기가 순수했고 하나님의 은혜에 대한 감사의 의미로 드린 제사였다면, 야훼의 반응에 대해서 그렇게 분노하지 말았어야 하고 불만을 품을 이유가 없었다.[112] 가인의 이러한 행동

---

107) 구약성서는 모든 생명이 하나님이 주시는 것이므로 그것이 사람이든 짐승이든 식물이든 처음 난 것은 모두 하나님께 드리라고 밝히고 있다(출22:29–30; 23:19; 34:19–20; 레23:10–11; 민18:12–13; 신14:22–23; 26:1–2). 또한 기름은 동물 중에서 가장 중요한 부분이기 때문에 사람이 먹지 않고 하나님께 태워서 연기로 드린다(레3:16–17; 7:23–25, 28–34; 신32:38;삼상2:15–17; 15:22; 사1:11–17; 43:24 등).

108) G. J. Wenham, *WBC*, 103.

109) 이와 관련하여 생각할 수 있는 것은 구약성서에서 흠 없는 제물을 드릴 것을 요청하는 규정들(레1:3, 10; 3:1, 6; 22:20–22; 말1:6–14; 삼하24:24 등)이다. 이것은 다름이 아니라 제사를 드리는 자가 그만큼 정성을 다하여 하나님께 드려야 한다는 사실을 강조하는 율법규정들이다.

110) 도대체 야훼께서 자신과 자신의 제물을 수용하지 않으셨다는 사실을 가인은 어떻게 알았을까? 본문은 이 사실에 대해서 설명하지 않고 있다. 통상적으로 고대인들은 제물을 보고 제사의 수용여부를 알았기 때문에 가인도 야훼께서 자신의 제사를 받지 않았다는 사실을 알았을 것이라고 추정할 수 있다(G. von Rad, *ATD*, 76). 흥미롭게도 테오도시온은 שׁעֹּה('그가 보셨다')를 ἐπύρισεν('그가 불태웠다')으로 번역하고 있다. 이것은 제물을 불사름을 통해 반응을 보이시는 하나님의 행동의 보기를 따른 번역이다(레9:24; 삿6:21; 왕상18:38; 대상21:26; 대하7:1 참조). 그러나 이것은 추정에 의한 번역일 뿐 본문이 분명히 밝히고 있는 바가 아니다.

111) 위의 본문사역과 사역에 대한 설명을 보라.

112) 제사의 종류를 크게 둘로 나누면 'do et das'(I give and you give/Ich gebe und du gibst)와 'do ut des'(I give in order that you may give/Ich gebe, damit du gibst)의 제사가 있다. 전자가 순수한 의미의 상호교통적인 교제로서의 제사라고 한다면, 후자는 상대방이 무엇인가 주기를 바라는 목적이 있는 제사다. 가인의 반응을 통해서 볼 때 가인이 드린 제사는 이 두 가지 제사 중 후자에 속한다고 볼 수 있다. '제사'가 제물이 연기로 전환되어 하나님께 전달되는 '물물교환'의 성격을 가지고 있다는 종교사적이며 인류학적인 연구에 관하여 다음을 참고하라. M. Mauss, *Die Gabe*, ²1984; E. Leach, "Die Logik des Opfers," in: *Kultur und Kommunikation*, 1978, 101ff.; J. Ebach, *Streiten mit Gott, Hiob* 1, 7.

을 통해서 제사를 드리는 가인의 마음과 자세에 문제가 있었음을 알 수 있다.

이와 같은 본문관찰을 통해 가인과 아벨의 제사에 대한 야훼의 반응에는 분명한 이유가 있었음을 알 수 있었다. 하나님은 제사를 평가하실 때 제물만 보지 않으시고 제사를 드리는 사람 자신을 먼저 보신다. 이러한 사실은 가인과 아벨 두 사람이 제물을 선택하는 모습과 그 이후 행동을 통해서 확연히 드러났다. 그렇다면 한 번 제사를 잘 못 드렸다고 해서 그 사람의 삶이 끝장나는 것인가? 그렇지 않다. 가인의 행동에 대한 야훼의 반응과 그 이후 가인의 행동을 통해서 예배자로서 하나님 앞에서의 삶은 어떠해야 하는지를 살펴보자.

(3) 야훼의 경고(6-7)

분노하고 고개를 떨구고 있는 가인에게 왜 그런 반응을 보이고 있느냐고 야훼께서 물으신다. 그리고 경고하신다. 야훼께서 경고하신 7절의 내용은 창세기 가운데 "가장 어두운 구절"(dunkelster der Genesis)[113]로 지칭될 만큼 그 해석에 대한 논란의 여지가 많다. 7절은 세 부분으로 나눌 수 있다.

7a: "네가 만일 잘 했다면 왜 (얼굴을) 들지 않느냐?" '얼굴을 든다'고 번역한 부분은 히브리어 본문에 목적어도 없이 שְׂאֵת(נשׂה의 Qal 부정사 연계형, "들어 올리다")로만 되어 있다. 따라서 본문의 전후상황과 문맥을 고려하지 않으면 해석하기 곤란한 본문이다.[114] 필자는 이것을 가인의 "얼굴이 떨구어졌다"고 말하고 있는 5절과 관련시켜 해석한다. 즉 분노와 불만으로 가득 차 얼굴을 밑으로 향하고 있는 가인의 행동을 묘사하면서 그의 행동에 대해서 야훼께서 질책하고 있는 것이다.

7b: "그러나 네가 만약 잘하지 못했다면, 죄가 문에 도사리고 있다(רֹבֵץ לְפֶתַח חַטָּאת)." 여기에서도 우선 문법적으로 חַטָּאת(죄)와 רֹבֵץ(Qal 능동분사,

---

113) O. Procksch, *KAT*, 45.

114) 이 표현에 대한 해석으로 다음과 같은 다양한 견해들이 표명되었다(G. J. Wenham, *WBC*, 105): 1)가인에 대한 야훼의 용서; 2)가인과 그 제물에 대한 야훼의 수용; 3)떨구어진 얼굴과 반대로 의기양양해진 가인의 주관적인 느낌; 4)죄와 같이 구부러지지 않고 똑바로 서 있는 가인의 자세.

남성, 단수형: 도사리고 있다)의 호응관계가 문제가 된다. 여성명사인 죄와 그것을 서술하고 있는 서술어의 성이 일치하고 있지 않다. 그래서 רבץ의 주어를 가인으로 보거나 아카드 문헌에 등장하는 귀신 rabiṣu로 설명되기도 하였다. 그러나 문맥상 문에 도사리고 있는 '죄'에 대한 경고로 보는 것이 적절하다.[115] 여기에서 문은 입구를 의미한다. 이것은 어떤 특정한 장소를 의미하는 것이 아니라 언제든 들어올 수 있어 호시탐탐 기회를 엿보고 있는 죄의 모습을 강조한다고 볼 수 있다. 이 진술을 통해 야훼께서는 가인의 범죄 가능성에 대해 단순히 어떤 내적인 충동이나 자극으로서 말하지 않고, 밖이나 위에 있으면서 탐욕스럽게 사람을 소유하려 하는 "객관적인 힘"(eine objektive Macht)[116]으로서의 죄의 모습을 보여준다.

7c: "그것의 욕망이 네게 있다. 너는 그것을 다스려야 한다." 이렇게 객관적인 실체로서 사람을 사로잡으려는 죄를 가인은 지배하고 제어해야 한다. 이것을 통해 죄의 결과에 대한 책임성이 인간에게 있음을 분명히 밝히고 있다.

가인의 삶은 한 번 제사가 받아들여지지 않았다고 해서 완전히 끝장난 것이 아니다. 오히려 야훼께서는 제사에 실패한 가인을 찾아와 대화하신다. 가인을 찾아오신 야훼께서는 가인의 상태를 점검하시고 그가 저지를 수 있는 범죄에 대하여 경고하신다. 그는 강력한 죄의 유혹과 욕망을 다스려 돌이킬 수 없는 죄에 빠지지 말아야 한다. 이것은 마치 아담과 하와에게 "선악을 알게 하는 과실을 먹지 말라"고 한 경고와 같다.[117] 이와 같은 야훼의 행동은 우리에게 제사보다 삶이 더 중요함을 가르쳐 준다. 한 번 제사에 실패했다고 가인의 삶 전체가 잘못된 것은 아니었다. 오히려 그러한 실패의 경험을 거울삼아 자신의 부족함을 인정하고 그 이후의 삶을 더욱 신실하게 사는 것이 중요했다. 그래서 야훼는 경고하셨다. 그러나 가인은 어떻게 행동하는가? 야훼의 경고를 따라 죄의 욕망을 다

---

115) 성의 불일치에 대해 사역에 대한 설명과 각주 96번을 참조하라.
116) G. von Rad, *ATD*, 77.
117) 아래 각주 145번에서 창2–3장과 창4장의 구조를 비교한 것을 보라.

가인과 아벨(Cain and Abel). 본명은 베첼리오(Tiziano Vecellio, 1487/901576)였으나 타이티언 (Titian)으로 불리는 이탈리아 베니스의 화가의 작품. 1542–44년 경에 그린 것으로 추정되며 베니스의 Santa Maria della Salute 교회의 천정에 그려져 있다. 아래에서 위를 향하는 구도가 가인의 행동을 더욱 위압적으로 느끼게 한다.

스리는가 아니면 죄의 욕망에 굴복하는가?

(4) 가인의 살인(8)

8절은 가인과 아벨 이야기의 중심 장면으로서 동생 아벨에 대한 가인의 살인을 보도하고 있다. 이 사건이 가지는 비중에 비하면 서술이 매우 간결하다. 그것은 사건 자체는 큰 의미를 지니고 있지만, 가인과 아벨 이야기의 중심점은 사건서술에 있지 않고 야훼와 가인의 대화에 있기 때문이다. 이 이야기의 후반부(9-16절)를 보라. 사건의 서술보다 사건에 관한 대화 부분이 압도적으로 많다. 사건은 대화를 통해 그 의미가 드러나는 하나의 '사례'가 된다. 야훼의 적극적인 경고에도 불구하고 가인은 동생을 들판으로 유인하여 죽였다.[118] 그는 죄의 욕망을 다스리지 못하고 그 힘에 굴복하여 동생을 죽이고 만다. 이로써 가인은 인류 최초의 살인자가 된다.

이러한 가인의 모습은 야훼의 말씀을 통한 경고에도 불구하고 죄를 다스리기보다는 죄의 길로 나가는 우리의 모습을 보여준다. 이러한 인간의 실존은 그리스도인이 되기 이전이나 이후나 큰 차이가 없다(롬7:21-25). 구원받은 그리스도인이라고 할지라도 그리스도 안에서 하나님과 지속적인 연합의 상태에 있지 않으면 언제라도 죄의 지배아래 빠질 수 있는 위험이 도사리고 있다. 그래서 예수님께서는 우리에게 "시험에 들지 않게" 해달라고 기도하라(마6:13)고 말씀하

---

118) 사역에 대한 설명에서 밝혔듯이 8절 상반절에 대한 여러 고대역본에 "우리 들판으로 가자"라는 말이 추가되어 있다. 이것은 가인이 말했다는 진술 다음에 말한 내용은 나오지 않고 곧바로 두 사람이 들판에 있는 상황으로 전환되기 때문이다. 그래서 주석가들 사이에서는 그러한 가인의 말이 본래는 본문에 포함되어 있었는데 전승과정에서 상실된 것인지 아니면 가인의 말이 본래는 없었는데 번역자들에 의해서 첨가된 것인지에 대한 다양한 논의가 있었다. 필자는 후자의 견해에 동의한다. 왜냐하면 "더 어려운 읽기가 원문일 가능성이 크다"(lectio difficilior lectio probalilior)나 "짧은 읽기가 원문일 가능성이 크다"(lectio brevior lectio potior)과 같은 본문비평 원칙을 고려할 때 그렇고(M. Dreytza, 『구약성서연구방법론』, 105-6), 또한 여기에 가인의 말이 언급되어 있지 않더라도 본문의 상황을 이해하는데 어려움이 없기 때문에 이러한 생략이 오히려 사건을 압축적으로 기술하고자 하는 저자의 서술기법일 수 있다는 생각에서 그렇다. 이러한 논의와 '말하다'(אמר)는 동사를 다른 동사(예컨대, שמר나 דבר)로 이해하는 읽기 방식에 대하여 C. Westermann, BK, 411.

신 것이 아닌가?

2) 야훼와 가인의 대화(4:9–16)

(1) 야훼의 질문과 가인의 답변(9–10)

9절부터 후반부가 시작된다. 전반부가 가인과 아벨의 제사 사건이 계기가 되어 결국 형제살인이라는 비극으로 종결되었다면, 후반부는 그러한 가인의 범죄 사건에 대한 야훼의 평가와 가인의 반응이 기술된다. 이 이야기를 전체적으로 조망해 볼 때, 전반부에서나 후반부에서 아벨의 발언이 전혀 나타나지 않고 있으며, 그는 단지 수동적으로만 묘사되고 있다. 이러한 서술은 가인을 주인공으로 만든다. 따라서 "이 이야기는 가인과 아벨의 이야기가 아니라 가인의 이야기다"[119]는 설명이 설득력을 얻는다.

범죄사건이후 야훼께서는 가인에게 물으셨다: "너의 아우 아벨이 어디 있느냐?" 이 질문은 3장의 "아담아, 네가 어디 있느냐?"에 상응한다. 그렇다면 야훼의 이러한 물음은 어떠한 의미가 있는가? 여기에는 우선 범죄한 후에도 완전히 버리지 않으시고 끊임없이 인간을 찾아오시는 하나님의 은혜와 사랑이 있다. 그리고 모든 것을 다 알고 계심에도 불구하고 이 질문을 함으로써 가인에게 자신의 잘못을 고백하게 하고 그가 저지른 행동에 대한 자신의 책임이나 평가를 스스로 내릴 수 있는 기회를 주시는 것이다.[120] 또한 야훼께서는 "네가 어디 있느냐?"가 아니라 "네 아우가 어디 있느냐?"는 질문을 통해 개인으로서의 인간이 아니라 함께 사는 존재로서의 인간의 모습을 일깨우며 인간의 사회적 책임을 강조하신다.[121]

야훼의 물음에 가인이 답변한다: "알지 못합니다. 제가 제 아우를 지키는 자

---

119) C. Westermann, BK, 412.
120) 장석정, "가인과 아벨 이야기 II (창세기 4:9–16)," 「구약논단」 8 (2000), 34.
121) G. von Rad, ATD, 77.

아담과 하와에 의해서 발견된 아벨의 시체(Body of Abel Discovered by Adam and Eve). 신비와 공상의 세계를 잘 표현했던 19세기 영국의 화가이자 시인인 윌리엄 블레이크(William Blake)가 그린 그림으로서(1825년) 공포에 사로잡힌 가인의 모습과 죽은 아들을 보고 슬퍼하는 어머니의 모습이 대조적이다.

입니까?" 가인의 답변에서 야훼께 대한 '모독적인 익살'(lästerlicher Witz)[122]을 엿볼 수 있다: "내가 목자의 목자입니까?"(Soll ich den Hüter hüten?) 목자는 가축 떼를 '지키는 자'(שמר)이며(삼상17:20), 맡겨진 가축에게 문제가 발생하였을 때는 지키는 자에게 그 책임을 묻기 때문이다(출22:7, 10).[123] 이러한 가인의 답변은 첫 번째 부부의 답변보다 더 강퍅하고 완고하다. 아담은 부분적이긴 하지만 진실을 말하나(창3:10) 가인은 완전히 새빨간 거짓을 말한다.[124] 여기에서 죄의 강도가 증가됨을 엿볼 수 있다. 에덴동산 이야기에서는 선악을 알게 하는 과실을 따먹으므로 야훼의 금령을 어기는 범죄를 저질렀지만, 이제는 형제를 시기하고 미워하므로 살인에까지 이르게 되었다. 가인은 자신이 저지른 범죄의 심각성만큼이나 뻔뻔스럽고 철저하게 사실을 부정하고 오히려 질문하시는 야훼의 행동을 문제 삼는다.

그러나 이러한 가인의 답변이 거짓임은 바로 이어서 나오는 야훼의 말씀에서 똑똑히 드러난다: "네가 무엇을 하였느냐? 네 아우의 핏소리가 땅으로부터 내게 울부짖는다." 많은 주석가들이 10절이 이 이야기의 절정이라고 평가한다.[125] 가인은 아벨을 죽임으로서 이 땅에서 그를 제거하려 하였다. 그러나 아벨은 '피의 호소'를 통해 하나님 앞에서 여전히 살아있다. 하나님 앞에서는 어떠한 범죄도 숨길 수 없다. 피의 외침은 위기 시에 도움을 요청하는 "고함소리"(Zeterschrei)

---

122) W. Zimmerli, Zur Exegese von Genesis 4, 1–16: Der ev. Erzieher 20 (1968) 200–203(C. Westermann, BK, 413에서 재인용).

123) 에바흐(J. Ebach, "Arbeit und Ruhe," 95–96)는 여기에 사용된 שמר동사와 관련하여 '경작'(עבד)과 '보호'(שמר)의 균형과 조화가 창2–4장을 관통하는 중심적인 주제로서 관찰될 수 있다는 흥미로운 분석을 한다. 2:15에서 인간의 역할로 진술된 '경작과 보호'가 3:23에서는 분리된다. '보호'가 사람의 일이 아니라 그룹의 일이 된다. 그룹들의 보호가 인간을 에덴으로부터 분리시킨다. 경작과 보호가 분리되면서 인간도 에덴으로부터 분리된다. 그리고 인간은 고통가운데서 거친 자연(가시와 덤불)에 맞서 경작해야 한다. 이러한 경작과 보호의 주제는 본문의 이야기에서도 중요하게 작용한다. "경작자"('ōbed'adāmā) 가인에게도 경작과 보호가 분리되면서 그에 따른 형벌이 뒤따른다. 자신은 경작자 일뿐 "지키는 자"(šōmer)가 아니라는 그의 항변에서 경작과 보호가 분리되고 이 분리는 살인이라는 범죄를 야기시킨다: 하경택,"'노동'과 '쉼'에 대한 구약성서의 이해," 28, 각주 14번.

124) G. J. Wenham, WBC, 106.

125) 예컨대 C. Westermann, BK, 414; G. J. Wenham, WBC, 106.

와 같다(신22:24, 27). 여기에는 피와 관련된 구약성서의 생명사상을 엿볼 수 있게 한다. 피와 생명은 오직 하나님께 속해 있다; 따라서 살인한다는 것은 하나님의 고유한 소유권에 대한 인간의 권리침해다.[126] 피 안에 생명이 있고(레 17:11, 14) 무고하게 흘린 피는 땅에 묻히지 않고 하나님께 호소한다.[127] 이러한 피의 외침을 하나님은 들으시고 그 피의 값을 찾으신다(창9:5-6).[128] 구약성서의 모든 부분에서 하나님은 이러한 억울한 자들의 울부짖음을 들으신다고 강조한다(사19:20; 시34:17; 107:6, 28; 삼하12장과 왕상21장).

(2) 야훼의 징벌(11-12)

11-12절은 가인에 대한 야훼의 징벌선고를 기록하고 있다. 여기에서 선고될 야훼의 징벌이 가인이 저지른 범죄의 심각성만큼이나 창3장에서보다 훨씬 강화된 형태로 나타날 것은 자명하다. 인간의 삶의 토대인 땅이 형제의 무고한 피를 마셨다. 그래서 가인은 '땅으로부터'(מִן־הָאֲדָמָה) 저주를 받는다.[129] 즉, 가인은 사람의 본래적인 출처이면서 동시에 자신의 삶의 터전인 '경작지'로부터 쫓겨난다. 여기에서 땅은 고라와 그의 추종자들을 삼킨 땅(민16:30, 32; 신11:6)처럼 의인화되어 나타나고, 가인이 땅으로부터 쫓겨나는 것은 땅이 죄 때문에 그 거주민을 토해내는 것(레18:24-28)과 같다.[130] 가인은 아무리 수고해도 땅으로부

---

126) G. von Rad, ATD, 77.
127) 욥은 이러한 '피의 호소'의 모티브를 가지고 자신의 탄식이 숨겨지거나 은폐되지 않고 하나님께 상달되기를 희망한다(욥16:18f). J. Ebach, Streiten mit Gott, Hiob 1, 141-2.
128) 구약성서에 나타난 피의 의미에 대하여 다음을 참조하라. K. Koch, Der Spruch "Sein Blut bleibe auf seinem Haupt" und die israelitische Auffassung vom vergossenen Blut, in: in: Janowski, B./Krause, M.(Hg.), Spuren des hebräischen Denkens. Beiträge zur alttestamentlichen Theologie. Gesammelte Aufsätze Band 1, Neukirchen-Vluyn: Neukirchener Verlag 1962/1991, 128 - 145.
129) 라쉬(Rashi)는 이 부분을 창3:14에 나타난 מן의 용례를 근거로 "너는 땅보다 더 저주를 받았다."고 해석한다(G. J. Wenham, WBC, 107). 그러나 מן의 의미를 비교급의 의미가 아니라 장소적 의미로 해석하고 있는 현대 주석가들의 견해가 문맥에 더 타당하게 여겨진다.
130) 이것은 땅과 죄악의 상관성에 대한 구약성서의 시각을 보여준다. 땅은 더럽혀짐으로 그 생명력을 잃는데, 회복 방법은 죄를 저지른 사람이 그 땅을 떠나는 방법밖에 없다(레18:24-25). 하나님께서 땅의 거룩함을 보존하기 위해서 더러워진 인간들을 그 땅에서 쫓아내는 것이다. 이와 반대로,사람이 하나님의 모든

터 어떤 효력도 얻을 수 없다. 땅이 그것의 소출을 내기를 거부하는 것이다.[131] 그러므로 가인은 그 땅에 거주할 수 없고 '도피하고 유랑해야'(נָע וָנָד) 한다.[132] 또한 이렇게 자신의 삶의 터전인 땅으로부터 쫓겨나는 것은 기존의 모든 관계로부터의 단절을 의미한다.

여기에서 3장과 4장의 징벌의 내용을 비교해 보자. 이러한 비교를 통해 4장에 기술된 징벌의 무게를 가늠할 수 있다. 3장에서는 저주의 대상이 뱀과 땅이다(3:14, 17). 그러나 4장에서는 가인이 직접적인 저주의 대상으로 언급된다. 3장에서는 아담이 저주받은 땅으로부터 수고하고 땀을 흘린 대가로 땅의 소산을 먹을 수 있었다.[133] 그러나 4장에서는 가인이 아무리 수고를 해도 땅의 소산을 얻을 수 없게 된다. 이처럼 4장에서 가인에게 내려진 징벌은 3장에서보다 그 강도가 한층 강화되어 나타난다.

(3) 가인의 탄식과 야훼의 보증(13–15)

야훼가 선고하신 징벌의 내용을 들은 가인은 "내 죄벌(עֲוֹנִי)이 감당하기에 너무 크다"고 탄식한다. 여기에서 '죄벌'이라고 번역된 히브리 낱말 עָוֹן은 '죄'(Sünde)와 '벌'(Strafe)을 동시에 의미하는 말이다. 이것은 행위와 그에 따른 그 결과가 그만큼 긴밀한 연관성 속에 있음을 보여준다.[134] 13절에서 이 낱말을

규례와 법도를 지킬 때는 땅이 토해내지 않을 것이다(레20:22); 장석정, "가인과 아벨 이야기 II," 39–40.

131) 이와 반대의 모습을 보여주고 있는 새하늘과 새땅에 대한 하나님의 약속을 보라(사65:21–23). 거기에서는 사람의 수고가 헛된 것이 없다.

132) נָע וָנָד의 표현은 구약성서에서 4:12과 14절에만 나타난다. 베스터만은 이 관용어가 '집단적 해석'의 입장을 보였던 학자들(예컨대, J. Wellhausen, H. Ewald)의 견해와 같이 베드윈족과 같은 유목민들의 삶의 형태를 기술하는 것이 아니라 '추적당하고 쫓기는 신세'(eine gejagte, gehetzte Existenz)를 표현하고 있다는 사실을 잘 보여주고 있다(C. Westermann, *BK*, 418–9).

133) 타락이후에 주어진 형벌은 노동자체가 아니라 더 고통스럽고 힘들게 된 노동조건이었다(3:18–19). 창2:15의 진술을 통해 보듯이 노동은 하나님의 창조질서에 속한다. 하경택, "'노동'과 '쉼'에 대한 구약성서의 이해," 27–9.

134) 구약성서에 나타난 행위화복관계의 일치성에 대해서 다음을 참조하라. K. Koch, Gibt es ein Vergeltungsdogma im Alten Testament?, in: *Um das Prinzip der Vergeltung in Religion und Recht des AT* (WdF 125), 130–80.

어떻게 해석하느냐에 따라 가인의 발언의미가 달라진다. 이것을 '죄'로 번역할 때는 가인이 자신의 죄가 큼을 인정하는 회개의 고백이 될 수 있으나, '벌'로 번역하면 야훼가 내리신 징벌이 자신이 감당하기에 너무 크다는 탄식이 된다. 여기에서는 14절의 내용과 연결지어 생각할 때, 후자의 의미로 번역하는 것이 더 적절하게 여겨진다.[135] 그렇지만 필자는 '죄짐', '형벌', '벌'과 같은 단순한 번역보다는 '죄벌'로 번역하고 있는 개역의 번역이 이 히브리 낱말이 가지고 있는 이중적인 의미를 잘 표현하고 있는 기발한(?) 번역이라 생각한다.

가인이 지면으로부터 쫓겨나는 것은 자신의 삶의 터전으로부터 소외되는 것이기 때문에 안전과 안식을 보장받지 못한다. 그는 이렇게 야훼의 '보호'로부터 멀어지는 상황을 '야훼의 얼굴로부터 숨기어지는 것'으로 표현하고 있다.[136] 따라서 그는 쫓기고 유랑하는 생활 속에서 다른 사람들에 의해서 생명을 빼앗길 수 있는 죽음의 위협에 놓이게 된다.[137] 가인의 이러한 탄식은 야훼께 그 정당성을 인정받고 추가적인 조치를 이끌어 낸다.

야훼께서는 "그러므로(לָכֵן)[138] 가인을 죽이는 자는 누구나 일곱 배의 벌을 받

---

135) 과거에 이 부분을 '죄'(Schuld)로 번역했던 예들에 관하여 다음을 참조하라. C. Westermann, BK, 420.

136) '하나님의 편재성'(Die allgegenwärtige Wirksamkeit Gottes)은 구약성서가 증언하고 있는 바다(시 139:7–12; 암9:3–4). 하나님의 얼굴을 '피하기' 위해 다시로 가는 배를 탔다가 결국 하나님에 의해서 쓰임 받게 되는 요나의 이야기도 같은 맥락에서 읽을 수 있다. 그러므로 여기에서 말하는 하나님의 얼굴로부터 '숨겨짐'은 하나님의 '보호'로부터 멀어지는 자신의 처지를 묘사하는 가인의 은유적 표현으로 이해된다. 또한 이것은 가인과 하나님과의 관계가 단절되었음을 의미한다.

137) 여기에서 흔히 제기되는 문제는 가인을 죽일 수도 있는 '다른 사람들'의 존재에 관한 문제다. 이 문제에 대한 손쉬운 답변은 구약성서의 기록에는 나타나지 않지만 아담과 하와 사이에 있었을 많은 후손들이 있었을 것이라는 사실을 상기시키는 것이다. 여기에는 앞으로 태어날 후손들까지도 포함된다. 그러나 이러한 문제제기에 앞서서 생각해야 할 점은 창1–11장의 '원역사'(Urgeschichte)는 사실적이라기 보다 상징적인 의미가 강한 기술(Darstellung)이라는 점이다. 사건이나 족보의 기술내용을 산술적으로 계산해 내기 어렵다. 많은 경우 생략과 반복의 기법이 동원되고 있다. 따라서 이 부분을 읽는 독자는 이러한 본문의 성격을 이해하고 기술된 내용의 역사적 실체를 규명하는데 힘쓰기 보다는 기술된 사건이나 내용의 의미가 무엇인가에 초점을 맞추어 본문을 이해하는 것이 바람직하다.

138) 이것을 많은 고대역본들과 현대어 역본들이 לֹא כֵן (οὐχ οὕτως)으로 고쳐 읽고 있다. 그러나 현재의 히브리어 본문을 따른다 해도 내용연결에는 문제가 없다. 오히려 히브리어 본문을 따르는 것이 가인의 탄식을 긍정하시며 후속적인 조치를 내리는 야훼의 적극적인 의사표현을 반영하여 더 타당하게 여겨진다(

을 것이다"고 말씀하시며 죽임을 당치 않도록 가인에게 표를 주셨다. 일곱 배의 형벌에 대한 해석도 여러 가지였다.[139] 여기에서는 7이라는 숫자의 의미를 구체적으로 적용하기 보다는 그러한 자를 반드시 벌하시겠다는 강조의 용법으로 이해하는 것이 더 좋겠다.

그렇다면 죽임을 당치 않도록 가인에게 주신 '표'(אוֹת)는 과연 무엇이며 그것의 의미는 무엇인가? 이 표에 대한 해석도 본문의 해석사에서 풀기 어려운 문제였다.[140] 아마도 문신과 같이 몸에 새겨진 표시였을 것이라고 추정된다(겔9:1-7; 계7:3; 14:1; 또한 참조. 계13:11-18). 그렇지만 확실한 것은 가인에게 주신 표의 모양이나 형태는 알 수 없지만 사람들이 그것의 의미를 인식할 수 있었다는 것이다. 이 표는 계속해서 일어날 수 있는 피의 보복을 방지하는 야훼의 보호장치다. 가인을 죽이는 자는 일곱 배의 벌을 받을 것이라는 진술에는 인간의 보복 가능성이 전제되어 있다. 그러나 야훼는 이 표지를 통해 자신만이 피흘림에 대한 징벌자이며 여기에 인간의 개입을 허용하지 않으신다는 의지를 나타내신 것이다.[141] 이러한 야훼의 표는 가인에게 이중적으로 작용한다. 아담과 하와에게 주신 가죽옷처럼 자신의 죄와 하나님의 자비를 동시에 생각나게 한다: 그것은 한편으로 언제라도 있을 수 있는 잠재적인 적의 공격으로부터 가인을 방어하는 기능을 하고, 다른 한편으로는 가인이 추방된 존재, 즉 다른 사람들로부터 소외된 존재라는 사실을 나타내는 지속적인 표지로서 작용한다.[142]

위의 본문해설을 보라).

139) 가인의 살인자는 그 자신과 함께 가족 6명이 함께 죽을 것이라는 해석과 그 징벌의 결과가 7대(아담에서 라멕까지 혹은 가인에서 두발가인 까지)에 걸쳐 나타난다는 해석이 있었다. G. J. Wenham, *WBC*, 109.

140) 베스터만은 본문 해석사에서 제기된 다양한 견해들(예컨대, 천둥번개와 같은 자연현상, 보호견과 같은 동물, 머리모양이나 얼굴의 상처와 같은 가인의 외모 등)을 잘 요약해 주고 있다(C. Westermann, *BK*, 424-7).

141) C. Westermann, *BK*, 424.

142) G. J. Wenham, *WBC*, 110. 폰라트(G. von Rad, *ATD*, 78)는 가인의 표를 다음과 같이 평가한다: "가인의 표식은 그에게 수치가 되는 것이 아니라 이제부터 가인이 하나님에 의해 보호되어지는 신비스런 보호관계를 지시해 준다... 살인을 저질렀기 때문에 하나님으로부터 소외되는 저주는 받았으나, 불가해하게도 하나님의 보호에 의해 지켜지고 보존되는 삶을 첨예화시킨다."

(4) 가인의 떠남(16)

이 이야기는 가인이 야훼의 면전으로부터 떠나 에덴의 동쪽, 놋(נוֹד) 땅에 살게 된다는 내용으로 끝이 난다. 놋의 의미는 12절의 '유랑하다'와 어원이 같은 것으로 '방랑의 땅' 또는 '안식 없는 땅'을 상징한다. 이것은 3장과 연결지어 생각할 때 '기쁨'의 동산으로부터 더 멀리 떨어져 나간 인간의 삶을 보여준다.[143] 이러한 결말은 죄가 사람을 하나님으로부터 분리시키고 하나님의 심판은 수행된다는 사실을 강조하고 있다.[144]

4. 내용요약과 중심주제

창세기 4장 1–16절은 집단적 의미보다는 개인적이며 시원(始原)적 의미의 사건으로서 첫 번째 형제이야기를 다루고 있다. 이 내용은 2–3장의 첫 번째 남자와 여자의 이야기의 구조와 일치한다.[145] 2–3장에서는 인간의 문제가 남자와 여자의 원초적 관계에서 기술된 반면, 4장은 병렬적 관계로서의 형제관계 안에서

---

143) 가인과 아벨의 이야기가 중심모티브로 작용하고 있는 존 스타인벡(J. Steinbeck)의 소설 '에덴의 동쪽'(East of Eden)을 보라.
144) G. J. Wenham, *WBC*, 110.
145) 창2–3장과 4장의 구조는 아래와 같이 분석된다(K. Heyden, "Die Sünde Kains: Exegetische Beobachtungen zu Gen 4,1–16," *Biblische Notizen* 118 (2003), 85–109:

창2–3장		창4장
2:4b–15 세계와 인간창조, 에덴동산	제시부(Exposition)	4:1–5 가인과 아벨의 출생, 그들의 제사
2:16 선악을 알게 하는 과실에 대한 금지	경고(Warnung)	4:6f. 가인에 대한 야훼의 경고
3:1–7 금지된 열매를 먹음	금지된 행동 (Verbotene Tat)	4:8 가인이 아벨을 죽임
3:9 "네가 어디 있느냐?" (אַיֶּכָּה)	야훼의 첫 번째 질문: 어디?(Wo)	4:9 "네 형제 아벨이 어디 있느냐?" (אֵי הֶבֶל אָחִיךָ)
3:13 "네가 행한 것이 무엇이냐?" (מַה־זֹּאת עָשִׂית)	야훼의 두 번째 질문: 무엇?(Was)	4:10 "네가 무엇을 하였느냐?" (מֶה עָשִׂיתָ)

다루어진다.[146] 창세기 4장 1–16절에서 그동안 주된 관심의 대상이 되었던 가인과 아벨의 제사는 이야기 전체의 관점에서 보면 사건의 동기로서 작용할 뿐이다. 오히려 이야기의 중심은 그 이후 전개되는 가인의 행동과 그것에 대한 하나님의 반응을 서술하는 것에 놓여 있다.

가인과 아벨 이야기 전반에 흐르는 중심주제는 '범죄하는 인간과 은혜로 다가오시는 하나님'의 상반된 모습이다. 인간은 하나님의 경고에도 불구하고 죄의 욕망을 억제하지 못하고 계속해서 죄의 길로 나아간다. 시간이 흐르고 인간의 활동범위가 넓어짐과 함께 인간이 저지르는 죄는 확장되고 성장한다. 그렇지만 하나님은 그러한 인간을 징벌로만 관계하지 않으신다. 하나님은 범죄한 인간인 가인의 탄식까지도 들으시며 응답하신다.[147] 이러한 하나님의 행동에서 끝없는 하나님의 은혜와 사랑이 잘 드러난다.

그렇다면 본래 이 논문의 출발점이 되었던 가인과 아벨의 제사는 중요하지

3:14 뱀에 대한 저주 (אֲרוּר אַתָּה)	저주(Verfluchung)	4:11 가인에 대한 저주 (אָרוּר אַתָּה)
3:15-19 뱀과 여자와 남자에 미치는 결과	결과(Folge)	4:12ㄱ. 가인에게 미치는 결과 (와 가인의 항변)
3:21 야훼께서 인간에게 옷을 입히심	야훼의 돌보심 (Jahwes Fürsorge)	4:15 가인을 위한 보호표시
3:24 에덴동산으로부터 추방 (מִקֶּדֶם לְגַן־עֵדֶן)	추방(Ausweisung)	4:16 동쪽으로 가인을 추방 (קִדְמַת־עֵדֶן)

146) 이러한 기본적인 인간관계는 '족장 이야기'(Vätergeschichte)에서 종합된다. 족장이야기에서는 남녀관계와 형제관계의 수평적 관계뿐 아니라 부모와 자식의 수직적 관계까지 문제가 된다. 이러한 인간관계적인 측면을 부각시키면서 창세기를 주석하고 있는 대표적인 학자가 베스터만이다(C. Westermann, *BK*, 389–400).

147) 사르나(N. M. Sarna, *JPS*, 32-3)는 창4장에는 하나님에 대한 예배의 두 가지 측면의 기원을 가르쳐주고 있다고 지적한다. 그것은 제의적인 행동인 제사('가인과 아벨의 제사': 3–5절)와 언어적 요소('사람들이 야훼의 이름을 부름': 26절)인 기도이다. 그는 이렇게 구약성서에서 제사와 기도가 분리되어 나타나는 것을 고대세계의 종교관에 비추어 보면 혁명적인 발전이라고 평가한다. 왜냐하면 고대세계에서는 종교적 행위가 본질적으로 마술적이며 그것의 효과를 위해서 발화된 말(spoken word)과 실천(praxis)을 동시에 요구하고 있기 때문이라는 것이다. 그러나 흥미롭게도 구약성서에서는 이 두 가지 요소가 분리됨으로 기도의 이례적이며 비마술적인 특성이 강조된다. 같은 맥락에서 공식적인 제사장적인 제의가 묘사된 레위기에는 기도가 동반되지 않는다. 구약성서에는 이러한 전통이 줄곧 이어져 희생제사의 설립은 모세에게, 그리고 시편낭송의 도입은 다윗에게 각각 그 기원을 돌리고 있다.

않은 문제인가? 그렇지 않다. 오히려 본문에 대한 전체적인 고찰을 통해 가인과 아벨의 제사에서 제기되는 의문들에 대해서 제대로 대답할 수 있다. 가인과 아벨이 제사하는 모습에 대한 서술을 통해 하나님의 선택에는 분명한 이유가 있었음을 알 수 있었고, 하나님께 드리는 제사는 단순히 제물만이 아니라 제사하는 자의 삶과 불가분의 관계에 있음을 알 수 있었다(롬12:1-2; 히13:15-16). 예배자로서 잘못된 가인의 삶은 제사 이후 그의 반응과 아벨에 대한 행동, 그리고 하나님에 대한 답변에서 잘 드러나고 있다.[148]

Ⅳ. 신약성서의 수용

가인과 아벨은 신약성서 여러 곳에서 언급된다. 우선 예수의 말씀 가운데 등장한다. 예수는 서기관과 바리새인들에 대한 경고(마23:35과 평행본문 눅11:51)에서 아벨의 피를 억울하게 죽은 '의인의 피'로 언급한다. 아벨이 피를 흘린 의인들 중에 첫 번째 사람으로서 주목받는다. 이러한 아벨의 죽음은 히브리서 12장 24절("새 언약의 중보자이신 예수와 및 아벨의 피보다 더 나은 것을 말하는 뿌린 피니라")에서 예수의 피와 비교되어 설명된다. 따라서 아벨은 가인에 의해서 무고하게 죽은 의인을 상징한다. 이러한 신약성서의 수용에서 보자면 가인과 아벨의 이야기에서 예수 그리스도의 피의 유형(Typus)을 찾는다면 아벨이 드린 제물의 피에서가 아니라 아벨 자신이 흘린 피에서 찾아야 할 것이다.

이러한 아벨의 모습과는 대조적으로 요한일서 3장 12절에서 가인은 마귀에 속한 자로서 의를 행치 않는 자와 형제를 사랑하지 않는 자의 모델로서 묘사된다. 유다서 11절에서도 거짓교사들이 저지르는 잘못들을 '가인의 길'(τῇ ὁδῷ τοῦ Κάϊν)에 비유하여 설명하고 있다. 가인은 발람이나 고라와 같이 하나님의 뜻을 거스른 악인의 전형으로 서술된다. 이러한 신약성서의 해석은 가인과 아

---

148) 하나님이 구하시는 제사에 대해서 다음을 참조하라. 김이곤, "하나님이 기뻐하시는 감사예물," 「기독교사상」 453 (1996. 9), 246-7.

벨을 의인과 악인의 이중적인 구조에서 파악하는 후기유대교의 전통을 이어받는 것이다.[149]

　이러한 여러 구절들 가운데서도 신약성서의 수용에서 가장 주목 받는 구절은 가인과 아벨의 제사에 대한 평가가 들어 있는 히브리서 11장 4절 일 것이다: "믿음으로 아벨은 가인보다 더 나은 제사를 하나님께 드림으로 의로운 자라 하시는 증거를 얻었으니 하나님이 그 예물에 대하여 증언하심이라. 그가 죽었으나 그 믿음으로써 지금도 말하느니라." 히브리서 기자는 아벨과 가인이 드린 제사의 차이를 믿음에 두고 있다. 이러한 히브리서의 해석은 특히 종교개혁자들에 의해서 수용되었다. 루터와 칼빈은 가인과 아벨의 제사에서 두 사람이 드린 제사의 수용여부는 제물에 있지 않고 제사 드리는 자의 마음상태, 즉 내적 믿음에 있음을 강조하였다. 하나님이 보시는 것은 제물의 질이나 양이 아니라 예배자의 믿음이라는 것이다.

　결론적으로 가인과 아벨 이야기에 대한 신약성서의 수용은 다음 두 가지 내용으로 요약된다: 한편으로는 가인과 아벨의 삶에 대한 전반적인 평가이고, 다른 하나는 두 사람이 드린 제사의 차이에 대한 평가이다. 가인과 아벨은 각각 악인과 의인의 전형으로서 나타나고 그들의 삶의 핵심적인 사건이었던 제사는 믿음의 차이에 있었다. 이러한 두 종류를 평가를 통해 신앙인의 '생활'과 '믿음'이 분리되지 않음을 알 수 있다. 예배자의 믿음은 단순한 구호나 지식에서 드러나지 않고 그들의 구체적인 삶에서 드러나며 또한 그렇게 되어야 한다(약2:14-20; 또한 참조. 롬3:21-31; 4:1-22; 갈2:15-21).

V. 나가는 말

　지금까지 창세기 4장 1-16절의 내용을 가인과 아벨의 제사 문제를 중심으로

---

149) C. Westermann, *BK*, 434.

살펴보았다. 그동안 논란이 되었던 하나님이 제사를 수용하신 이유에 대하여 고찰하였고, 아울러 창2–3장과 비교 고찰을 통해 창4장에 이어지는 중심주제도 파악할 수 있었다. 본문의 의미는 해석자의 관심이나 이차적인 방법론에 의해서가 아니라 우선적으로 본문 자체에 대한 정확한 관찰을 통해 드러난다. 그러나 그러한 의미는 성서본문간의 비교고찰(intertextuality/Querverweis)을 통해 확증되며 보완된다. 이것은 '성서가 스스로를 해석한다'(sacra scriptura ipsius interpres)는 종교개혁자들의 해석학적 원칙이 여전히 유용하고 타당함을 보여주는 것이다. 해석자는 본문의 지배자(Herrscher)가 아니라 청취자(Hörrer)이다. 늘 살아있는 말씀이 요청되는 시대에 올바른 성서해석을 통해 성서가 성서를 말하게 하며, 본문을 통해 말씀하시는 하나님의 음성이 바르고 분명하게 들려지게 되기를 소망한다.

래와 같이 창세기의 단락을 나눌 수 있다.[151]

본문	제목	이어지는 내용
2:4	이것이 하늘과 땅의 내력이니	아담과 그 후손들의 이야기 (2:4–4:26)
5:1	이것은 아담의 계보를 적은 책이니라	아담부터 노아까지의 족보 (5:1–6:8)
6:9	이것이 노아의 족보니라	홍수 이야기(6:9–9:29)
10:1	노아의 아들 셈과 함과 야벳의 족보는 이러하니라	노아의 후손들이 형성한 민족들의 목록(10:1–11:9)
11:10	셈의 족보는 이러하니라	셈부터 아브라함까지의 족보 (11:10–26)
11:27	데라의 족보는 이러하니라	아브라함 이야기(11:27–25:11)
25:12	이스마엘의 족보는 이러하고	이스마엘의 족보(25:12–18)
25:19	아브라함의 아들 이삭의 족보는 이러하니라	야곱과 에서 이야기(25:19–35:29)
36:1, 9	에서 곧 에돔의 족보는 이러하니라	에서의 족보(36:1–37:1)
37:2	야곱의 족보는 이러하니라	요셉과 그 형제들의 이야기 (37:2–50:26)

위의 단락 구분에서 창세기 5장 1절에서 〈제 세페르 톨레도트〉 (זֶה סֵפֶר תּוֹלְדֹת) 라는 표현이 사용된 것을 제외하곤 모두 〈엘레 톨레도트〉 (אֵלֶּה תוֹלְדֹת)라는 관용구로 시작된다. 표제어의 분석을 통해 알 수 있는 사실은 표제어에 등장하는 인물이 이어지는 이야기에서 가장 으뜸인 어른으로 나타난다는 점이다. 계보에서 표제어에 언급된 사람에게서 나온 후손들이 소개되고, 그 후손들의 이야기가 이어지는 내러티브의 중심을 차지한다. 예컨대, 11–25장에서 데라의 족보로 소개되지만 실제 주

---

151) 〈톨레도트〉라는 말이 우리말 개역 성경에서는 '대략, 계보, 사적, 후예, 약전' 등으로 통일성 있게 번역되지 않았으나, 개정개역에서는 위와 같이 '–의 족보는 이러하니라'로 비교적 일관되게 번역되었다.

인공은 아브라함이며, 25-35장에서 이삭의 족보라고 소개되고 가문에서 가장 큰 어른으로 생존하고 있던 이삭이었지만, 이 부분에서 주요인물은 야곱과 에서다. 37-50장에서도 야곱의 족보라고 소개되지만, 이 이야기에서 중심된 역할을 하는 것은 요셉과 그의 형제들이다.[152] 이러한 〈톨레도트〉의 배열은 크게 '원(原)역사'(primeval history, Urgeschichte)와 '족장사'(patriarchal history, Vätergeschichte)라는 두 개의 큰 부분으로 나뉘어진다. 두 부분이 모두 각각 세 개의 내러티브와 두 개의 족보로 구성되어 있다.[153]

고든 웬함(G. Wenham)은 수메르 왕족계보와 창세기 5장(그리고 11장)의 〈톨레도트〉의 유사점을 다음 네 가지로 요약한다:[154] 1)계보 중심으로 구성된 역사편찬, 2)인류역사의 3부적 구분: 홍수이전, 홍수기간, 홍수이후, 3)홍수이전 왕들의 나이가 홍수이후의 왕들의 나이보다 월등히 많은 점, 4)홍수이전 왕들의 계보가 창세기 5장처럼 열 명으로 나열된 점이다. 이와 같이 계보는 고대 중동의 역사편찬을 위한 서술기법으로 사용되었다. 이 외에도 신과 특별한 관계에 있는 조상이 일곱 번째(Enmeduranki왕과 에녹)로 나타나는 것이 지적될 수 있다. 홍수 이전에 이것은 정확한 연대기를 제공하기 보다는 계보를 통해 역사의 신학적 의미를 제공하고자 했던 것이다.[155] 창세기는 하나님의 은혜를 입은 계보와 은혜를 입지 못한 계보를 구분하고 하나님의 역사가 어떻게 이루어지는 지를 보여준다. 그러한 의미에서 창세기에서 계보는 홍수이전(4-5장)과 홍수(6:9-9:29), 그리고 홍수이후(10-11장)로 나누어진다.

이러한 창세기의 특성을 고려할 때 창세기 4장 17절에서 5장 32절까지의 내용은 일종의 계보들의 모음이다. 세 가지 다른 계보가 함께 모여 있는데, 이러

---

152) G. J. Wenham, 『모세오경』, 박대영 옮김 (서울:성서유니온선교회, 2007), 44.
153) G. J. Wenham, 『모세오경』, 44.
154) 이한영, 『역사와 서술에서의 오경 메시지』 (서울: 크리스챤, 2008), 94.
155) 이한영, 『역사와 서술에서의 오경 메시지』, 94-95. 키네드 키첸(Kenneth A. Kitchen)은 이집트 왕족(Abydos King List of Egypt)과 수메르 왕족계보의 연구를 통해 고대에는 계보를 역사편찬의 주요 구조로 사용했으며, 그곳에 기록된 나이는 상징적인 의미를 가지고 있었음을 보여 주었다; K. A. Kitchen, *Ancient Orient and Old Testament* (London: Tyndale Press, 1966), 38.

한 형태로써 하나님의 역사와 인간의 역사가 어떻게 흘러가고 발전되어 가는지 알 수 있게 한다. 세 가지 계보의 내용은 아래와 같이 구성되어 있다.

4:17-24   가인의 계보
4:25-26   셋의 계보
5:1-32   아담의 계보

Ⅲ. 본문해설

1. 가인의 계보(4:17-24)

¹⁷가인이 그의 아내와 동침하니, 그녀가 임신하여 에녹을 낳았다. 그는 도성을 만들고 그 도성의 이름을 그의 (아들의) 이름을 따라 에녹이라 불렀다. ¹⁸그리고 에녹에게 이랏이 태어났고, 이랏은 므후야엘을 낳았고 므후야엘은 므드사엘을 낳았고 므드사엘은 라멕을 낳았다. ¹⁹라멕은 두 명의 아내를 맞이하였는데, 한 사람의 이름은 아다요, 다른 한 사람의 이름은 씰라였다. ²⁰아다는 야발을 낳았는데, 그는 장막에 살면서 가축을 치는 사람의 조상이 되었다. ²¹그의 형제의 이름은 유발이었는데, 그는 수금과 통소를 잡는 자 모두의 조상이 되었다. ²²씰라도 두발가인을 낳았는데, 그는 대장장이, 즉 구리와 쇠를 다루는 모든 자가 되었고, 두발가인의 누이는 나아마였다. ²³라멕이 자기 아내들에게 말하였다: "아다와 씰라는 내 말을 들어라. 라멕의 아내들은 내가 말할 때에 귀를 기울이라. 진실로 내가 나의 상처로 인해 한 사람을 죽였고, 나의 상함으로 인해 한 젊은이를 내가 죽였다. ²⁴가인이 일곱 배로 앙갚음을 받는다면, 라멕은 일흔일곱 배가 될 것이다."

위의 본문은 가인과 아벨의 제사 이야기의 연속이다.[156] 가인은 하나님의 징벌이었던 유랑생활을 마치고 놋 땅에 거주하면서 새로운 생활을 시작한다. 마침내 그는 아내와 동침하여 에녹을 낳는다. 에녹은 그곳에 성을 쌓고 도시를 건설한다. 그는 자신이 건설한 도시의 이름을 에녹이라고 불렀다.[157] 이 이름의 뜻은 '봉헌하다'의 의미를 가지고 있다(5장에 있는 '에녹'의 이름에 대한 설명을 참조하라). 에녹이 도시 문명의 최초 봉헌자라는 의미이다. '도성을 만들었다'는 것은 인류사회에 도시 문명이 형성되기 시작하였음을 의미한다. 라멕의 아들들에게서 고대의 다양한 문명이 발생되었다.[158] 라멕은 아다를 취하여 야발과 유발을 낳았다. 형 야발은 육축을 치는 자의 조상이 되었고(20절), 동생 유발은 수금과 퉁소를 부는 자의 조상이 되었다(21절). 전자는 인류 사회에 유목 문화가 시작되었음을 알리고 있으며, 후자는 인류 사회에 음악과 예술이 탄생되었음을 말한다. 라멕은 씰라를 취하여 두발가인을 낳았는데(22절), 그는 동철로 날카로운 기계를 만드는 대장장이가 되었다. 이것은 고대 인류 사회에 야금술이 발달하기 시작하였음을 의미한다.

---

156) '가인과 아벨의 제사 이야기'는 필자가 쓴 졸고를 참조하라: "가인과 아벨의 제사: 창4:1-16에 대한 주석적 고찰," 「서울장신논단」14 (2006.2), 7-45.

157) 가인은 '땅을 경작하는 자'이었다. 바로 앞에서 가인은 방랑하는 삶을 살도록 저주받았다(창4:12, 16). 따라서 그가 성을 건축하였다는 진술은 어색하다. 또한 20-22절에서와 같이 하반절의 주어는 상반절의 마지막에 나타나는 아들이다. 따라서 성을 건축한 것은 가인의 아들 에녹의 일로 보인다. 이 구절의 번역에 관하여 다음을 참조하라: C. Westermann, *Genesis* 1-11 (BK 1/1) (Neukirchen-Vluyn: Neukirchener, 1983), 443-44; G. J. Wenham, *Genesis* 1-15 (WBC 1/1) (Waco, Texas: Word Books, 1987), 111; 이희학, 「인간의 죄악과 하나님의 구원행동: 창세기 1-11장의 신학」 (서울: 대한기독교서회, 2009), 169. 이와는 달리 카수토(U. Cassuto)는 성을 건축한 사람을 에녹이라는 동일한 주장을 하면서 본문과 내용을 일치시키기 위해서 17절 마지막에 있는 '에녹'을 '이랏'으로 고칠 것을 제안한다. 이같이 이해할 경우 '건축자'를 의미하는 〈보네〉 (בֹּנֶה)와 '그의 아들'를 의미하는 〈베노〉 (בְּנוֹ)가 그리고 '도시'를 의미하는 〈이르〉 (עִיר)와 에녹의 아들 '이랏' (עִירָד)이 이중적인 언어유희로 나타난다(G. J. Wenham, *Genesis* 1-15, 111).

158) 라멕의 아들들은 모두 동일한 히브리어 어근과 관련된다. 야발(יָבָל), 유발(יוּבַל), 두발가인(תּוּבַל קַיִן)은 모두 히브리어 동사 〈야발〉 (יָבַל) (야기시키다, 제출하다)에서 유래하고 있다. 세 아들 모두 '문화의 생산자들'이라는 것을 암시한다(G. J. Wenham, *Genesis* 1-15, 112). 또한 한 가족의 자손들 가운데 이름들이 유사한 발음으로 이루어진 예는 자주 발견된다: 창25:2 므단/미디안; 25:4 에바/에벨; 46:7 이스와/이스위; 겔23:4 오홀라/오홀리바.

　여기에서 다양한 인류문명의 출발과 발전을 본다. 인류문명 발전은 라멕의 세 아들을 통해 구체화된다. 이러한 문명의 발전이 라멕의 세 아들을 통해 이루어졌다는 사실은 이 시기가 인류역사에서 한 획을 긋는 특별한 시기라는 점을 알게 한다.[159] 구약성서는 이스라엘 주변세계의 문헌에서와 같이 문명의 발전을 신의 활동의 결과로 말하고 있지 않다. 철저하게 인간의 활동이며, 인간에 의해서 성취된 결과물들이다.[160] 창세기 기자에게도 구약 주변세계의 문헌과 사상이 알려져 있었을 것이다. 그러한 것들과 비교되는 점들이 있지만, 창세기의 내용은 그것들과 동일하지 않다. 오히려 그러한 것들과의 차별된 내용을 통해 구약성서가 가지고 있는 독특성과 야훼 신앙의 특별성이 뚜렷이 드러난다.

　라멕은 가인의 족보에 등장하는 후손들 가운데 가장 잔인하고 포악한 인물로 소개된다. 라멕의 무자비한 행위는 그가 자기의 아내들 앞에서 부른 노래에서 적나라하게 드러난다(23–24절). 노래의 대상이 부인들인 것을 보면 이 노래의 '삶의 자리'는 가족 집단이었을 것으로 추측된다. 이 노래는 힘 있는 한 남자가 자기의 아내들 앞에서 허풍을 떨면서 자신의 싸움 능력을 뽐내며 원수를 물리친 것을 자랑하던 '자만과 복수의 노래'이다. 그는 약간의 상처 입힌 남자를 살해하고, 자신을 상하게 한 젊은이를 죽였다고 자랑한다. 이것은 동일한 사건에 대한 다른 진술이라고 여겨진다. 라멕은 "가인이 일곱 배로 앙갚음을 받는다면, 라멕은 일흔일곱 배가 될 것이다."고 말한다. 인간이 복수할 수 있는 능력의 최고 상태를 드러낸다고 할 수 있다.[161] 한 인간이 가지고 있는 살인능력의 최대치를 찬양하던 이 노래는 현재의 위치에서 특별한 신학적 의미를 갖는다. 그것은 이 노래가 인간 문명의 진보가 가지고 있는 극단적인 양면성에 주목하게 만든

159) 창세기의 계보에서 세 아들을 통해 특별한 시기를 형성하는 예는 노아의 세 아들(창5:32)과 데라의 세 아들(창11:26)의 경우에서도 볼 수 있다.

160) G. J. Wenham, *Genesis* 1–15, 111.

161) 이러한 라멕의 발언은 '일흔 번씩 일곱 번 용서하라'는 예수의 가르침(마18:21–22; 눅17:3–4)에서 그 반대 목소리를 경험한다. 예수 그리스도는 가인의 후예들에 의해서 복수와 죽음의 세계로 이끌려 가는 세상을 바로 잡으려고 하시는 하나님의 뜻을 대표하는 분이시다; W. Brueggemann, 『창세기』, 강성열 역 (서울: 한국장로교출판사, 2000) 118.

다는 점이다. 즉, 다양한 문명의 탄생은 한편으로 인간 삶의 수준을 향상시켰지만, 다른 한편으론 자기주장의 가능성을 더욱 강화시켜 상호 파멸을 조장하기도 한다는 점을 고발한다.[162]

2. 셋의 계보(4:25-26)

> [25]아담이 다시 그의 아내와 동침하니, 그녀는 아들을 낳아 그의 이름을 셋이라고 불렀다. "이는 하나님이 나에게 가인이 죽인 아벨을 대신하여 다른 씨를 주셨기 때문이다." [26]셋에게도 아들이 태어났는데, 그가 그의 이름을 〈에노스〉라고 불렀다. 그 때에 사람들이 야훼의 이름을 부르기 시작했다.

본 단락은 셋의 계보에 관한 내용이다. 25절에서는 관용적인 표현이 등장한다. 창세기 4장에서 아담(또는 가인)이 아내와 동침하였고, 그의 아내가 아들을 낳고 그의 이름을 지었다는 내용이 세 번 반복된다(1절과 17절을 보라). 25절에 사용된 '다시'라는 말은 새로운 시작을 알리는 표지로서 작용한다.[163] 아담의 아내 하와는 셋을 하나님이 자신에게 '가인이 죽인 아벨 대신 다른 씨를 주셨'고 말함으로써 하나님이 새로운 역사를 시작하였음을 알려준다. 여기에서는 1절과 달리 아담이 관사 없이 사용되었다. 따라서 여기에서 아담은 '사람'이란 뜻의 보통명사 아니라 사람의 이름을 의미하는 고유명사로 사용되었다. 이러한 아담의 용례는 5장 1-5절에 나오는 '아담'의 계보를 예비한다.[164]

가인의 계보가 7대에 이르는 계보라면, 셋의 계보는 3대에 한정된 계보다. 7

---

162) C. Westermann, 『창세기 주석』, 강성열 옮김 (서울: 한들, 1998), 70. 이 같은 사실은 현대사에서도 확인된다. 인류문명의 최고봉이라고 할 수 있는 핵무기가 제2차 세계대전에서 인간을 집단적으로 죽이는 집단살상무기로 사용되었다.

163) 배희숙, "생태계의 위기와 그 책임을 알리는 가인과 아담의 족보 (창4:17-26)," 「교회와신학」 63 (2005, 겨울호), 80.

164) G. J. Wenham, *Genesis* 1-15, 115.

이라는 숫자가 완전수인 것처럼 3이라는 숫자 역시 정립을 뜻하는 기본수이다. 셋의 아들인 〈에노스〉는 아담과 같이 '인류, 사람'이라는 뜻을 지니고 있다. 새로운 인간의 시작을 의미하는 계보이다.[165] 여기에서 주목할 만한 것은 '그 때에 사람들이 야훼의 이름을 부르기 시작했다.'는 진술이다. '이름을 부른다'는 것은 이름을 불러 예배했다는 의미이다. '이름을 부른다'는 것은 인격과 인격의 만남이 이루어지게 한다. 이것은 하나님의 이름 야훼를 통해 인간과 하나님 사이의 진정한 만남이 가능하게 되었음을 말하고 있다.[166] 출애굽기는 야훼의 이름이 출애굽 직전 모세에게 알려진 것으로 말하지만(출3:14), 창세기 본문은 야훼의 이름을 부르는 예배가 에노스 시대부터 있었던 것으로 말하고 있다. 창세기의 이러한 진술의 의도는 야훼 신앙이 이때부터 시작되었다는 사실을 말하고자 하는 것이 아니라, 이때부터 비로소 '공적인 예배'(public worship)가 시작되었다는 사실을 말하고자 하는 것으로 여겨진다.[167]

  셋의 계보는 앞에 나온 가인의 계보와는 전혀 다른 성격을 지니고 있다. 가인의 계보는 하나님을 떠난 가인의 후손들이 일으킨 문명의 발전을 소개하고 있지만, 죄의 현저한 증대를 의미하는 포악한 라멕의 노래로 끝을 맺고 있다. 하지만 셋의 계보는 아벨 대신 태어난 아담의 새로운 아들인 셋의 후손들이 야훼의 이름을 부르며 예배 드렸음을 소개하고 있다. 셋의 계보는 야훼 하나님이 죄악으로 물든 가인의 후손과는 달리, 야훼 이름을 부른 셋의 후손들을 통해 인간을 향한 구원의 역사가 이어져 나가게 되었음을 보여준다. '야훼의 이름을 불렀다'는 진술은 아담의 계보 가운데 셋을 통해 이어지는 계보의 특징이 된다. 노아를 거쳐 나타나는 족장들의 이야기에서 이 진술은 여러 번 반복된다(창12:8; 13:4; 21:33; 26:25). 이러한 셋의 계보가 보여주는 신학적 의미는 아담의 새로운 아들의 이름을 통해서도 잘 드러난다. 그의 이름 〈쉐트〉(שֵׁת)는 히브리말로 '기초, 토대'를 의미한다. 셋은 바로 하나님의 구원 역사에서 새로운 토대를 이

---

165) 강사문, 『하나님이 택한 자들의 가정 이야기: 설교를 위한 창세기 연구』 (서울: 한국성서학연구소, 1998), 63.
166) C. Westermann, 『창세기 주석』, 71.
167) C. Westermann, Genesis1–11, 460–63; G. J. Wenham, *Genesis* 1–15, 116.

룬 인물이라는 것이다. 여기에서 우리는 가인과 라멕으로 이어지는 불행한 '죄악의 역사'와 셋과 노아에게로 이어지는 하나님의 '구원의 역사'가 철저하게 대비되고 있음을 알 수 있다.[168]

3. 아담의 계보(5:1-32)

[1]이것이 아담 계보의 책이다. 하나님이 사람을 창조하실 때에, 하나님의 형상대로 그를 만드셨다. [2]그는 그들을 남자와 여자로 창조하셨다. 그들을 창조하시던 날에 그들에게 복을 주셨으며, 그들의 이름을 '사람'(아담)이라고 부르셨다. ○[3]아담은 130세가 되었을 때 그의 모양과 형상과 같은 아이를 낳았고, 그의 이름을 셋이라고 불렀다. [4]아담은 셋을 낳은 후 800년을 살면서 아들들과 딸들을 낳았다. [5]아담이 살았던 모든 날들이 930년이었고, 그런 후 그는 죽었다. ○[6]셋은 105세가 되었을 때 에노스를 낳았다. [7]셋은 에노스를 낳은 후 807년을 살면서 아들들과 딸들을 낳았다. [8]셋의 모든 날들이 912년이었고, 그런 후 그는 죽었다. ○[9]에노스는 90세가 되었을 때, 게난을 낳았다. [10]에노스는 게난을 낳은 뒤에, 815년을 살면서 아들들과 딸들을 낳았다. [11]에노스의 모든 날들이 905년이었고, 그런 후 그는 죽었다. ○[12]게난은 70세가 되었을 때, 마할랄렐을 낳았다. [13]게난은 마할랄렐을 낳은 후 814년을 살면서 아들들과 딸들을 낳았다. [14]게난의 모든 날이 910년이었고, 그런 후 그는 죽었다. ○[15]마할랄렐은 65세가 되었을 대, 야렛을 낳았다. [16]마할랄렐은 야렛을 낳은 후 830년을 살면서 아들들과 딸들을 낳았다. [17]마할랄렐의 모든 날이 895년이었고, 그런 후 그는 죽었다. ○[18]야렛은 162세가 되었을 때, 에녹을 낳았다. [19]야렛은 에녹을 낳은 후 800년을 살면서 아들들과 딸들을 낳았다. [20]야렛의 모든 날이 962년이었고, 그런 후 그는 죽었다. ○[21]에녹은 65세

---

168) 이희학, 『인간의 죄악과 하나님의 구원행동: 창세기 1-11장의 신학』, 174-75.

가 되었을 때, 므두셀라를 낳았다. ²²에녹은 므두셀라를 낳은 후 300년 동안 하나님과 동행하면서 아들들과 딸들을 낳았다. ²³에녹의 모든 날이 365년이었다. ²⁴에녹은 하나님과 동행하다가, 하나님이 그를 데려가심으로 그가 사라졌다. ○²⁵므두셀라는 187세가 되었을 때, 라멕을 낳았다. ²⁶므두셀라는 라멕을 낳은 후 782년을 살면서 아들들과 딸들을 낳았다. ²⁷므두셀라의 모든 날이 969년이었고, 그런 후 그는 죽었다. ○²⁸라멕은 182세가 되었을 때, 아들을 낳았다. ²⁹그는 그의 이름을 노아라고 부르고 이르기를: "야훼께서 저주하신 땅으로부터 하는 우리 손들의 수고와 고통에 대하여 우리를 위로할 것이다." ³⁰라멕은 노아를 낳은 후 595세를 살면서 아들들과 딸들을 낳았다. ³¹라멕의 모든 날이 777년이었고, 그런 후 그는 죽었다. ³²노아가 오백 살이 되었을 때, 노아는 셈과 함과 야벳을 낳았다.

위의 단락에서는 아담에서 노아에 이르기까지 10대에 이르는 계보를 소개한다. 아담의 계보는 다음과 같은 문학양식에 따라 기술된다:
1) A는 X세에 B를 낳았고,
2) A는 B를 낳은 후 Y년을 지내며 자녀들을 낳았으며,
3) A는 X+Y세를 향수하고 죽었다.

하지만 이 가운데 엄격하게 지켜지는 이러한 기본양식에서 변형된 형태들이 나타난다. 아담, 에녹, 라멕, 노아에 대한 서술이 그렇다. 이렇게 특별한 양식으로 기술된 네 사람에 대한 서술이 아담 계보의 성격과 의미를 알 수 있게 한다.

첫 번째 사람인 아담의 경우는 기본양식을 포함하고 있지만(3-4절), 그 앞에 첫 번째 창조이야기(1:1-2:4a)와 관련된 내용이 추가되어 있다(1b-2절). 여기에는 다시 한 번 인간이 어떠한 존재인가 하는 점이 강조되어 있다. 사람은 남자와 여자 모두 하나님의 형상대로 창조되었다는 사실과 그들 모두에게 복을 주

않고 하나님을 기쁘시게 하는 삶을 살았기 때문이다. 바로 이러한 이유 때문에 그는 하나님의 특별한 은혜를 입었다(히11:5-6). 에녹은 죽음을 보지 않고 하늘로 데려감을 당한 것이다. 에녹이 이렇게 신비의 인물로 남아 있기에, 신구약 중간기에는 그의 이름으로 된 많은 묵시문학 문헌들이 생겨났다.[173]

세 번째 인물인 노아의 아버지 라멕에 대한 서술에는 아들을 낳은 후 라멕이 한 행동이 묘사된다. 라멕은 자신의 아들 이름을 '노아'라고 부르며, 그 이름에 대한 설명을 직접적으로 언급하고 있다: "야훼께서 저주하신 땅으로부터 하는 우리 손들의 수고와 고통에 대하여 우리를 위로할 것이다." 라멕의 설명에는 창세기 3장 17-19절에 대한 암시가 들어 있다. 아담과 하와의 범죄로 땅이 저주를 받아 가시와 엉겅퀴를 내게 되었다. 이로 인해 사람은 고통 가운데 땀을 흘려야 땅의 소산을 먹을 수 있게 되었다. 우리는 라멕의 말에서 야훼께서 저주하신 땅에 사는 인간의 삶이 얼마나 많은 수고와 고통으로 가득 차 있는가를 알 수 있다. 하지만 라멕의 말은 한탄이나 탄식으로 끝나지 않는다. 그의 말에는 하나님의 위로를 간절히 바라는 소망이 잘 나타나 있다. 인간의 고통스런 삶은 하나님의 위로가 있을 때 비로소 안식과 평안을 얻을 수 있음을 말해준다.

여기에서 라멕의 발언은 가인의 계보에 나타난 라멕의 발언(창4:23-24)과 분

---

173) 강성열, 『현대인을 위한 창세기 강해』 (서울: 한국장로교출판사, 1998), 88-89. 그중에 대표적인 것이 '이디오피아 에녹서'라고 알려진 제1에녹서와 '슬라브 에녹서'라고 알려진 제2에녹서이다. 이 두 책은 모두 에녹이 하나님께 받은 환상을 기록하고 있다. 제1에녹서는 악의 요소가 사람의 딸들에게 탐욕을 품은 타락한 천사들에게서 비롯되었다고 보며, 대 심판 이후에 황금시대가 도래할 것을 말한다. 또한 세계역사를 열 시기로 구분하면서, 이 중 일곱 시기가 지나갔고 세 시기가 아직 남아 있다고 말한다. 제2에녹서에는 에녹이 일곱 하늘을 거치면서 본 환상과 하나님이 그에게 주신 계시가 기록되어 있다. 이 환상에는 창조의 1일을 1000년으로 보면서 8000년째가 되면 멸망의 때가 온다는 내용이 들어 있다. 이러한 에녹서에 대한 인용이 유다서 1:14-15에 나타난다: "아담의 칠대 손 에녹이 이 사람들에 대하여도 예언하여 이르되 보라, 주께서 그 수만의 거룩한 자와 함께 임하셨나니, 이는 뭇 사람을 심판하사 모든 경건하지 않은 자가 경건하지 않게 행한 모든 경건하지 않은 일과 또 경건하지 않은 죄인들이 주를 거슬러 한 모든 완악한 말로 말미암아 그들을 정죄하려 하심이라 하였느니라." 외경(apocrypha)인 집회서에 소개된 훌륭한 믿음의 선조들에 대한 내용 가운데에도 에녹에 대한 언급이 있다: "에녹은 주님을 기쁘게 해드리고 하늘로 불려 올라갔다. 그래서 후대를 위하여 회개의 모범이 되었다"(44:15), "세상에 태어난 사람으로서 에녹을 당할 사람이 있으랴. 그는 땅에서 하늘로 불려 올라갔다"(49:14).

명한 대조를 이룬다(위의 해당구절에 대한 설명을 보라).[174] 흥미로운 것은 라멕만이 두 계보, 즉 가인의 계보와 아담의 계보에서 동일하게 발언자로 등상하는 인물이라는 점이다. 동일한 이름의 인물을 통해 상반되는 내용이 진술된다. 이 상반된 진술은 두 계보가 보여주는 특징을 대조적으로 보여준다. 이러한 의미에서 라멕은 두 계보의 특성을 결정짓는 인물로 작용한다. 가인의 계보에서 라멕은 복수의 의지를 최고조로 표현하여 인간이 보여주는 부정적인 측면을 부각시켜주고 있다고 한다면, 아담의 계보에서 라멕은 하나님의 위로와 함께 하나님의 은혜 안에 거하는 삶만이 저주의 땅에서 복된 삶을 살 수 있는 길임을 알게 하고 있다.

네 번째 인물인 노아의 경우에는 위의 기본형식 가운데 1번의 내용("A는 X세에 B를 낳았고")만 나타나고, 2번("A는 B를 낳은 후 Y년을 지내며 자녀들을 낳았으며")과 3번("A는 X+Y세를 향수하고 죽었다")의 내용은 나타나지 않는다. 아담의 계보 가운데 노아의 삶과 죽음이 언급되지 않고 있는 점은 후속되는 이야기를 주목하게 한다. 아담의 계보는 후속되는 이야기와 어떤 방식으로든 연결될 것이라는 추측을 하게 한다. 실제로 홍수이야기가 끝나는 창세기 9장 28-29절에 이르러서 노아의 삶에 대한 보도가 나타난다: "노아는 홍수 후에 350년을 살았다. 노아의 모든 날이 950년이었고, 그런 후 그는 죽었다." 여기에서 한 가지 중요한 변형이 발견된다. 계보의 기본형식에는 '누구를 낳은 후 몇 년을 지내며 자녀들을 낳았다'는 표현이 등장하고 있지만, 노아의 경우에는 이 기본형식과 다르게 '홍수 후에 노아가 350년 살았다'고 말한다. 이러한 변형을 통해 노아의 삶에서 홍수사건이 중요한 사건으로 인식되고 있음을 알 수 있다.[175] 이러한 계보분석의 결과는 6-9장에서 서술되고 있는 홍수사건이 아담의 뒤를 이어가는 인간의 역사에서 중요한 전환점이 될 것이라는 사실을 추론할 수 있다. 또한 서두에서 밝혔던 창세기 서술의 두 가지 기본 양식인 계보와 내러티브가

---

174) W. Brueggemann, 『창세기』, 123.
175) 정석규, 『구조로 읽는 창세기』, 73.

어떤 관계에 있는지도 잘 보여준다. 창세기 안에서 계보와 내러티브는 서로 다른 문학양식이지만, 서로 밀접하게 연관되어 있으며 서로의 내용을 보완해 주고 있다.

아담의 계보의 내용을 요약하면 아래의 표와 같다.

대	5장 아담의 계보	맏아들 출산	수명	죽은 해*	WB 62**	통치기간***
1	아담	130세	930세	930년	Alulim	28,800년
2	셋	105세	912세	1042년	Alalgar	36,000년
3	에노스	90세	905세	1140년	[...] Kidunnu	
4	게난	70세	910세	1235년	[...] –alimma	28,800년(?)
5	마할랄렐	65세	895세	1290년	[Dumu]zi	36,000년
6	야렛	162세	962세	1422년	[Enm]entuanna	43,200년(?)
7	에녹	65세	365세	987년	[E]sipazianna	28,800년
8	므두셀라	187세	969세	1656년	Enmeduranna	21,000년
9	라멕	182세	777세	1651년	Uburtutu	18,600년
10	노아	500세	950세	2006년	Ziusudra	
계			7625년			241,000년

*여기에서 죽은 해는 아담이 태어난 해를 0년으로 하고 계산한 것이다.
**고대 바벨론왕들의 목록: C. Westermann, *Genesis* (BK), 473.
***각 왕들의 통치기간: 강사문, 『하나님이 택한 자들의 가정 이야기』, 60.

위의 계보는 성서내외적인 문헌들과 비교된다. 우선적으로 아담의 계보는 수메르 왕족의 목록과 비교된다. 아담의 계보에 나타나는 긴 수명은 수메르 왕들의 통치기간과 비교된다. 하지만 위의 표에서 알 수 있듯이 수메르 왕족의 목록에 나타난 통치기간은 아담의 계보에 나타난 인물들의 수명과 비교할 수 없이 길다. 이것은 신화적인 요소와 함께 현실적으로 이루어지기 힘든 이상적인 통치기간을 의미한다는 사실을 짐작할 수 있다.[176] 두 계보가 보여주는 유사성은

---

176) 이렇게 비상식적인 통치기간은 고대 왕들의 역사를 현실적인 역사 너머에 있는 신비적인 사건으로 보게 한다. 이것은 왕국의 시작에 대한 이집트의 서술과 비교된다. 이집트 문헌에서 원시시대의 왕들은 신들로

특별히 두 계보가 모두 10대로 끝난다는 점과, 아담의 계보가 홍수와 관련된 인물인 노아로 계보의 서술이 끝나는 것처럼 바벨론 왕의 목록에서도 큰 홍수로부터 구조된 치우수드라(Ziusudra)왕으로 계보의 서술이 종결된다는 점에서 드러난다.[177] 하지만 이러한 형식상의 일치에도 불구하고 두 계보의 차이점 또한 분명하게 인식된다. 아담의 계보는 특별한 민족이 선택되기 이전에 보편적인 인류역사를 다루고 있지만, 수메르 왕족의 목록에서는 한 왕조의 통치역사를 보여준다. 이러한 사실들을 통해서 볼 때 두 계보가 보여주는 유사성에도 불구하고 두 계보는 기본적으로 그 성격이 다르다는 점이 인정된다.[178]

두 번째로 창세기 5장에 소개된 아담의 계보는 창세기 11장에 소개되는 셈의 계보(11:10-26)와 비교된다. 두 계보 모두 10세대를 기록하고 있다. 그러한 면에서 두 계보는 홍수사건을 중심으로 서로 대칭관계에 있다. 아담에서 노아에 이르는 10세대와 셈부터 아브람까지 이어지는 10세대가 서로 대비된다. 문제는 계보에 소개된 사람들의 나이를 어떻게 이해할 것인가 하는 점이다. 홍수이전에는 대부분 900세 이상 장수했다. 900세 이상 산다는 것이 오늘날의 시각으로는 불가능하게 보이기 때문에 숫자의 의미를 해석하기 위한 많은 시도들이 있었다. 그러한 시도 중 하나로 이러한 숫자가 바벨론 수학자들에게는 익숙한 형태들을 통해서 나왔을 것이라고 보는 것이다.[179] 그들은 60진법을 사용하였으

서 이해된다. 따라서 이러한 서술방식은 왕국의 처음시기가 현실과 차원이 다른 신비적인 성격을 지니고 있음을 표현하고자 했던 고대인들의 관심과 시도였음을 알 수 있다. 이점에 대하여 다음을 참조하라: C. Westermann, *Genesis 1-11*, 479.

177) C. Westermann, Genesis 1-11, 472, 474.

178) 하지만 1923년 이후 설형문자로 된 문헌들의 발견으로 왕들의 목록이 후대에 홍수이야기에 덧붙여진 것임이 드러났다. 또한 고대의 판본에는 홍수이전의 세대가 8대로 나타난다. 그러므로 현재의 모습으로 아담의 계보와 일치하는 수메르 왕족의 목록은 수메르 왕들의 통치를 홍수이전의 시기로 확대하려는 후대사람들의 관심이 반영된 결과라고 하겠다. 수메르 왕족의 계보와 창세기 5장의 〈톨레도트〉의 공통점과 차이점에 대한 더 자세한 논의는 다음을 참고하라: C. Westermann, *Genesis 1-11*, 474-76; 최종진, "구약성서에 나타난 계보(족보)의 역할," 「신학과 선교」 18 (1993), 75-76; G. F. Hasel, "The Genealogies of Gen 5 and 11 and Their Alleged babylonian Background," *Andrews University Seminary Studies* (1978), 361-74; Th. Hieke, *Der Genealogien der Genesis* (HBS 39), (Freiburg: Herder, 2005).

179) G. J. Wenham, 「모세오경」, 55.

며, 60이란 요소를 사용하여 숫자 계산하기를 좋아했다는 것이다. 따라서 아담의 나이 130과 930을 60이란 숫자를 사용하여 만들어 낼 수 있다: 130=2*60+10, 930=30*30+30. 또 다른 해석에서는 아담의 계보에 등장하는 인물들의 수명이 무드셀라를 제외하고는 모두 5의 배수에서 7을 더하거나 뺀 숫자를 보여준다는 점을 지적한다.

하지만 이런 주장들이 완전한 해결책이 될 수 없다. 그러한 주장들이 흥미롭기는 하나 숫자의 의미는 여전히 신비에 가려져 있다. 예컨대, 아담의 계보에 나타난 인물들의 수명은 마소라 본문과 사마리아 오경, 그리고 70인경에서 각각 다르게 나타난다. 아담의 계보에 등장하는 인물들의 수명을 합하면 마소라 본문에서는 1656년, 사마리아 오경에서는 1307년, 그리고 70인경에서는 2242년이 된다.[180] 이러한 결과는 아담의 계보에 대한 세 가지 상이한 전통들이 있었음을 알게 한다. 이 전통들은 각각 홍수이전의 시기를 나름대로 재구성하고자 하는 시도들을 반영하고 있다. 이러한 상이한 전통들을 통해 분명하게 드러나는 점은 원시시대에 지식의 한계성이다.[181] 원시시대에 대한 어떤 이해도 그것의 의미에 대해서 다 파악할 수 없다. 이러한 숫자의 신비는 셈의 계보에서도 확인된다. 셈의 계보 가운데 셈부터 아브라함까지의 연도를 계산하면 총 290년이 된다. 하지만 셈은 100세에 아르박삿을 낳고 500년을 더 지내며 자녀를 낳았다 (11:10-11). 셈의 계보에 나타난 사람들만을 계산하면, 아브라함은 175세를 살았기 때문에 셈이 465세 되었을 때에 죽었다는 결론에 이르게 된다. 홍수시대에 살았던 셈은 아브라함보다 더 오래 산 사람이 되는 것이다. 이러한 점에서 볼 때 계보에 나타난 숫자를 문자 그대로 받아들이기 어렵다. 숫자의 의미를 억지로 풀려고 하기 보다는 계보에 나타나는 숫자에는 현대인들이 이해하지 못하는 축소의 원리나 신학적 모티브가 있음을 인정하고 계보에 대한 이해의 한계성을 받

---

180) 다음 문헌들은 세 본문의 차이점들을 도표로 보여주고 있다: G. J. Wenham, *Genesis* 1–15, 131; 강사문, 『하나님이 택한 자들의 가정 이야기: 설교를 위한 창세기 연구』, 55.

181) C. Westermann, *Genesis* 1–11, 478.

아들여야 할 것이다.[182]

세 번째로 아담의 계보는 창세기 4장 17-20절에 나타나는 가인의 계보와 비교된다.

대	5장 아담의 계보		4장 셋의 계보 (25-26절)	4장 가인의 계보(17-20절)	
1	아담 〈아담〉	אָדָם	아담		
2	셋 〈쉐트〉	שֵׁת	셋		
3	에노스 〈에노쉬〉	אֱנוֹשׁ	에노스		
4	게난 〈케난〉	קֵינָן		가인 〈카인〉	קַיִן
5	마할랄렐 〈마할랄엘〉	מַהֲלַלְאֵל		에녹 〈하노크〉	חֲנוֹךְ
6	야렛 〈예레드〉	יֶרֶד		이랏 〈이라드〉	עִירָד
7	에녹 〈하노크〉	חֲנוֹךְ		므후야엘 〈메후야엘〉	מְחוּיָאֵל
8	므두셀라 〈메투셀라흐〉	מְתוּשֶׁלַח		므드사엘 〈메투사엘〉	מְתוּשָׁאֵל
9	라멕 〈레멕〉	לֶמֶךְ		라멕 〈레멕〉	לֶמֶךְ
10	노아 〈노아흐〉	נֹחַ		야발 〈야발〉 유발 〈유발〉 두발가인 〈투발 카인〉	יָבָל יוּבָל תּוּבַל קַיִן

가인의 계보를 4장에 기술된 아담, 셋, 에노스와 연결해서 보면 두 계보가 매우 유사하다는 사실을 알 수 있다. 두 계보에 등장하는 가인과 게난, 야렛과 이랏이 발음상으로도 서로 비슷하다. 두 계보에서 에녹이 순서만 다를 뿐 같은 이름으로 나타나고, 라멕은 이름뿐 아니라 그 순서에서도 일치한다. 무드셀라와 므드사엘도 비슷한 발음을 가지고 있다. 그래서 같은 내용의 원본이 전승의 과

---

182) 이한영, 『역사와 서술에서의 오경 메시지』, 91-93.

정에서 다르게 전달된 것이 아닌가 하는 추측을 낳게 한다.[183] 하지만 두 계보는
선택된 사람의 계보와 그렇지 않은 사람은 계보를 비교할 수 있게 한다. 비슷한
구조를 가지고 있지만, 그들의 결말이 현격한 차이를 보여주기 때문이다. 창세
기 전체의 맥락에서 보면 이러한 구조는 여러 차례 발견된다. 선택된 사람과 그
렇지 않은 사람이 연이어 등장하므로 두 사람의 생활과 운명이 서로 대조된다.
이 때 선택받지 못한 사람의 계보와 이야기가 선택받은 사람의 것보다 먼저 나
온다. 예컨대, '이스마엘(25:12-18)과 에서(36:1-37:1)의 계보와 이야기가 이
삭(25:19-35:29)이나 야곱(37:2-50:26)의 계보와 이야기보다 각각 먼저 서술
되고 있다.[184] 이러므로 하나님이 원하시는 사람의 삶은 후에 등장함을 알 수 있
다. 창세기 4-5장의 계보도 이러한 관점에서 읽을 수 있다.

Ⅳ. 창세기 4-5장에 나타난 계보의 의미

첫째, 계보는 창세기 내용에서 구성적인(constitutive) 의미를 갖는다. 계보와
내러티브라는 두 장르가 서로 긴밀하게 연결되어 있는 창세기 구성에서 계보는
빠질 수 없는 필수요소다. 고대 중동의 역사 서술에서 계보가 중요한 역할을 하
듯이(위의 '본문의 구조'에서 이에 대한 설명을 참조하라), 창세기에는 계보는 서
문으로서 역할을 할 뿐 아니라 내용구성을 위한 토대가 된다. 창세기 안에서 계
보는 다양하게 나타나는 여러 에피소드들을 총괄되게 묶어 주고 이어주는 역할
을 한다. 예컨대, 창세기 5장의 의미에 대한 평가는 다양하게 나타날 수 있다.
폰라트는 창세기 5장을 천지창조와 홍수이야기를 이어주는 교량역할을 한다고
평가하는 반면,[185] 베스터만은 '인간의 창조'(Erschaffung des Menschen)에서

183) C. Westermann, *Genesis* 1-11, 472-73; G. J. Wenham, *Genesis* 1-15, 123; 강사문, 『하나님이 택한
자들의 가정 이야기: 설교를 위한 창세기 연구』, 57.
184) G. J. Wenham, 『모세오경』, 54.
185) G. von Rad, *Das erste Buch Mose* (ATD), (Berlin: Evangelische Verlagsanstalt, 1974), 93.

'인류의 역사'(Geschichte der Menschheit)로 이행하는 것을 보여준다고 말한다.[186] 이리한 평가의 다양성에도 불구하고 창세기 5장의 계보가 앞의 4장까지의 창조이야기와 6장 이후에 펼쳐지는 홍수이야기를 연결해 주는 기능을 한다는 점에는 이론의 여지가 없다. 특별히 계보에서 미완성으로 나타나는 노아에 대한 서술은 홍수이야기의 결말에서 완성된다(위의 노아에 대한 설명을 보라).

둘째로, 계보는 하나님의 축복이 성취되고 있음을 보여준다. 계보는 서술내용이나 방식에서 일반역사의 내러티브와는 다르다. 계보는 반복되고 일정하게 지속되는 사건들을 통해 역사의 의미를 인식하게 한다. 계보 안에서 서술되는 역사란 임신과 출산, 생애와 죽음이라는 요소들을 통해 이루어지는 끊임없이 계속되는 세대들의 출현이다. 바로 이러한 세대의 계승에서 '생육하고 번성하라'는 하나님의 축복이 구체화된다(창1:28; 또한 참조. 9:1, 7). 이러한 맥락에서 보면 창세기 10장에서 노아의 세 아들을 통해 지면에 흩어져서 살게 된 인류의 모습을 보여주는 민족들의 계보도 '땅에 충만하라'는 하나님의 축복의 실현으로 나타난다(창1:28).[187] 계보는 인간을 창조하시고 복을 주신 하나님의 의도와 계획이 실제로 이루어진 모습을 보여준다. 동시에 계보는 인간과 동일하게 '생육하고 번성하라'(창1:22)고 하신 동물들을 인간과 차별화시키는 요소가 되기도 한다.[188] 계보를 통해 세대가 연속되는 모습은 인간들에게만 나타난다.

셋째, 계보는 신학적 변증의 기능을 한다.[189] 계보는 단순한 세대의 연속이 아니다. 신학적 의도와 기능이 드러나는 구성물이다. 그것은 한편으론 하나님의 뜻을 거스르는 '반역의 역사'를 보여주고, 다른 한편으론 하나님의 은혜가 구체화되는 '구원의 역사'를 보여주기도 한다. 가인의 계보는 인류문명의 발전과 진

---

186) C. Westermann, *Genesis* 1–11, 488.

187) 이러한 의미에서 창세기 11장의 '바벨탑 사건' 이후로 흩어져 살게 된 인류의 모습은 창세기 10장의 내용과 상충된다. 이러한 문제를 해결하기 위해서 창세기 11장 1–9절에 대한 면밀한 고찰이 요구된다.

188) C. Westermann, *Genesis* 1–11, 471; 동저자, 『창세기 주석』, 74–75.

189) 최종진은 계보의 의미를 다음과 같이 7가지로 설명한다(최종진, "구약성서에 나타난 계보(족보)의 역할," 78–90): 혈연적 관계 설명, 시대적 연결, 연대기적 매듭, 합법적 정당성 확인, 자신의 순수성 제시, 하나님 백성의 연속성 확인, 종교적인 신학적 기능.

보를 보여주지만, 동시에 인간의 죄악이 강력해지고 증대됨을 보여준다. 이에 반해 셋의 계보는 새로운 아들을 통해 야훼 이름으로 예배하는 것이 시작되었음을 알려준다. 인류의 역사 안에 두 가지 흐름이 있음을 보여주는 것이다. 창세기 5장에 나타나는 아담의 계보는 이러한 인류의 역사를 다시금 처음부터 조망한다. 하지만 여기에서는 한 가지 흐름에만 집중함으로써 하나님의 구원역사가 어떻게 나타나는지를 잘 보여준다. 무의미한 반복처럼 여겨지는 계보의 흐름 가운데에서도 특별하게 언급되는 인물들을 통해 하나님의 구원은 실현되고 약속된다.[190]

V. 나가는 말

계보는 연속성과 동일성을 동시에 내포한다. 계보에 속한다는 것은 앞 사람의 모습을 이어가는 것이다. 그러므로 어떤 계보에 들어있느냐가 매우 중요하다. 모두가 아담의 아들이지만 가인의 흐름 가운데 있는가 아니면 셋의 흐름 속에 있는가에 따라 삶의 가치와 의미가 달라진다.

---

190) 이러한 의미에서 예수의 계보(마1:1-17; 눅3:23-37)도 이와 마찬가지 기능을 하고 있음을 알 수 있다. 특별히 누가복음 3장 36-38절은 창세기 5장의 내용을 수용하고 있다. 누가복음에 있는 예수 계보에 관해서는 조병수, "누가복음의 예수 계보," 「신약신학저널」 1 (이레서원, 2000), 101-24; 정용성, "누가판 예수 족보의 기원과 의의," 「신약논단」 9-1 (2002), 103-32.

제5장 창세기 4-5장에 나타난 계보의 의미
(창4:17-5:32)[150]

I. 들어가는 말

창세기의 기본양식은 '계보'와 '내러티브' 두 가지로 구별된다. 이 두 가지 서술 양식 가운데 계보는 창세기 구조의 중심축을 형성한다. 심지어 창세기 전체가 '계보'를 통해 구분되기도 한다(아래 참조). 이렇게 비중있게 등장하는 계보가 특별히 창세기 4-5장에는 집중되어 나타난다: 가인의 계보(4:17-24), 셋의 계보(4:25-26), 아담의 계보(5:1-32). 필자는 창세기 4장과 5장에 집중되어 있는 세 가지 계보들을 살펴봄으로써 창세기에서 계보가 지니고 있는 의미가 무엇인가를 살펴보고자 한다.

II. 본문의 구조

'계보'를 소개하는 〈엘레 톨레도트〉 (אֵלֶּה תּוֹלְדֹת)라는 표현을 중심으로 아

---

150) 이 논문은 매강 유행열 교수님의 정년퇴임을 기념하여 쓰여진 글이다(『은혜로운 말씀 생명과 평화의 길: 매강 유행열 교수 정년퇴임 기념논문집』, [서울: 한들, 2011], 13-32).

셨다는 내용이 요약적으로 서술되고 있다. 또한 '아담' 안에는 남자와 여자 모두가 포함되어 있음이 그들의 이름을 '아담'이라고 부르는 것에서 드러난다(2b절).[169] 이러한 내용은 특히 창세기 1장 26-28절에 중점적으로 관련된다. 따라서 창세기 5장에서 서술되고 있는 아담의 계보는 '생육하고 번성하여 땅에 충만하라…'(1:28)는 하나님의 축복이 실제로 이루어지고 있는 과정에 있음을 보여준다.[170] 그것은 임신과 출산과 생애와 죽음의 과정 가운데 있는 끊임없이 계속되는 새로운 세대들의 출현을 통해 구체화된다.[171] 이러한 축복의 역사는 남자나 여자 한편만으로 되지 않는다. 그러기 때문에 아담의 계보를 시작하면서 남자와 여자가 동시에 언급된다.

두 번째 사람은 에녹이다. 아담의 7대손인 에녹은 죽었다는 말 대신 하나님과 동행하다가 죽음 없이 데려감을 당했다고 서술된다(24절; 왕하2:1-11의 엘리야 참조).[172] 에녹의 완전한 삶은 여러 가지 면에서 드러난다. 그가 완전수인 7대손인 점도 그렇고, 그의 나이가 한 해를 상징하는 365년인 점도 그렇다. 절대적인 수라는 차원에서 보면 에녹의 생애는 다른 사람들에 비해서 짧다. 하지만 그의 삶의 의미는 한 해를 의미하는 365라는 완전수처럼 빈틈없이 꽉 찬 것이었다. 에녹의 삶이 특별한 것은 무엇보다 그가 평생 '하나님과 동행하였다'는 사실에 있다. 죄악의 세상 가운데 살면서도 하나님과 동행하므로 악에 물들지

---

169) 창세기 5장 1-2절의 내용은 세 가지 점에서 1장 26-31절과 일치한다. 1)하나님이 자신의 형상대로 인간을 창조하셨다는 사실과 2)하나님이 인간을 남자와 여자로 창조하셨다는 것, 그리고 3)하나님이 그들에게 복을 주셨다는 사실이다. 하지만 창세기 5장에는 여기에 "하나님이 그들을 '아담'(사람)이라고 부르셨다"는 사실이 추가되어 있다. 이를 통해 인간은 하나님에 의해서 그 존재가 지칭되고 인정되었다는 사실이 강조되고 있다. 여기에는 남자와 여자 구분이 없다. 모두가 하나님의 형상대로 지음 받은 특별한 존재들이다. 베스터만이 이러한 점을 잘 지적하고 있다(C. Westermann, Genesis 1-11, 481, 483).

170) 정석규, 『구조로 읽는 창세기』 (서울: 프리칭아카데미, 2006), 71.

171) C. Westermann, 『창세기 주석』, 74-75.

172) 구약성서에서 에녹이란 이름을 가진 사람이 창세기에서만 세 번 더 등장한다. 가인의 장자 에녹(4:17), 미디안의 아들 에녹(25:4; 대상1:33), 르우벤의 장자 에녹(46:9; 출6:14; 민26:5; 대상5:3). 에녹의 어원인 〈하나크〉는 '봉헌하다'(신20:5; 왕상8:63; 대하7:5)와 '훈련시키다'(잠22:6)의 의미를 가지고 있고, 전자의 의미에서 '봉헌'을 뜻하는 〈하누카〉(חֲנֻכָּה)라는 말이 생겨났다.

제6장 노아와 홍수 (창6:1-22)[191]

I. 들어가는 말

창세기의 기본 구조를 형성하고 있는 계보를 따르면 '노아의 계보가 이러하다'는 언급이 6장 9절에 나타나기 때문에 노아 홍수 이야기를 6장 9절에서 시작되는 것으로 볼 수 있다. 하지만 내용으로 구분하면 창세기 5장과 6장은 분명하게 구분된다. 그것은 6장의 양식이 '계보'가 아니라 '이야기'라는 사실이다. 따라서 6장 1-8절을 노아 계보 이야기의 배경을 보여주는 이전 이야기로 보아 6장 전체를 하나의 단위를 묶을 수 있다. 필자는 이러한 단락설정을 전제로 창세기 6장 1-22절의 내용을 살펴보고자 한다.

II. 본문의 구조

6:1-4	하나님의 아들들과 사람의 딸들의 결혼

191) 이 글은 「포룸비블리쿰」 10 (2011), 13–31쪽에 실려 있다.

6:5-8	하나님의 한탄과 결심
6:9-12	노아에 대한 소개와 땅의 부패함
6:13-22	방주에 대한 지시사항

첫 번째 두 문단은 서로 평행된 구조를 보여준다. 두 문단 모두 서론적인 서술적 묘사(6:1-2, 5-6)와 하나님의 심판의 말씀(6:3, 7), 결론적 서술(6:4, 8)의 구조로 짜여 있다.[192] 서술적인 묘사가 두 문단의 테두리가 되고 그 가운데 심판에 대한 하나님의 직접적인 말씀이 놓여 있다. 마지막 두 문단에는 홍수사건이 직접적으로 준비된다. 노아의 삶과 땅의 부패함을 통해 노아가 홍수사건의 생존자로 준비되고, 그것을 위해 방주를 건조하라고 명하시는 하나님의 지시사항이 보도되고 있다.

III. 본문해설

1. 하나님의 아들들과 사람의 딸들의 결혼(6:1-4)

¹사람이 땅 위에서 많아지기 시작하였으며 그들에게서 딸들이 태어났다. ²그때 하나님의 아들들이 사람의 딸들을 보니 그들이 아름다웠다. 그래서 그들은 자신들이 택한 모든 자 가운데서 자신들의 아내로 삼았다. ³야훼께서 말씀하셨다: "나의 영(רוּחַ)이 사람 속에 영원히 머물지는 않을 것이다. 왜냐하면 그 또한 육체이기 때문이다. 그들의 날은 백이십 년이 될 것이다." ⁴그 때에 그리고 그 후에도 땅 위에는 네피림(נְפִלִים)이 있었다. 그때 하나님의 아들들은 사람의 딸들에게로 와서 자식들을 낳았

192) 정석규, 『구조로 읽는 창세기』, 74.

다. 그들은 용사들로서 오래 전부터 명성이 있는 사람들이었다.

창세기 6장은 5장과는 다르게 자손의 이어짐을 보여주는 계보가 아니라 사건을 서술하고 있는 이야기이다. 죄로 인해 생겨난 '네피림'의 기원에 관하여 묘사한다. 네피림이라 불리는 용사들이 생겨난 이유가 하나님의 아들들과 사람의 딸들이 결혼한 결과라고 설명하고 있다. 여기서 문제가 되는 것은 '하나님의 아들들'과 '사람의 딸들'이 누구인가 하는 점이다. 이것에 대한 견해들을 세 가지로 정리할 수 있다.[193]

첫째로, '하나님의 아들들'과 '사람의 딸들'을 각각 경건한 셋의 후손들과 경건하지 못한 가인의 후손들이라고 보는 입장이다. 신앙적이었던 셋의 후손들이 여인의 아름다움에 반해 불신앙적인 가인의 후손들과 결혼하여 자녀들을 낳았는데, 이들은 가인보다 세상을 더 크게 어지럽히고 혼란에 빠뜨리는 '네피림'이 되었다는 것이다. 선택된 이스라엘이 '하나님의 아들'로 불리고 있다(출4:22; 신 14:1)는 점을 해석의 근거로 삼는다. 또한 '네피림'(נְפִלִים)이 '떨어지다, 넘어지다, 타락하다'의 뜻을 가진 히브리어 동사 〈나팔〉(נָפַל)에서 파생되었다고 설명한다. 즉 경건한 하나님의 아들과 그렇지 못한 사람의 딸들 사이에 태어난 '네피림'은 타락한 자녀들이라는 것이다. 홍수 이전 시대에 신앙의 사람들과 불신앙의 사람들이 결혼을 즐겨했고, 그들 사이에서 타락한 자녀들이 출생한 것이라고 본 것이다.[194]

둘째로, '하나님의 아들들'은 사회적으로 우월한 위치에 있었던 지도층의 사

---

193) 이희학, 『인간의 죄악과 하나님의 구원행동: 창세기 1-11장의 신학』, 206-10.
194) 이러한 해석을 깔뱅(J. Calvin)을 비롯한 많은 주석가들이 동의하였다. 이와는 반대로 에스링거(L. Eslinger, "A Contextual Identification of the bene ha'elohim and benoth ha'adam in Gen 6:1-4," *JSOT* 13 [1979], 65-73.)는 '하나님의 아들들'이 가인의 후손을 가리키며, '사람의 딸들'은 셋의 후손들을 가리키는 것이라고 주장했다. 라멕의 예를 보면 그가 취한 두 명의 아내는 셋의 후손일 수밖에 없는데, 이와 같이 여기에서도 가인의 후손이 셋 후손을 아내로 맞이한 것이라고 말한다. 또한 사람의 딸들의 아름다움을 보고 그들을 아내로 삼았다고 하면서 죄의 주체자로서 나타나는 남성의 역할을 강조하는데, 이러한 모습이 가인의 후손들에게 흐르고 있는 원초적인 죄악상이라는 것이다.

람들(왕이나 고위 관리들)을 지칭하고, '사람의 딸들'은 사회적인 신분이나 지위가 낮은 사람들을 지칭한다는 견해이다.[195] 다윗 혈통의 왕을 '하나님의 아들'이라고 칭하고 있는 본문들(삼하7:14; 시2:7, 참조. 시82편)이 그 근거로 제시된다. 그러니까 이 본문은 일반 사람들보다 큰 힘과 권력을 소유한 사람들이 자신들의 우월한 지위를 이용하여 자신들의 욕망대로 여자들을 강제로 취하여 살아가는 어두운 사회상을 고발하고 있다는 것이다. 다윗(삼하11-12장)이나 애굽의 바로(창12장, 20장, 26장)와 같이 높은 위치의 남자들이 여인들의 아름다움을 보고 자신들의 마음대로 빼앗아 아내로 삼는 모습을 폭로하고 있는 것이다. 강한 자들이 자신들의 책임을 다하기 보다는 자신들의 힘을 이용하여 약한 자들을 억압하고 유린하는 도덕적 타락을 보여준다고 본 것이다.

셋째로, '하나님의 아들들'은 초월적 능력을 지닌 천상의 존재들(천사들이나 악마들)이며, '사람의 딸들'은 지상의 존재들인 인간들을 지칭한다는 견해이다.[196] 여기에서 '아들들'은 혈통적인 의미로 이해하는 것이 아니라 '어디에 속한 사람'을 가리키는 것으로 이해하여,[197] 천상의 세계에 속해 있는 구성원들을 의미하는 것으로 해석한다.[198] 본래 하나님의 특별한 명령을 수행하는 심부름꾼인

---

195) 이것은 유대 랍비들이 일반적으로 지지하는 견해다. 이들은 천상의 존재들은 성관계를 가질 수 없다고 믿었기 때문에, '하나님의 아들들'을 지상의 존재로 간주하려고 했던 것이다. P. S. Alexander, "The Targumim and Early Exegese of Sons in Gen 6," *JJS* 23 (1972), 60-71; M. G. Kline, "Divine Kingship and Gen 6:1-4," *WTJ* 24 (1963), 187-204; F. Dexinger, Sturz der Göttersöhne o oder Engel vor der Sint ut?, Vienna 1966.

196) 이러한 해석은 제1에녹서 6:2ff, 희년서 5:1, 필로 (De Gilgant 2:238), 요세푸스 (Ant 1.31), 초대 기독교 교부들(저스틴, 이레네우스, 클레멘트, 터툴리안, 오리겐) 등이 동의한다. 신약성서에 베드로후서 2장 4절과 유다서 1장 6-7절에서도 이러한 해석의 입장을 확인할 수 있다. 정석규, 『구조로 읽는 창세기』, 77-78.

197) 예컨대, 열왕기하 2장 3, 5, 7절에서 〈베네 하네비임〉 (בְנֵי־הַנְּבִיאִים)은 '예언자들의 생도들'을 의미한다. HAL, 132.

198) 고대 중동문헌에서도 유사한 예들을 볼 수 있다. 우가릿의 문헌에도 '하나님의 아들들'이라는 표현이 있는데, 이들은 만신전의 구성원들을 가리킨다. 메소포타미아에서 최고 의결기관인 '신들의 모임'은 각 도시들을 담당하고 있는 남신들과 여신들로 구성되어 있으며, 회의의 의장은 하늘의 신인 아누(Anu)이다. 우가릿에서 신들의 모임에 참여하는 신들은 일림('ilm) 혹은 베니(bny)로 불리는데, 여기서 최고의 신은 엘(El)이다. 이희학, 『인간의 죄악과 하나님의 구원행동: 창세기 1-11장의 신학』, 207-8.

천상의 존재들(창28:12; 왕상22:19-21; 욥1:6-12; 사6:8)이 땅에 내려와 땅의 아름다운 여인들과 결혼하게 되었는데, 그들 사이에 태어난 자녀들은 보통 사람들과는 다른 특별한 존재가 되었다는 주장이다. '네피림'은 반신반인의 거인 족으로 인간의 일반적인 능력을 뛰어넘는 초인적인 존재가 되었고(민13:33), 이 것을 통해 하나님이 나누어 놓았던 신적인 영역과 인간적인 영역 사이의 구분이 파괴되었다는 주장이다.[199]

이러한 세 가지 견해들 가운데 이 본문이 기원한 상황을 반영하는 것은 세 번째 견해일 것이다. 거기에는 신적인 존재와 지상적 존재가 서로 결혼할 수 있다는 신화적인 사고가 내포되어 있다.[200] 그것은 천상의 질서와 지상의 질서 사이에 있어야 할 구분이 사라지고, 인간은 넘지 말아야 할 경계를 아무 거리낌 없이 넘어서고 있었다는 사실을 지적한다. 노아 홍수 이전의 세상에서 타락과 범죄가 얼마나 극에 달했는가를 보여준다. 천상의 존재와 지상의 존재의 결혼을 통해 이루어진 '거인족'(네피림)의 출현은 본래 인간에게 주어진 땅의 질서를 벗어나 하늘까지 이르고자 하는 인간의 야심이 작용한 결과이기도 하다. 이것은 선악과를 따먹음으로 하나님과 같이 되고자 했던 인간의 의도나 하나님의 것인 생명을 자신의 유익에 따라 마음대로 취한 월권행위, 그리고 하늘까지 쌓아 자신들의 이름을 내고 흩어짐을 면하자고 했던 인간의 교만 등과 별 차이가 없는

---

199) 고대의 신화(메소포타미아, 애굽, 우가릿, 그리스 등)에서 신과 인간들이 결혼하는 것은 흔히 등장하는 요소이다. 가장 대표적인 예는 길가메쉬 서사시에 등장하는 '길가메쉬'(Gilgamesh)이다. 그는 신과 인간 사이에 태어난 용사이다. 그는 3분의 2는 신으로, 3분의 1은 인간으로 구성되어 있다. 헬라의 최고 신 제우스(Zeus)는 사람의 딸인 알크메네(Alkmene)와 결혼해서 용사 헤라클레스(Herakles)를 낳았고, 여신 테티스(Thetis)는 사람의 아들과 결혼해서 용사 아킬레스(Achilles)를 낳았다. 신과 인간의 결혼에 관하여 다음을 참조하라. E. Drewermann, Strukturen des Bösen I: Die jahwistische Urgeschichte in exegetischer Sicht (Paderborn: Schöningh 1984), 171-76; H. Seebass, Urgeschichte I (1,1-11,26) (Neukrichen-Vluyn: Neukirchner Verlag, 22007), 190-91.

200) 피터 엔즈(P. Enns, 『성육신의 관점에서 본 성경 영감설』, 김구원 옮김 [서울: 기독교문서선교회, 2006], 68)는 구약성서에 반영된 신화를 "인간과 우주의 기원, 그리고 그것의 궁극적 의미에 대한 질문을 다루는 고대인들의 대답방식"이라고 정의하며 구약성서에 나타나는 신화적인 요소를 해명한다.

행위로 여겨진다.[201]

하지만 위의 견해는 본문의 본래적인 상황을 해명할 수는 있지만 실제적인 교훈을 주는 의미로 받아들일 수는 없다. 왜냐하면 신적인 존재와 지상적 존재가 서로 혼인하여 후손을 낳을 수 있다는 사상이 구약성서에서는 허용될 수 없기 때문이다. 따라서 구약성서가 실제적인 교훈을 주는 의미로 허용하는 해석은 첫 번째와 두 번째 견해일 것이다. 신앙인과 비신앙인, 힘 있는 자와 힘 없는 자의 대조를 통해서 신앙인과 특권을 가진 자들이 지켜야 할 삶의 원칙을 제공하기 때문이다. '하나님의 아들들'이 하나님이 설정해 놓으신 경계와 범주를 넘어서서 마음대로 행동하는 것은 하나님의 탄식과 심판을 불러온다.[202] 하나님의 말씀과 기준 안에서 살 때 비로소 우리는 창조의 기쁨과 축복을 누리는 삶을 살 수 있는 것이다.

3절에 나타난 하나님의 심판을 통해 인간의 실존과 한계가 다시 한 번 명확하게 드러난다. 인간은 하나님처럼 영원히 살 수 있는 존재가 아니다. 하나님은 인간이 그렇게 되기를 원치 않으신다. 창세기 3장 22절에서 생명나무의 열매를 먹고 영생하게 되는 것을 우려하는 하나님의 모습에서 확인할 수 있다. 인간은 인간으로 머물러 있을 때 가장 자연스럽고 복되다. 인간은 육체다(בָּשָׂר 〈바사르〉, 시78:38이하).[203] 인간의 '육체'는 하나님의 〈루아흐〉, 즉 하나님의 호흡(생명력)에 의존된 것이다(창2:7). 하나님이 피조물에서 호흡을 거둬 가시면 그때 '모든 육체가 다 함께 죽으며 사람은 흙으로 돌아가게' 된다(욥34:14-15; 시104:29). 인간은 몰락하고 쇠약해져 가는 존재다. 그러기 때문에 하나님이 호흡 주심을

---

201) 강성열, 『현대인을 위한 창세기 강해』, 93; 정석규, 『구조로 읽는 창세기』, 79. 이러한 맥락에서 2010년 11월 11일 2015년 완공 예정으로 송파구청에 의해 최종 승인된 123층 높이의 초고층 빌딩 '롯데수퍼타워'에 대한 보도가 좋게만 느껴지지 않는 것은 필자의 기우일까?
202) 시편 82편도 시편에 사용된 용어와 사고가 본래적인 정황과 구약성서 안에서 그 해석과 의미가 달라지는 경우로 이해된다. 특별한 '신'이나 '지존자의 아들'이라는 개념에 대한 이해가 논란거리로 작용한다. 하경택, "시편 82편의 해석과 적용," 「구약논단」 33 (2009.9), 49-66.
203) 〈바사르〉의 의미에 관하여 다음을 참조하라. H. W. Wolff, 『구약성서의 인간학』, 문희석 옮김 (왜관: 분도출판사, 1993), 57-67.

바라며 하나님을 의지하며 살아야 한다. 이러한 인간의 실존과 한계를 넘어가려고 하는 모든 시도는 죄악인 것이다. 인간의 잘못된 시도를 원천적으로 봉쇄하기 위해 하나님은 인간의 수명을 120세로 제한하시겠다고 말씀하신다.[204]

2. 하나님의 한탄과 결심(6:5-8)

> [5]야훼께서 보시니, 사람의 악함이 땅에 가득했고, 마음의 생각하는바 모든 계획이 항상 오직 악할 뿐이었다. [6]그 때 야훼께서는 땅에 사람 지으셨음을 한탄하시며 마음 아파 하셨다. [7]야훼께서 말씀하셨다: "내가 창조한 사람을 지면에서 쓸어버리겠다. 사람으로부터 짐승과 기어 다니는 것과 공중의 새에 이르기까지 (그렇게 하겠다). 이는 내가 그것들을 만든 것이 한탄스럽기 때문이다." [8]그러나 노아는 야훼의 눈에서 은혜를 찾았다.

5절은 홍수사건 이전에 만연하였던 인간의 죄악을 다시 한 번 분명하게 조망한다. 인간의 악함이 얼마나 컸던가를 잘 말해주고 있다. '인간의 생각하는바 모든 계획이 항상 오직 악할 뿐이었다'고 말한다. '모든', '항상', '오직' 등의 표현을 통해 인간의 죄악이 얼마나 보편적으로 드러나 있었는가 하는 점이 강조된다. 이러한 판단은 하나님의 '보심'(רָאָה, 〈라아〉)에 기초한다. 이것은 세계를 창조하셨을 때의 모습과 정반대의 모습이다(창1:31: '하나님이 자신이 창조하신 모든 것을 보시니 매우 좋았다'; 또한 참조. 창 1:4, 10, 12, 18, 21, 25).
  여기에서 하나님은 인간의 내면적 본성을 예리하게 살펴보고 계심을 알 수 있다. 인간의 마음으로부터 나오는 모든 생각이 항상 악하며, 죄악의 근원이 인

---

204) 이제 인간은 수명이 단축된 삶을 살아야 한다. 홍수 이전 900세 이상을 살았던 인간은 홍수 이후 120세 정도로 짧아진 삶을 살아야 한다. 족장시대 이후의 인물들의 수명은 대체로 이러한 기준에 일치하고 있다: 요셉 110세(창50:26), 아론 123세(민33:39), 모세 120세(신34:7), 여호수아 110세(수24:29).

간의 마음에 있음을 하나님이 보셨다고 말하고 있다(창8:21).[205] 구약성서에서 '마음'(לֵב, 〈레브〉)은 단순히 감정을 품고 있는 곳이 아니라 지성과 의지가 자리 잡고 있는 곳이다(잠4:23). 마음은 인간의 사고의 거점이며, 의지와 결단의 장소다.[206] 인간행동의 중심점인 것이다. 따라서 하나님의 심판은 외형적 판단에 근거하지 않고 인간 내면의 모습까지 통찰하시며 이루어진 결정임을 말해 준다(삼상16:7; 잠21:2; 24:12).

이때 하나님은 사람 지으셨음을 한탄하고 마음 아파 하셨다. 여기에서 묘사된 하나님의 모습은 하나님께는 어울리지 않는다고 생각되는 낯선 모습들이다. 지극히 인간적이며, 사람과 다를 바 없는 감정을 보이시는 분으로 묘사하고 있다. '한탄하다'라고 번역한 〈나함〉 (נחם)동사의 니팔형과 히트파엘형은 '후회'와 '통한'의 마음을 가지며 마음을 돌이키는 것을 말한다.[207] '마음 아파하다'라고 번역한 〈아차브〉 (עצב)동사는 '슬퍼하다, 고통스럽다'의 뜻을 가지고 있는데 인간의 감정에서 가장 격렬하게 쓰라린 상태이며(창34:7; 45:5; 삼상20:3, 34; 삼하19:2), 인간의 경험 가운데 참기 어려운 고통을 가리킨다. 여기에서 하나님이 느끼시는 고통은 노아가 인간 구원을 위해 느꼈던 고통이요(5:29), 범죄한 후 하와가 느꼈던 해산하는 고통에 비교할 수 있다(3:16).[208] 여기에서 하나님은 이러

---

205) 성서는 도처에서 인간의 마음이 본질상 악하다고 말하고 있다(예컨대, 렘17:19-10). 예수님도 입으로 들어가는 것이 더러운 것이 아니라 입에서 나오는 것이 더러운 것이라고 말씀하시며, 마음에서 나오는 '악한 생각과 살인과 간음과 음란과 도적질과 거짓 증언과 비방'과 같은 것들이 악하고 더러운 것이라고 하셨다(마15:17-20). 그래서 하나님은 계속해서 이스라엘에게 마음에 할례를 받아야 한다고 말씀하신다(신10:16; 30:6; 렘4:4; 9:26; 겔44:7, 9; 행7:51; 롬2:29). 강성열, 『현대인을 위한 창세기 강해』, 95~96.
206) 인간의 '마음'의 기능에 관하여 다음을 참조하라. H. W. Wolff, 『구약성서의 인간학』, 94~110.
207) 구약성서는 하나님의 마음 돌이키심에 대해 상이하게 보도하고 있다. 하나님은 과거에 행하신 일에 대하여 후회하기도 하시며(삼상15:11; 삼하24:16; 대상21:15;), 하나님이 울부짖음이나 기도를 들으시고 혹은 사람의 행동을 보시고 마음을 돌이키기도 하신다(출32:14; 시106:44-45; 암7:3, 6; 욘3:9-10; 렘18:7; 욜2:13-14). 하지만 민수기에서는 하나님이 전혀 후회가 없으시다고 말한다(민23:19; 삼상15:29). '하나님의 후회'에 대하여 다음을 참조하라. J. Jeremias, 『하나님의 후회: 구약성서의 하나님 이해』, 채홍식 역(서울: 대한기독교서회, 2002), 13ff.
208) 강사문, 『하나님이 택한 자들의 가정 이야기: 설교를 위한 창세기 연구』, 68. 이 외에도 하나님의 번뇌에 대한 표현은 여러 곳에서 볼 수 있다(렘17:10; 대상28:9; 롬8:27 등).

영국화가 존 마틴(John Martin, 1789–1854)이 1840년에 그린 '홍수전야'(The Eve of Deluge)라는 작품이다. 존 마틴은 주로 심판과 파멸에 관한 그림을 그렸다. 정상에 사람들에 의해 둘러싸여 있는 흰 수염을 가진 인물은 므두셀라이다. 오른 쪽 나무 아래 일단의 무리가 홍수 이전 세대를 상징하는 반항자들이다. 노아의 방주가 오른 쪽 멀리 보이는 돌기 있는 곳에 있는 것이 보인다. 공중에 맴돌고 있는 까마귀가 곧 닥칠 대재앙을 암시하고 있다. 이 작품은 윈저(Windsor)의 왕립 아카데미에 소장되어 있다.

한 표현들을 통해 신인동감론(Anthropopathismus)적으로 묘사되고 있다.[209]

하나님의 한탄과 마음 아파하심은 홍수심판에 대한 결정으로 나아간다. 그러나 이것은 세계와 인간을 없애겠다는 것이 아니다. 타락하고 부패한 피조세계를 정화시키겠다는 것이다. 인간 때문에 더럽혀진 세상을 다시금 새롭게 하시기로 작정하신 것이다. 이것은 세계와 인간에 대한 미움이 아니라 애정과 사랑에서 비롯된 결정이다. 악이 제거되지 않으면 피조세계가 결코 새로워질 수 없기 때문이다. 인간의 범죄로 인해 온 피조세계가 홍수심판을 통해 재창조 되는 것이다.

여기에서 우리는 인간과 피조물이 긴밀하게 연관되어 있음을 보게 된다. 인간과 자연의 운명은 서로 불가분의 관계에 있는 공동운명체이다. 에덴 동산에 거주할 때부터 자연은 인간의 경작과 돌봄의 대상이었다. 인간 행동의 결과가 자연에서 그대로 드러난다. 인간이 하나님의 뜻대로 행동하지 않을 때는 땅이 저주를 받고, 인간은 땅으로부터 쫓겨난다. 이러한 사고의 맥락에서 구약성서는 이스라엘 백성의 범죄가 하나님이 선물로 주신 땅을 더럽히고 땅은 그들을 토해 낼 것이라고 말한다(레18:24-28; 20:22; 민35:33-34; 신21:23; 렘2:7; 16:18; 겔36:16-20).[210]

하나님의 결정은 심판으로만 나타나지 않는다. 노아의 선택이 함께 보도된다. 노아가 야훼의 눈에서 은혜를 발견했다고 할 때 '발견하다'의 의미는 어떤 것에 마주침으로 그것을 획득하고 경험한 것을 말한다.[211] 그러므로 은혜의 주체는 노아가 아니라 하나님이신 것이다. 하나님이 은혜를 베푸심으로 노아가 그 은혜를 경험하게 된 것이다. 여기에는 하나님이 노아를 통해 새로운 일을 행하실 것이라는 암시가 들어 있다. 하나님의 은혜가 인간의 죄를 능가하고 있다. 노아의 이름 속에 하나님이 노아를 통해 주실 '위로'가 예시된다.

---

209) 이희학, 『인간의 죄악과 하나님의 구원행동: 창세기 1-11장의 신학』, 214.

210) 강성열, 『현대인을 위한 창세기 강해』, 97.

211) H. F. W. Gesenius, 『히브리어 · 아람어 사전』, 이정의 옮김 (서울: 생명의 말씀사, 2007), 452-53.

영국화가 윌리엄 벨 스콧(William Bell Scott, 1811~1890)이 1865년에 그린 '홍수전야'(The Eve of Deluge)라는 작품이다. 마태복음 24장 36~39절에 근거하여 홍수 전에 사람들이 '먹고 마시고 장가들고 시집가고 있으면서' 타락한 모습을 형상화했다. 멀리서 구름이 두껍게 피어오르는 모습이 임박한 재앙을 암시하지만, 그것을 깨닫지 못하고 쾌락에 빠져있는 사람들의 모습이 대조적이다. 에든버러(Edinburgh)의 스코틀랜드 왕립 아카데미에 소장되어 있다.

3. 노아에 대한 소개와 땅의 부패함(6:9-12)

> [9]이것이 노아의 계보다. 노아는 그의 세대들 가운데서 의롭고 흠이 없는
> 사람이었다. 노아는 하나님과 동행하였다. [10]그리고 노아는 세 아들, 셈
> 과 함과 야벳을 낳았다. [11]그 때에 그 땅이 하나님 앞에 부패하였고 그 땅
> 이 포악으로 가득 찼다. [12]하나님이 그 땅을 보시니 그것이 부패하였다.
> 이는 모든 육체가 그 땅에서 자신의 길을 부패시켰기 때문이다.

여기에는 두 대상이 극명하게 대조되어 나타난다. 의롭고 흠이 없는 사람이
었던 노아와 부패와 포악으로 가득 찬 땅이다. '의로운 자' 〈차디크〉(צַדִּיק)라는
것은 법적인 개념이라기보다는 신학적인 개념이다. 이것은 하나님과 올바른 관
계에 있는 사람을 의미한다. 그것은 언약관계에 있는 공동체적인 의무를 잘 수
행하는 것을 말한다(사1:17; 21-28). 그것은 무엇보다도 하나님의 의로우심을
신뢰하며 하나님의 약속의 말씀에 굳건하게 서는 것을 말한다(창15:6). '흠이 없
는'으로 번역된 〈타밈〉(תָּמִים)은 온전함을 뜻한다. '흠이 없는 희생제물'을 뜻하
는 제의적인 용어로 많이 사용되었다. 온전함은 무엇보다도 "하나님을 마음에
두는 삶, 즉 충성과 의도에 있어서 하나로 이루어진, 그리고 나누어지지 않은 삶
을 사는 것"[212]이라고 말할 수 있다. 정말로 하나님이 기뻐하시는 삶은 온전한
마음으로 흔들림 없이 야훼를 신뢰하는 일이었다(창17:1; 신18:13; 마5:48; 또
한 참조. 시15:1; 119:1).[213]

노아는 바로 그러한 삶을 산 것이다. 이것을 본문은 '하나님과 동행하였다'고
말하고 있다. 에녹과 같이 노아는 하나님과 동행함으로 의롭고 흠이 없는 삶을
산 것이다. 이러한 노아의 삶이 하나님의 은혜를 입게 하였다.

---

212) W. Brueggemann, 『구약신학』, 류호준/류호영 공역 (서울: 기독교문서선교회, 2003), 687–89; G. von
　　Rad, 『구약성서신학 제1권』, 허혁 역 (왜관: 분도출판사, 1976), 213.
213) 마음의 '온전함'은 〈샬렘〉이라는 말로도 표현된다(왕상11:4; 15:3; 대하15:17; 25:2).

4. 방주에 대한 지시사항(6:13-22)

¹³하나님이 노아에게 말씀하셨다: "모든 육체의 끝(קֵץ)이 내 앞에 이르렀다. 이는 그 땅이 그들 때문에 포악으로 가득하기 때문이다. 보라, 내가 그들을 그 땅과 함께 쓸어버릴 것이다. ¹⁴너는 고페르 나무로 방주를 만들어라. 그 방주에 방들을 만들고 그것의 안팎에 역청을 칠하라. ¹⁵이것이 네가 그것을 만들어야 하는 바이다. 그 방주의 길이는 삼백 규빗, 그것의 넓이는 오십 규빗, 그것의 높이는 삼십 규빗이다. ¹⁶너는 그 방주에 지붕을 만들되 한 규빗 위로하여 마무리하고, 그것의 옆쪽에는 그 방주의 문을 내고, 그것을 아래층과 이층과 삼층으로 만들어라. ¹⁷내가 이제 그 땅 위에 물로 홍수를 일으켜서, 하늘 아래에서 그 속에 생명의 호흡(רוּחַ)이 있는 모든 육체를 쓸어버릴 것이니, 그 땅에 있는 모든 것이 죽을 것이다. ¹⁸그러나 너와는 내가 내 언약을 세우리니, 너는 그 방주에 들어가며, 네 아들들과 네 아내와 네 며느리들은 너와 함께 (들어갈 것이다.) ¹⁹모든 생물, 즉 모든 육체 가운데서 각기 둘씩 그 방주에 데리고 가서 너와 함께 살게 하되, 그것들은 암컷과 수컷이어야 한다. ²⁰새 가운데서도 그 종류대로, 짐승 가운데서도 그 종류대로, 땅에 기어 다니는 온갖 짐승 가운데서도 그 종류대로, 모두 둘씩 살아남기 위해 너에게로 올 것이다. ²¹그리고 너는 먹을 수 있는 모든 먹을거리 가운데서 취하여 너에게 모으라. 그것은 너와 그들을 위해 먹을거리가 될 것이다." ²²노아가 행하였는데, 그는 하나님이 자기에게 명하신 모든 것을 그대로 행하였다.

이제 하나님의 심판이 집행될 것이 예고된다. 여기에서 하나님의 심판이 '끝'(קֵץ)으로 표현되었다(13절). 이것은 예언서에서 하나님의 심판을 가리키는 말로서 심판 대상자들의 종말을 의미한다(겔7:2; 암8:2; 합2:3; 애4:18). 예언자들의 심판선포에서와 같이 그 땅은 '강포'(חָמָס)로 가득하다. 강포는 심판을 통해 정화되어야 할 죄악의 현실을 가리키는 말이다(렘6:7; 겔7:11, 23; 8:17; 12:19; 암3:10; 옵1:10; 미6:12; 합1:2-3;). 반대로 그것은 구원이 이루어진 세계에서는 제거되어 더 이상 찾아볼 수 없는 불의한 모습이다(사60:18; 겔45:9). '강포로 가득한 세상'은 하나님이 더 이상 가만히 두고 보실 수 없는 상황임을 나타낸다. 이때 하나님의 심판은 인간만을 향하고 있지 않다. 그것은 인간을 포함하는 모든 생물, 곧 '모든 육체'(כָּל־בָּשָׂר)에 해당되며, 피조세계의 토대라고 할 수 있는 '땅'에까지 미친다. 이를 통해서 분명해지는 것은 하나님의 심판이 '새 창조'(neue Schöpfung)를 겨냥하고 있다는 사실이다. 피조세계 전체가 심판이라는 정화과정을 통해 새롭게 거듭나기를 바라시는 것이다.

하나님은 노아에게 방주를 만들라고 지시하신다(14-16절). 그것은 홍수심판에서도 살아남을 수 있게 하는 구원의 방주이다. 이 방주는 히브리말로 〈테바〉(תֵּבָה)이다. 이것은 이집트말에서 온 것으로 추정되는데 그것은 상자 혹은 궤를 가리키는 말(tb.t)로서 안팎으로 역청을 바른 상자를 가리킨다.[214] 노아도 자신이 만든 방주에 안팎으로 역청을 발라야 했다. 물이 스며드는 것을 막는 조치인 것이다. 이 낱말은 홍수이야기를 제외하면 모세의 구출 이야기에서만 다시 등장한다(출2:3, 5). 〈테바〉의 용례를 통해 방주와 갈대상자가 서로 연결되며 홍수사건과 모세의 구출사건에서 나타나는 하나님의 구원행동이 동시에 조망된다.

노아가 지어야 할 방주의 크기는 길이 300 규빗, 넓이 50 규빗, 높이 30규빗이다. 이것을 오늘날의 단위로 환산하면 대략 135*22*13m의 크기로 된 3층 구조의 직육면체이다. 이것을 성막과 비교하면 방주는 성막 뜰 면적(100*50규빗)의 3배에 해당된다(출27:9-13). 여기에서 방주와 성막이 서로 연관되며 그 기능에서 일치하고 있음을 알 수 있다. 성막은 하나님과 그 백성이 만나는 곳이며 그분의 영광이 드러나는 곳이다. 이러한 하나님과의 만남을 통해서 이스라엘 백성은 생명을 보존한다. 마찬가지로 노아는 방주를 통해 하나님의 구원을 경험

---

214) 〈테바〉의 어원에 관하여 HAL, 1546-47을 참조하라. 학자에 따라서는 이 낱말이 '보물함'(Schrein)이나 '관'(Sarg)을 의미하는 이집트말 db3t에서 왔다고 보기도 한다.

한다. 방주는 파멸로부터 인류를 보존하고, 성막은 죽음으로부터 이스라엘을 보존한다. 그런데 하나님이 노아에게 준비하라고 지시하신 방주에는 조타 장치(운전대)가 없다. 그것은 생명을 위협하는 홍수로부터 구원받는 길은 오직 방주의 주인되시는 하나님의 인도와 보호하심을 통해서만 가능하다는 사실을 보여준다.[215]

하나님의 심판은 홍수를 통해서 이루어진다(17절). 여기에서 홍수를 의미하는 히브리말 〈맙불〉(מַבּוּל)은 '하늘의 대양', 다시 말하면 '궁창 위에 있는 거대한 하늘 바다'를 가리킨다. 이 낱말은 구약성서에서 총 13회 등장하는데 시편 29편 10절을 제외하면 모두 창세기에 등장한다(사54:9). 그러므로 홍수로 세계를 심판한다는 것은 창조 때에 궁창 위의 물과 궁창 아래의 물로 나누었던 것을 다시 이전 상태로 되돌리는 것을 말한다. 하나님은 홍수심판을 통해 피조세계를 창조 이전의 상태로 되돌리셨다가 다시 새로운 세계로 거듭나게 하고자 하신 것이다. 홍수심판은 말 그대로 창조의 과정을 반복하는 것이며, 이 세계의 '새 창조'라고 할 수 있다.

18절에는 하나님이 노아와 '언약(בְּרִית)을 세우겠다'고 말씀하신다. 구약성서에서 처음으로 〈베리트〉라는 낱말이 사용되었다. 이러한 언급은 노아의 구원이 언약사건임을 보여준다. 실제로 홍수 이후 하나님이 노아와 언약을 체결하시는 모습이 창세기 9장 8–17절에 나타난다. 언약사건의 특징은 언약이 항상 하나님으로부터 시작되고 그 주도권이 하나님에게 있다는 사실에 있다.[216] 특별히 노아와 맺은 이 언약은 일방적이다. 하나님이 노아에게 은혜를 베풀어 언약을 맺게 하신 것이다(6:8). 하지만 노아에게는 다른 사람과 구별되는 특별한 점이 있었다. 그는 '의롭고 흠이 없었으며 하나님과 동행하던 자'였다(위의 9절에 대한 해설을 보라). 여기에서 우리는 하나님의 은혜와 인간의 신실성의 상호관계를 엿볼 수 있다. 하나님의 언약과 선택은 일방적이지만 그러한 언약과 선택을 수

---

215) 차준희, 『창세기 다시 보기』 (서울: 대한기독교서회, 1998), 55.
216) R. Rendtorff, 『구약정경신학』, 하경택 옮김 (서울: 새물결플러스, 2009), 59.

용하고 감당할 수 있는 준비된 모습이 필요한 것이다. 하나님은 당시에 특별히 구별되는 노아를 택하셔서 구원의 역사를 이어 가셨다. 인간의 계속되는 반역과 범죄에도 불구하고 인간을 통해 자신의 구원의 역사를 이루고자 하시는 하나님의 의지와 은혜의 행동을 엿볼 수 있다.

본문 마지막절(22절)에서는 노아가 하나님이 자신에게 명하신 모든 것을 그대로 행하였다고 보도한다. 창세기 1장에서 하나님이 세계를 창조하실 때 말씀하신 바가 그대로 이루어진 것처럼(창1:7, 9, 15, 24) 노아가 그 모든 명령을 그대로 따랐다. 여기에서 다시 한 번 홍수사건이 '새 창조'의 모습으로 나타남을 알 수 있다.

Ⅳ. 나가는 말

위와 같은 본문 관찰의 결과로 두드러지는 것은 노아 홍수 사건에 나타나는 하나님의 모습들이다. 노아 홍수 사건을 통해 보여주시는 하나님의 모습은 다른 곳에서도 유사하게 관찰될 수 있는 기준점들을 제공한다. 그러한 하나님의 모습을 다음과 같이 세 가지 정도로 요약할 수 있다.

첫째, 하나님은 범죄하는 인간을 보시고 애통해 하신다. 인간은 생각하는 바가 항상 악하여 죄악을 저지르는데 주저함이 없었다(5절). 심지어 신적인 존재와 인간적 존재 사이의 구별이 없어지고, 하나님에게 속한 자들이 땅에 속한 자들과 무분별한 관계를 맺음으로써 하나님이 세우신 경계와 질서가 무너지는 상황이 된다(1-2절). 그래서 땅에 악함이 가득했고(5절), 땅이 포악으로 가득하게 되었다(11절). 하나님은 이러한 모습을 지켜보시며 땅에 사람 지으셨음을 한탄하시며 마음 아파하셨다(6절). 인간의 범죄로 초래된 상황이 그 만큼 하나님의 마음을 아프게 한 것이다. 인간의 범죄는 그 자체로 머물러 있지 않고 피조세계에 영향을 주며 더 나아가 하나님의 마음을 아프게 한다. 본문은 우리에게 범죄로 인해 땅을 부패시키고 하나님의 마음을 아프게 하지 말라고 교훈한다.

둘째, 하나님은 사람에게 은혜 베푸심을 통해 구원을 이루신다. 인간의 범죄와 타락은 결국 하나님의 심판결정에 이르게 한다. 하나님이 친히 창조하신 사람을 그리고 그로인해 생물까지도 지면에서 쓸어버리겠다고 말씀하신다(7절). 하지만 하나님은 새로운 시작을 감당할 한 사람에게 은혜를 입게 하신다(8절). 하나님은 은혜 입은 노아를 통해 새로운 인류의 역사를 시작하고자 하신다. 여기에서 간과하지 말아야 할 것은 하나님의 은혜를 입은 노아에게는 당대의 사람과는 구별되는 특별한 점들이 있었다는 사실이다. 그는 '의롭고 흠이 없었으며,' '하나님과 동행하는 자'라는 평가를 받았다(9절). 하나님은 이렇게 신실한 노아를 택하시어 구원의 역사를 이루신다. 여기에서 분명하게 드러나는 점은 하나님의 주권적인 은혜라 할지라도 아무에게나 주어지는 것이 아니라 하나님이 기뻐하시는 삶을 사는 신실한 자에게 주어진다는 사실이다.

셋째, 하나님은 심판의 과정을 통해 새 창조를 이루신다. 하나님의 심판은 종말이 아니다. 새 창조를 위한 과정이다. 하나님은 인간의 범죄로 부패한 땅을 쓸어버리시고 새롭게 시작하고자 하신다. 그러한 의미에서 홍수심판은 새 창조의 과정이다. 홍수는 창조행동을 역행하는 것이며, 홍수가 물러가 마른 땅이 되는 것은 궁창 아래의 물을 있어야 할 곳으로 모으시는 하나님의 창조행동이다. 홍수를 통해 세계가 정화되고 새로운 세계로 거듭나는 것이다. 하나님은 홍수심판의 정화와 새 창조를 통해 새로운 역사를 시작하신다. 그러한 의미에서 홍수 이후의 삶은 홍수 이전의 것과 구별된다. 홍수 이후의 생활은 과거의 삶과 단절된 새로운 삶이 되어야 한다는 것이다. 홍수 이후의 생존자들은 하나님의 뜻을 따르는 거룩한 백성이 되어야 했다. 하지만 인류의 실제 역사는 어떠했던가? 그러한 의미에서 원역사를 기술하고 있는 구약성서는 오늘날 독자들의 삶을 조명하는 기준이며 모범이 된다. 오늘날 우리들은 성서 이야기를 통해 보여주시는 하나님의 생생한 교훈을 얼마나 받아들이고 있는가?

제7장 노아언약 (창9:1-27)

I. 본문의 구조

하나님이 노아와 맺으신 언약사건은 6장에서 시작된 홍수 이야기의 연장선 상에 있다. 앤더슨(B. W. Anderson)이 분석한 홍수이야기의 구조는 홍수이야기 가 얼마나 정교하게 구성되어 있는지를 잘 보여준다.[217]

과도기적 도입부	6:9-10
1. 피조세계의 강포	6:11-12
2. 첫 번째 하나님의 말씀: 멸하기로 결심하심	6:13-22
3. 두 번째 하나님의 말씀: "방주로 들어가라"	7:1-10
4. 홍수의 시작	7:11-16
5. 불어나는 물	7:17-24
하나님께서 노아를 기억하심	8:1a

---

217) 다음 문헌들을 참조하라. B. W. Anderson, "From Analysis to Synthesis: The Interpretation of Gen 1–11," *JBL* 97 (1978), 38; 또한 참조. G. J. Wenham, *Genesis*, 157–58; 강사문, 『하나님이 택한 자들의 가정 이야기: 설교를 위한 창세기 연구』, 70–75; 정석규, 『구조로 읽는 창세기』, 83.

6(5'). 줄어드는 물   8:1b-5

7(4'). 땅의 마름   8:6-14

8(3'). 세 번째 하나님의 말씀: "방주를 떠나라"   8:15-19

9(2'). 질서를 보존하시려는 하나님의 결심   8:20-22

10(1'). 네 번째 하나님의 말씀: 언약   9:1-17

과도기적 종결부   9:18-19

창세기 9장은 홍수 이야기의 끝 부분에 위치하여 홍수 이후의 행동과 사건들을 다루고 있다. 홍수 후에 하나님이 취하신 첫 번째 행동은 복주심이었다(9:1-7). 그것은 세계창조 이후 하나님이 인간에게 행하신 첫 번째 행동과 같다(1:28). 그런 후 하나님은 노아와 언약을 맺으신다(9:8-17). 이것은 다시는 피조세계를 홍수로 멸하지 않으시겠다는 하나님의 일방적인 언약이다. 그리고 그 이후에 사람과 땅에 대한 요약적 진술이 나와 있다(9:18-19). 이것은 노아에 대한 소개와 더불어 땅이 부패하여 포악으로 가득 찼다는 도입부(6:9-12)와는 대조를 이룬다.

다음으로 나오는 내용은 홍수 이후 노아에게 있었던 에피소드이다(9:20-27). 포도주에 취하여 벌거벗음을 드러낸 노아와 그러한 모습을 보고 대처한 세 아들의 반응을 묘사한다. 여기에는 세 아들의 운명에 대한 원인론적인 설명이 들어 있다. 끝으로 노아이야기는 노아의 죽음에 대한 보도가 나온다(9:28-29). 이로써 노아 이야기가 종결될 뿐 아니라 아담으로부터 노아에 이르는 계보(5:1-32)가 완결된다.

9:1-7   하나님의 복주심
9:8-17   노아와 맺은 하나님의 언약
9:18-19   노아와 땅에 대한 결론적 묘사

9:20-27 홍수 이후의 이야기: 포도주에 취한 노아와 그의 아들들의 행동
9:28-29 노아의 죽음에 대한 보도

Ⅱ. 본문해설

1. 하나님의 복주심(9:1-7)

¹하나님이 노아와 그의 아들들에게 복을 주시며 그들에게 말씀하셨다: "생육하고 번성하여 땅에 충만하라. ²너희에 대한 두려움과 공포가 땅의 모든 짐승과, 하늘의 모든 새와, 땅의 기는 모든 것과, 바다의 모든 물고기에게 임할 것이다. 그것들이 너희 손에 맡겨졌다. ³살아 있는 모든 동물이 너희에게 먹을거리가 될 것이다. 푸른 채소처럼 모든 것을 내가 너희에게 준다. ⁴그러나 고기는 그것의 생명, 곧 그것의 피와 함께 먹지 말라. ⁵반드시 내가 너희의 생명을 위한 너희의 피를 찾을 것이다. 모든 동물의 손에서 그것을 찾을 것이요, 사람의 손과 각 사람, 곧 그의 형제의 손에서 내가 사람의 생명을 찾을 것이다. ⁶사람의 피를 흘린 자는 사람을 통해 그의 피가 흘려질 것이다. 이는 그가 하나님의 형상을 따라 사람을 지으셨기 때문이다. ⁷너희는 생육하고 번성하며 땅에 충만하고 거기에서 번성하라."

홍수 심판의 전환점은 하나님의 기억하심에 있다. 하나님은 창조세계의 타락을 그냥 보고만 계실 수 없어서 단호한 의지를 가지고 땅의 생물들을 멸절하기 위한 홍수심판을 결행하신다(6:7, 13, 17; 7:4, 23). 하지만 하나님은 심판하는 데 그 목적이 있지 않았기 때문에 새로운 구원의 역사를 이루신다. 그 역사는 방

아라랏산 위의 노아방주(Noah's Ark on Mount Ararat). 네덜란드 화가 히에로니무스 보슈(Hieronymus Bosch, 1450–1516)의 1500년경 작품으로 로테르담 보이만스 반 뵈닝겐 미술관(Museum Boymans–van Beuningen) 소장되어 있다. 노아의 방주가 아라랏산 꼭대기에 도착해 동물들이 방주에서 내리고 있으나 골짜기에는 사람과 동물의 시체가 즐비한 광경이 적나라하게 묘사되어 있다.

주에 있는 노아와 동물들을 기억하심을 통해 시작된다. 하나님은 바람을 불게 하여 홍수가 물러가게 하셨다. 그리고 다시는 "사람 때문에 땅을 저주하지 않겠다."고 결심하신다(8:21). 그것은 하나님은 "사람의 마음이 계획하는 바가 어려서부터 악함"을 아셨기 때문이다. 홍수심판이 끝났음에도 인간의 본성은 변하지 않았다. 인간의 본성적인 악함이 홍수 이전에는 하나님의 심판 이유가 되었는데(6:5), 이제는 오히려 인간을 향한 하나님의 자비와 은혜의 이유가 되고 있다.[218] 하나님은 인간 죄악의 현실성을 인정하신다. 그래서 하나님은 "땅이 있을 동안에는 심음과 거둠과 추위와 더위와 여름과 겨울과 낮과 밤이 쉬지 않을 것"(8:22)이라고 말씀하신다. 하나님의 심판은 종말로 유보되고, 종말이 오기까지는 이 세계가 하나님이 만드신 창조의 리듬 가운데 계속될 것을 말씀하신 것이다.

9장의 첫 번째 단락에는 하나님이 홍수 심판 후에 사람에게 한 첫 번째 행동이 잘 드러난다. 그것은 노아와 그의 아들들에게 축복하신 것이다. 이것은 첫 번째 창조 이야기에서 세계 창조 이후에 보여주신 행동과 동일한 모습이다(1:28).[219] 하나님은 노아와 그의 아들들, 즉 홍수 이후 새로운 삶을 살아가게 될 생존자들에게 '생육하고 번성하여 땅에 충만하라'고 하신다. 이러한 관찰은 첫 번째 창조 이야기와 홍수 이야기가 구조나 의미에 있어서 서로 긴밀한 연관관계에 있음을 알게 한다. 홍수로 인해 모든 것이 잠기고 물로 가득한 이 세계는 '땅이 혼돈하고 공허하며, 흑암이 깊음 위에 있었던'(1:2) 창조 이전의 모습과 유사하다. 다시 말하면 '깊음의 샘들이 터지고 하늘의 창문들이 열려' 비가 땅에 쏟아진 홍수 사건은 창조의 과정을 역행하는 것과 같았다. 궁창이 있게 하시어 궁창 위의 물과 궁창 아래의 물로 나누시고 궁창 아래의 물을 한 곳으로 모이게 하여 원시 바다를 제어하신 행동과 반대되는 것이었다. 하지만 이제 다시 홍수를

218) 이희학, 『인간의 죄악과 하나님의 구원행동: 창세기 1-11장의 신학』, 239.
219) 이러한 평행요소는 동물들에 대한 행동에서도 잘 드러난다. 첫 번째 창조 이야기에서 바다생물들을 만드시고 그들에게 복을 주시며 "생육하고 번성하여 충만하라"고 했듯이(1:22), 홍수이야기에서도 방주에서 나온 생물들에 대하여 맨 처음 하신 말씀이 "땅에서 생육하고 번성하라"는 것이었다(8:17).

물러가게 하신다. 세계의 모든 것을 삼키고 잠기게 하여 세상을 혼돈의 세계로 만들었던 홍수를 바람이 불게 하시어 물러가도록 하셨다. 이것은 처음 세계를 만드실 때 하셨던 창조행위와 같은 의미를 가진다. 그러므로 홍수사건은 하나님의 '제2의 창조'라고 할 수 있다. 하나님은 노아와 함께 다시 시작하신다. 노아는 최초의 인류 아담처럼 새로운 인류역사의 시발점이 된다.

그러나 첫 번째 창조 이야기와 홍수 이야기는 차이점도 보여준다. 사람과 동물에게 허락하셨던 먹을거리가 달라진다. 첫 번째 창조 이야기에서는 사람에게 '씨 맺는 채소와 씨 가진 열매'를 먹을거리로 허락하셨지만(1:29), 이제는 '살아 있는 모든 동물'을 먹을거리로 허락하신다(9:3). 첫 번째 창조 이야기에서 나타나지 않았던 새로운 요소이다. 첫 번째 창조 이야기에서 보여 주었던 동물에 대한 사람의 관계는 '다스림'의 관계였다(1:26, 28). 하지만 홍수이야기는 그것이 확장되어 '먹을거리'로까지 나간다. 그러한 확장을 2절의 내용을 통해 확인할 수 있다: "너희에 대한 두려움과 공포가 땅의 모든 짐승과, 하늘의 모든 새와, 땅의 기는 모든 것과, 바다의 모든 물고기에게 임할 것이다. 그것들이 너희 손에 맡겨졌다." 다스림을 당하는 대상들에게 인간에 대한 '두려움과 공포'가 임하게 될 것이라고 말한다. 이것은 인간과 동물과의 관계가 평화스럽게만 진행되지는 않을 것을 암시한다.

인간과 동물 사이에서 일어날 살육과 피흘림의 현실을 내다보시며, 하나님은 한 가지 제한사항을 두신다. 그것은 생명이 있는 피와 함께 고기를 먹지 말라는 것이다(4절). 그것은 생명의 소유권이 하나님께 있음을 알게 하시는 것이다(레 17:10-14; 신12:15-24). 이러한 제한은 살인에 대한 엄격한 금지명령으로 이어진다(5절): "사람의 피를 흘린 자는 사람을 통해 그의 피가 흘려질 것이다." 왜냐하면 사람은 하나님의 형상을 따라 지음을 받았기 때문이다(6절). 홍수 이후에도 인간에 대한 하나님의 절대적 주권은 양보되지 않는다. 그것은 사람이 다른 피조물과는 달리 하나님의 형상을 지닌 존재라는 사실에 근거한다. 인간은 홍수 심판 이후에도 여전히 하나님의 형상을 지니고 있다. 따라서 사람의 피를

흘리는 일은 하나님의 형상을 침해하는 일이며 하나님에 대한 도전행위인 것이다.[220]

하나님은 마지막에 다시 한 번 인류에 대한 복을 확인하신다: "너희는 생육하고 번성하며 땅에 충만하고 거기에서 번성하라." 이 세상에서 생육하고 번성하여 땅에 충만한 것이 하나님이 인간에게 바라시는 모습이었다. 물론 그것은 피흘림 없이 공존하며 공생하는 평화의 공동체로서 살아가는 조건에서 그렇다.[221]

2. 노아와 맺은 하나님의 언약(9:8-17)

[8]하나님이 노아와 그와 함께 있는 그의 아들들에게 말씀하셨다: [9]"보라 내가 너희와 너희 뒤에 오는 너희 씨와 언약을 세운다. [10]너희와 함께 있는 모든 생물, 곧 너와 함께 있는 새와 짐승과 땅의 모든 동물과 함께, 땅의 모든 생물 가운데 방주에서 나온 모든 것과 함께. [11]내가 너희와 내 언약을 세울 것이다. 그리하여 모든 육체가 다시는 홍수의 물로 멸절되지 않을 것이다. 다시는 땅을 파멸시키는 홍수가 일어나지 않을 것이다." [12]하나님이 말씀하셨다: "이것이 내가 나와 너희, 그리고 너희와 함께 있는 모든 생물 사이에 영원 대대로 세운 언약의 표이다. [13]내가 내 무지개를 구름 속에 둘 것이다. 그러면 그것이 나와 땅 사이에 세운 언약의 표가 될 것이다. [14]내가 구름으로 땅을 덮을 때 무지개가 구름 속에서 나타나면, [15]나는 나와 너희와 그리고 모든 육체의 모든 생물 사이에 있는 내

---

220) 이희학, 『인간의 죄악과 하나님의 구원행동: 창세기 1-11장의 신학』, 245-46.

221) 우리는 여기에서 첫 번째 창조이야기와 홍수 이야기에서 유사하면서도 분명한 차이를 보이는 점들을 관찰할 수 있었다. 전자는 이상적인 세계상을 보여주지만, 후자는 현실적인 세계상을 보여준다고 할 수 있다. 창장이 역사적 실제의 외부에서 묘사한 세계의 모습이라면, 창9장은 현실의 실상들이 반영된 유토피아라고 할 수 있다. 다음을 참조하라. J. Ebach, "Bild Gottes und Schrecken der Tiere: Zur Anthropologie der priesterlichen *Urgeschichte*," in: ders., *Ursprung und Ziel: erinnerte Zukunft und erhoffte Vergangenheit, Biblische Exegesen, Re exionen, Geschichten* (Neukirchen-Vluyn: Neukirchener Verlag, 1986), 38, 44.

언약을 기억하겠고, 다시는 홍수의 물이 모든 육체를 진멸하기 위해 일어나지 않을 것이다. [16]무지개가 구름 속에 있을 것이며, 내가 그것을 보고, 하나님과 땅에 있는 모든 육체의 모든 생물 사이에 있는 영원한 언약을 기억할 것이다." [17]하나님이 노아에게 말씀하셨다: "이것이 나와 땅의 모든 육체 사이에 세운 언약의 표다."

이 단락은 두 부분으로 구분된다. 하나님이 노아와 그와 함께 한 사람들과 생물들을 대상으로 맺은 언약에 대한 내용(8-11절)과 그 언약의 표로서 주신 무지개에 대한 설명(12-17절)이다. 하나님이 노아와 함께 세우신 언약은 노아 개인이나 인류만을 위한 언약이 아니었다. 노아와 함께 한 생물들이 대표하는 모든 피조물과의 언약이었다. 이것은 하나님이 언약을 세우시면서 "모든 육체가 다시는 홍수의 물로 멸절되지 않을 것이다."고 하신 말씀이나 "다시는 땅을 파멸시키는 홍수가 일어나지 않을 것이다."고 하신 약속에서 확인된다(12절). 이것은 8장 20-22절에서 하나님이 결심하신 내용과 일치하는 것이다. 거기에서는 땅을 저주하지 않겠고 모든 생물을 멸하지 않겠다는 것이 하나님의 내면적인 결심으로 소개되고 있지만, 여기에서는 노아와 맺은 언약을 통해 공개적으로 표명된다.

이 단락의 두 번째 부분에는 언약의 표가 소개된다. 그것은 '무지개'(קֶשֶׁת, 〈케쉐트〉)였다. 하나님은 무지개를 구름 속에 두어 언약의 표로 삼겠다고 하신다. 이것은 앞으로 전개될 세상은 완벽한 세계가 아님을 예시하시는 것이다.[222] 그러기에 하나님은 무지개로 약속하신다. 무지개가 구름 속에 나타나면, 하나님은 그것을 보고 노아와 맺으신 언약을 기억하여 다시는 홍수로 모든 육체를 진멸하지 않을 것이라는 약속이다. 이러한 언약의 표는 언어적인 고찰을 통해 그 의미를 더욱 분명히 할 수 있다. 무지개를 뜻하는 히브리말 〈케쉐트〉는 본래

---

222) J. Ebach, "Bild Gottes und Schrecken der Tiere," 40.

활(bow)을 지칭한다.[223] 고대인들은 무지개를 태풍의 신이 그의 원수들을 물리친 후에 하늘에 걸어 놓은 활로 생각하였다. 활은 전쟁 무기이다. 에누마 엘리쉬(Enuma Elish)에서 신들이 태초의 혼돈과 무질서를 물리칠 때 사용했던 무기이고, 구약성서에서도 야훼 하나님을 활과 화살을 가진 용사로 소개하기도 한다(욥6:4; 16:12-13; 시38:2; 64;7; 애2:4; 3:12). 그렇기 때문에 노아와 맺은 언약의 표인 무지개는 하나님이 더 이상 인류와 싸우지 않기 위해 하늘에 걸어둔 활로 해석되기도 한다.[224]

하지만 여기에서 주목해야 할 사실은 노아와 맺으신 언약의 의미에 관한 것이다. 언약을 맺는다는 것은 언약 대상자와의 관계를 새로운 법적 토대 위에 세움으로써 집단이나 개인 간에 뒤엉키고 불투명하게 된 법적 상태를 해명하고 정화하는 것이다.[225] 그러한 의미에서 노아와 맺으신 언약에는 다음과 같은 특징들이 있다.

첫째로, 노아와 맺으신 언약은 보편적인 언약이다. 이 언약은 어떤 특정한 집단이나 계층에만 한정된 것이 아니라 인류를 포함한 모든 피조물과 맺으신 언약이다(9-10절). 홍수심판 이후 세계 역사를 새롭게 이끌고 가시겠다는 하나님의 의지가 담겨 있다. 이러한 보편적인 의미가 있는 언약이기 때문에 노아언약은 아브라함 언약과 시내산 언약 등 다른 언약들과 구별된다. 구약성서 다른 어떤 곳에서도 노아언약은 언급되지 않고 있다. 그만큼 특별하면서도 보편성을 띤 언약인 것이다.

둘째로, 노아와 맺으신 언약은 무조건적인 언약이다. 여기에는 언약에 대한 어떤 조건도 나타나지 않는다. 언약체결에 대한 어떠한 요구도 없었으며, 언약 체결 당사자들의 순응에 대한 고백도 없다. 하나님의 일방적이고 무조건적인 은

223) 그래서 무지개를 뜻하는 영어의 rainbow나 독일말의 Regenbogen를 보면 그 안에 활을 의미하는 낱말이 들어있다.
224) 이희학, 『인간의 죄악과 하나님의 구원행동: 창세기 1-11장의 신학』, 249.
225) G. von Rad, *Das erste Buch Mose. Genesis* (ATD) (Berlin: Evangelische Verlagsanstalt, 1972), 101.

혜의 약속이 선포된다. 하나님은 무지개를 보시고 언약을 기억하여 그 언약을 지키시겠다고 약속하신다. 행동하시는 분은 오직 야훼 하나님이시며, 지상의 상대자는 수동적인 수납자일 뿐이다.[226] 여기에서 "언약은 항상 하나님으로부터 시작되고 그의 주도권에 근거한다."는 언약의 특성이 분명하게 고찰된다.[227]

셋째로, 노아와 맺으신 언약은 영원한 언약이다. 16절에 '영원한 언약'(בְּרִית עוֹלָם〈베리트 올람〉)이라는 표현이 있다(출31:16; 삼하23:5; 대상16:17; 시105:10; 사24:5; 55:3; 렘32:40; 50:5; 겔16:60; 37:26; 또한 '소금언약'을 참조하라. 민18:19; 대하13:5). 이것은 변하지 않고 영원히 지속됨을 의미한다. 하나님의 언약은 하나님에 의해서 영원히 지켜질 것을 보여주신 것이다. 이것은 이세계의 지속과 유지가 오직 하나님의 은혜에 기초하고 있음을 알게 한다.

3. 노아와 땅에 대한 결론적 묘사(9:18-19)

> [18]방주에서 나온 노아의 아들들은 셈과 함과 야벳이었다. 그리고 함, 그는 가나안의 조상이었다. [19]이들 세 사람이 노아의 아들들인데, 이들로부터 온 땅에 퍼져 나갔다.

이 단락은 홍수 이야기를 마무리 하는 결론부이다. 이것은 홍수이야기를 시작할 때 노아의 삶을 소개하는 도입부(6:9-12)와 잘 대응된다. 이전에 땅이 부패하여 포악으로 가득 하였던 것과는 반대로 땅이 노아의 세 아들을 통해 퍼져 나간 사람들로 가득하게 되었음을 보여준다. 이것은 10장에서 소개되는 민족들의 계보를 예시한다. 온 땅에 퍼져 살게 된 인류는 노아의 세 아들을 통해 생겨난 것임을 말해주고 있다. 즉, 세상에 존재하는 모든 민족들은 하나의 공통된 기원을 가지고 있다는 것이다.

---

226) 이희학, 『인간의 죄악과 하나님의 구원행동: 창세기 1-11장의 신학』, 248.
227) R. Rendtorff, 『구약정경신학』, 하경택 역 (서울: 새물결플러스, 2009), 59.

노아의 술취함(Drunkennes of Noah). 이탈리아 화가 지오바니 벨리니(Giovanni Bellini, 1430~1516)의 작품으로서(1515년경) 프랑스 브장송(Besançon) 보자르 미술관(Musée des Beaux-Arts)에 소장되어 있다. 양 옆의 아들들은 시선을 다른 곳에 둔 채 아버지의 몸을 덮고 있지만, 가운데 있는 아들은 웃으며 아버지의 몸을 바라보고 있다. 술통은 보이지 않지만 머리맡에 놓인 포도와 노아 앞에 있는 술잔이 노아의 행동을 짐작케 한다.

4. 홍수 이후의 이야기: 포도주에 취한 노아와 그의 아들들의 행동(9:20-27)

[20]노아는 땅의 사람이 되어 포도나무를 심었다. [21]그리고 그가 포도주를 마시고 취하여, 장막 안에서 벌거벗은 채로 있었다. [22]가나안의 조상 함이 자기 아버지의 벌거벗은 몸을 보고 밖에 있던 두 형제에게 알렸다. [23]셈과 야벳은 겉옷을 가져다가 둘이서 그것을 어깨에 걸치고 뒷걸음쳐 들어가 그들 아버지의 벌거벗은 몸을 덮었으며, 그들은 그들의 얼굴을 뒤로 하여 아버지의 벌거벗은 몸을 보지 않았다. [24]노아는 포도주에서 깨어난 후, 그의 작은 아들이 자기에게 한 일을 알게 되었다. [25]그때 그는 이렇게 말하였다: "가나안은 저주를 받아 그의 형제들에게 종들의 종이 될 것이다." [26]그는 또 말하였다. "야훼, 곧 셈의 하나님은 송축받으시기를 원한다. 가나안은 그의 종이 될 것이다. [27]하나님이 야벳을 창대하게 하여 그가 셈의 장막에서 살게 하시고, 가나안은 그의 종이 될 것이다."

이 단락에서는 홍수 이후 노아의 삶에 있었던 에피소드를 소개한다. 홍수이후 노아는 농부가 되어 포도나무를 심었다. 언젠가 노아는 그 포도나무에서 난 열매의 포도주를 마시고 벌거벗은 채 장막에 있게 된다. 이 모습을 보고 아들들의 반응은 두 가지로 나타난다. 함은 아버지의 모습에 대해 두 형제에게 말함으로 아버지의 허물을 들추어내는 결과를 낳았고, 셈과 야벳은 겉옷을 가지고 뒷걸음쳐 들어가 아버지의 수치를 가려줌으로 아버지의 명예와 권위를 실추시키지 않았다. 이런 행동 후에 노아는 세 아들에 대한 축복과 저주를 하게 된다는 내용이다. 본문의 관심은 노아의 술취함에 있지 않다.[228] 아버지의 허물을 들추어내는 함의 잘못된 행동에 초점을 맞추고 있을 뿐이다.

여기에서 우리는 두 가지 차원의 교훈을 얻을 수 있다. 첫째로, 민족적 차원의 문제이다. 이 이야기는 장래 셈, 함, 야벳을 통해 시작된 민족들의 운명이 어떻게 될지를 미리 보여준다. 아버지의 수치를 드러내 아버지를 불명예스럽게 했던 함의 자손 가나안은 그렇지 않은 두 형제들을 섬기는 종이 되는 운명을 맞게 될 것이다.

둘째로 가족적 차원의 문제다. 함은 부모를 공경해야 하는 가족적 윤리를 제대로 이행하지 못했다. 공동체를 대표하는 노아의 명예와 권위를 실추시킴으로 자녀로서 올바른 처신을 보여주지 못한 것이다. 창세기 3장에서 남편과 아내의 문제를 다루고, 4장에서는 형제 사이에서 나타나는 문제를 다루고 있다면, 여기에서는 부모와 자녀의 문제를 다루고 있다고 할 수 있다.[229]

---

228) 노아의 술 취함에 대한 의견은 분분하다. 이것을 아담과 같은 둘째 타락으로 볼 것인가에 대한 대답은 성서의 포도주에 대한 진술들을 비교함으로 얻어질 수 있다: 신14:26; 시104:15; 사5:1–7; 25:6; 민6:3–4; 삼상1:14; 잠21:17; 23:20–21; 사5:22; 마11:19; 요2:1–11; 눅21:34; 롬13:13; 엡5:18. 다음을 참조하라. G. J. Wenham, 『모세오경』, 63.

229) 여기에서 노아가 아담과 비교될 수 있다. 노아와 아담(가인, 아벨, 셋이 모두 세 명의 아들을 두었는데, 그 세 아들 가운데 두 아들은 착하고 한 아들은 그렇지 않았다. 다음을 참조하라. G. J. Wenham, 『모세오경』, 62.

5. 노아의 죽음에 대한 보도(9:28-29)

> ²⁸노아는 홍수 후에 삼백오십 년을 살았다. ²⁹노아의 모든 날은 구백오십
> 년이었고, 그런 후 그는 죽었다.

여기에는 노아의 죽음에 대한 보도가 있다. 이로써 노아 이야기가 종결될 뿐
아니라 아담으로부터 노아에 이르는 계보(5:1-32)가 완결된다. 하지만 여기에
는 아담의 계보에 나타난 서술과 다른 점이 목격된다. 그것은 '자녀를 낳은 후'
몇 년을 더 살았다는 표현 대신, '홍수 후'라는 표현이 그 자리를 대신하고 있다.
노아는 홍수 사건을 기준으로 그의 삶이 정리된다. 그만큼 홍수사건이 중요함
을 알 수 있다. 여기에서 하나님이 역사를 이끌어 가시는 모습의 특징이 나타난
다. 그것은 하나님이 노아 개인의 삶을 통해 인류 전체에 대한 하나님의 역사를
보게 하시는 것이다.

Ⅲ. 나가는 말

창세기 9장에 나타난 노아와의 언약사건을 통해 얻을 수 있는 교훈들은 무엇
인가?

첫째로, 하나님은 '기억하심'을 통해 구원역사를 펼쳐 가신다. 하나님은 노아
와 방주 안에 있는 동물들을 기억하시고 홍수를 물러가게 하셨다(8:1). 노아언
약에서도 무지개를 두신 것은 자신의 언약을 기억하시고자 함이었다(9:15). 언
약의 표인 무지개는 일차적으로 하나님의 기억을 위한 장치였다. 이집트에서 탄
식하며 부르짖는 이스라엘 백성을 구하신 것도 족장들과 맺은 언약을 기억하셨
기 때문이다(출2:24-25). 하나님은 언약을 기억하신다. 우리의 하나님은 기억
하심으로 언약을 지키시는 신실하신 하나님이시다(신7:9). 그러나 사람들은 하

나님의 언약과 은혜를 잊어버린다. 하나님의 구원을 잊고 배반하는 삶을 산다 (신32:15, 18; 시78:11; 사1:2). 오늘날 우리는 언약을 기억하시고 신실하게 행동하시는 하나님을 신뢰하며 하나님과의 언약을 잊지 않고 우리의 신실성을 보여주는 삶을 살아야 하겠다.

둘째로, 하나님은 우리가 복된 삶을 살기를 바라신다. 천지를 창조하실 때나 홍수 이후 새로운 삶을 살게 하실 때 하나님이 인간에게 하신 첫 번째 행동은 '복주심'이다. 하나님은 노아와 그의 아들들에게 '생육하고 번성하여 땅에 충만하라'고 하신다. 여기에서 그치지 않고 하나님은 모든 생물을 그들의 손에 맡기셨다(2절). 그리고 동물까지 사람의 먹을거리로 허락하셨다. 여기에서 우리는 다시 한 번 하나님의 형상대로 지음받은 인간의 존귀함과 특별성을 확인하게 된다. 그것은 인간이 피조세계의 생물들에 대한 지배권을 가진 것이다(시8:3-8). 다시 말하면 인간에게는 하나님의 대리자로서 피조세계를 잘 다스릴 권리와 책임이 있다는 것이다. 하나님은 인간에게 자신의 권리를 다 주실 만큼 인간을 사랑하신다. 인간이 하나님이 만드신 세계에서 맘껏 누리며 잘 살기를 원하시는 것이다. 이러한 하나님의 바람대로 생육하고 번성하여 땅에 충만할 뿐 아니라 맡겨주신 피조세계를 잘 가꾸고 다스려 하나님이 보시기에 '좋은' 세계를 만들어야 하겠다.

셋째로, 노아언약에는 특별한 의미들이 있다. 그것은 인류를 포함한 모든 피조물과 맺은 보편적인 언약이었고, 어떤 요구나 조건도 없는 무조건적인 언약이었으며, 영원히 지속될 것을 약속하신 영원한 언약이었다. 이러한 언약의 특성을 통해 깨달을 수 있는 사실은 이 땅에 있는 모든 생물과 세계는 하나님의 영원하신 언약과 사랑 속에 있다는 것이다. 하나님의 언약과 사랑은 어떤 특정한 사람만을 대상으로 하고 있지 않다. 더 나아가 그분의 사랑은 피조물 전체를 향하고 있다. 이 세계가 진멸되지 않고 하나님의 뜻 가운데 지속되기를 바라시는 것이다. 그러므로 하나님의 '복주심'은 이러한 노아언약의 특별성 안에서 이해되어야 하고, 인간에게 주신 특별한 위엄과 권한은 피조세계 전체가 누릴 수 있는 행복을 위해 사용되어야 한다. 이러한 하나님의 뜻을 위해 노아가 선택되었고, 오늘날 하나님의 사람들이 선택되었다.

넷째로, 노아가 포도주에 취한 사건은 타인의 허물과 실수에 대한 대응의 문제를 교훈한다. 특별히 부모의 허물과 실수에 대해 어떤 태도를 취하느냐에 따라 자녀들의 운명이 달라졌다. 오늘날 우리에게도 이와 유사한 상황들이 많이 있다. 남의 허물과 실수를 덮어줄 것인가 아니면 그것을 드러내어 그의 권위를 실추시킬 것인가의 문제다. 잠언 10장 12절에서는 "미움은 다툼을 일으켜도 사랑은 모든 허물을 가리느니라"고 말한다. 또한 베드로전서 4장 8절에서는 "무엇보다도 뜨겁게 서로 사랑할지니 사랑은 허다한 죄를 덮느니라"고 말한다. 두 곳 모두 죄와 허물을 덮어주는 사랑을 말씀하고 있다. 허물을 보이고 실수하는 사람에 대한 사랑이 있느냐 없느냐에 따라 반응이 달라진다는 말씀이다. 특별히 자녀들은 부모에 대한 존경과 사랑을 가지고 그들의 허물을 덮어줄 때 부모의 권위도 살고 자신도 부모님을 통해 주시는 축복을 누릴 수 있음을 알아야 하겠다.

제8장 원역사(原歷史) 안에서의 바벨탑 이야기 (11:1-26)[230]

I. 들어가는 말

창세기 11장은 원역사가 끝나가는 지점에 있다. 원역사의 마지막 부분에서 언어의 혼란과 사람의 흩어짐의 주제가 있는 '바벨탑 이야기'가 서술된다.[231] 이 본문은 신학적인 의미뿐만 아니라 인류학이나 문화사적인 측면에서도 매우 큰 주목을 받았다. 언어의 혼란으로 사람들이 온 땅에 흩어져 살게 되었다는 바벨탑 이야기를 다양한 언어의 기원을 설명해주는 원인론적인 이야기로 이해한 것이다. 하지만 바벨탑 이야기는 단순히 그렇게만 해석될 수 없다. 특별히 원역사의 맥락을 살피고 바로 앞에 나오는 창세기 10장과의 관련성을 통해서 볼 때 바벨탑 이야기는 다른 강조점을 지닌 이야기로 다가옴을 알 수 있다. 필자는 매우 친숙하고 잘 알려져 있는 바벨탑 이야기의 본문을 본문의 맥락 속에서 고찰함으로써 본문의 의도와 목적을 새롭게 탐구하고자 한다.

---

230) 이 논문은 「장신논단」 43 (2012.12), 57–83쪽에 실려 있다.

231) 창세기 11장 1–9절 본문에 나타난 사람들은 성읍과 탑을 건설하고 후반부(8절)에는 성읍에 대한 언급만 있어서 오히려 성읍이 중심적인 내용으로 기술되지만, 바벨에 '꼭대기가 하늘까지 닿는 탑'을 세우려했다는 내용으로 잘 알려져 있기 때문에 본 논문에서는 이 본문을 편의상 '바벨탑 이야기'로 명명하고자 한다.

II. 본문의 해석사

본문에 대한 연구는 우선적으로 문헌비평적 관점에서 활발하게 논의되었다. 궁켈(H. Gunkel)은 바벨탑 이야기의 본문을 두 가지 교정본으로 구성된 편집물이라고 보았다.[232] 그는 5절과 7절에서 야훼의 내려오심이 두 번 반복되는 것이 '성읍 교정본문'(Stadtrezension)과 '탑 교정본문'(Turmrezension)이 하나로 합해졌음을 드러내는 표지라고 설명하면서 두 가지 판본을 구분했다(성읍교정본문: 11:1, 3a, 부분적으로 4절, 5, 6a, 7, 8b, 9a; 탑교정본문: 11:2, 3b, 부분적으로 4절, 5, 6b, 8a, 9b).[233] 이에 대해 대표적인 상반된 의견을 피력한 사람은 베스터만(C. Westermann)이다. 그는 성읍과 탑을 일종의 헨디아디스(hendiadys)로 인정하면서 이 본문을 통일된 하나의 이야기로 보려는 주석가들의 견해에 동의한다. (예컨대, J. Pedersen, U. Cassuto). 그러면서 현재의 본문 형태는 '흩어짐,' '성읍/탑 건설,' '언어혼란'의 세 가지 상이한 모티브의 전승들이 점차적으로 성장하면서 하나로 뭉쳐졌기 때문이라는 전승사적 모델로 설명한다.[234]

이에 반해 폰라트(G. von Rad)는 문헌비평적 시각을 가지고 이 본문을 J문서로 분류하고, 민족과 언어가 어떻게 그렇게 많아지게 되었으며 바벨론의 이름의 뜻은 무엇인가를 보여주고자 하는 이중적 목적을 가진 원인론적 민담으로 규정한다.[235] 여기에 이 본문의 중심주제에 대한 논의가 활발하게 진행되었다. 널리 확산된 해석의 전통과는 달리 이 이야기에서 탑 건설에 대한 야훼의 반응이 중심 모티브가 아니라는 사실에 많은 사람들이 동의한다(Jacob; Heinisch;

---

232) H. Gunkel, *Genesis* (HK I,1) (Göttingen, 1901). 또한 바벨탑 이야기 본문에 대한 연구사에 대해서는 Chr. Rose, "Nochmals: Der Turmbau zu Babel," *Vetus Testamentum* 54/2 (2004), 228-30쪽을 참조하라.
233) 이러한 분석의 결과 궁켈(또한 프록쉬도)은 〈성읍-이름내기-언어혼란-바벨론〉의 흐름의 주제와 〈탑-흩어짐〉의 흐름의 주제로 나눌 수 있다고 말한다.
234) C. Westermann, *Genesis* 1-11 (BK 1/1) (Neukirchen-Vluyn: Neukirchener Verlag, 1974), 711-14.
235) G. von Rad, *Das erste Buch Mose* (ATD 2/4) (Berlin: Evangelische Verlagsanstalt, ⁴1972), 114.

Cassuto; Speiser; Bost, Uehlinger). [236] 왜냐하면 8절하반절에서 사람들이 탑 건설하기를 그만둔 후 탑은 더 이상 언급되지 않고 있기 때문이다. 제바스(H. Seebass)는 이 이야기가 언어혼란을 통해 바벨론으로부터 사람들을 흩어지게 하였던 성읍건설에 강조점이 있다고 보았다. [237] 그는 탑만이 아니라 성읍건설도 인간의 교만을 드러내는 행위라는 사실을 강조한다(신1:28; 9:1).

최근에는 해방신학이나 포스트콜로니얼(postcolonial) 비평의 시각으로 바벨탑 이야기를 이해하는 경향이 드러났다. 대표적인 경우가 월링어이다(Chr. Uehlinger). [238] 그는 바벨탑 이야기의 중심에는 제국주의적 지배에 대한 비판이 있다고 말한다. 이 이야기는 본래 8세기에 사르곤 2세의 제국주의적 정치에 대한 유다의 비판으로서 생겨났는데, 6세기에 개정작업을 거치면서 그 비판이 신바벨론에게로 전이되었다고 말한다. [239] 이러한 해석은 요세푸스에 의해서 소개

---

236) H. Seebass, *Genesis I: Urgeschichte* (1,1–11,26) (Neukirchen–Vluyn: Neukirchener Verlag, ²2007), 272. 본문의 형성사에 대한 여러 견해들 가운데 보스트(H. Bost)는 다음과 같이 설명한다(H. Bost, Babel, Du teste au symbole, Le Monde de la Bible, Genf 1985. H. Seebass, *Genesis I: Urgeschichte* [1,1–11,26], 284쪽에서 재인용).

  a) 가장 오래된 단계의 본문: 2–4절상반절, 5절, 8절상반절–9절상전반절(탑을 가진성읍=바벨론)
  b) 신학적–인간학적 단계: 1절, 6–7절, 9절상후반절(언어의 혼란)
  c) 가장 후대의 단계: 4절하반절, 8절상반절, 9절하반절(흩어짐)

237) H. Seebass, *Genesis I: Urgeschichte* (1,1–11,26), 273.

238) Chr. Uehlinger, *Weltreich und "ein Rede": Eine neue Deutung der sogenannten Turmbauererzählung* (Gen 11, 1–9) (Feiburg, Schweiz: Universitätverlag; Göttingen: Vandenhoeck & Ruprecht, 1990). 또한 다음 글들을 보라. J. Severino Croatto, "A Reading of the Story of the Tower of Babel from a Perspective of Non–Identity," in Teaching the *Bible*: *The Discourses and Politics of Biblical Pedagogy*, Fernando F. Segovia and Mary Ann Tolbert (ed.) (Maryknoll, NY: Orbis Books 1998), 203–23; Danna Nolan Fewell, "Building Babel," in *Postmodern Interpretations of the Bible – A Reader*, A. K. M. Adam (ed.) (St. Louis: Chalice, 2001), 1–15; M. Oduyoye, *The Sons of Gods and the Daughters of Men: An Afro–Asiatic Interpretation of Genesis* 1–11 (Maryknoll, NY: Orbis Books, 1984), 79–82.

239) Chr. Uehlinger, *Weltreich und "ein Rede"*, 514–58. 월링어가 재구성한 편집층은 다음과 같다.
  a) 8세기 앗시리아 제국에 대한 비판: vv. 1a, 3aa, 4abgd, 5–7, 8b
  b) 포로기 바벨론 제국에 대한 비판: vv. 1b, 3aab, 9a
  c) 이 이야기를 원역사에 연결시키는 후속 개정: v. 2
  d) 흩어짐의 개념을 소개하는 페르시아 시대의 최종개정: vv. 4b, 8a, 9b

된 고대의 해석에서도 엿볼 수 있다(Ant, 1, 113-4). 바벨탑은 창세기 열방계보 (창10:8-10)에서 바벨론과 동일시되는 니므롯에 의해서 기획된 제국주의적 건 축물이라는 것이다.

이와는 달리 바벨탑 이야기를 인간의 교만에 대한 하나님의 징벌 이야기 가 아니라 문화의 기원을 보여주는 이야기라고 보는 입장이 있다. 앤더슨(B. W. Anderson)은 교만과 징벌의 기본적인 구도는 인정하지만 그 안에 "구심 적 세력과 원심적 세력 사이의 갈등"(a conflict of centripetal and centrifugal forces)이 있음을 지적하였다.[240] 달리 말하면 이것은 사람들의 동질성과 이 질성을 어떻게 보느냐의 문제라고 할 수 있다. 이후로 바벨탑 이야기에서 이 러한 문화적 기원에 대한 주제를 발견한 학자들이 여러 명 있었다. 판 울데(E. van Wolde)가 그런 학자들 가운데 하나였고,[241] 프레타임(T. Fretheim)이나 브 루거만(W. Brueggemann)이 자신들의 주석에서 그러한 해석들을 언급했다.[242] 이러한 흐름 속에서 문화적 기원의 의미만을 강조한 학자도 있다. 히버트(Th. Hiebert)는 바벨탑 이야기의 주제가 인간의 교만에 대한 하나님의 징벌이 아니 라 다양성을 추구하는 하나님의 의도를 드러낸 사건이라고 해석하였다.[243]

이처럼 이 본문에 대한 해석의 흐름은 크게 두 가지 경향으로 분류된다. 하나 는 역사비평적 시각에서 본문의 자료 구분과 더불어 전승과 편집의 과정에 중 심을 둔 연구이다. 다른 하나는 본문의 중심 주제가 무엇인가를 탐구하고자 하 는 주제적 접근이다. 하지만 이러한 연구에는 본문의 현재 위치에 대한 고려가

---

240) B. W. Anderson, "The Tower of Babel: Unity and Diversity in God's Creation," in *From Creation to New Creation: Old Testament Perspectives* (OBT; Minneapolis: Frotress, 1994), 165-78.

241) E. van Wolde, "The Tower of Babel as Lookout of Genesis 1-11," in *Words Become Worlds: Semantic Studies of Genesis 1-11* (Leiden: Brill, 1994), 84-109.

242) T. Fretheim, "Genesis" (*NIB* 1) (Nashville: Abingdon Press, 1994), 410-414; W. Brueggemann, *Genesis: A Bible Commentary for Teaching and Preaching* (Interpretation) (Atlanta: John Knox, 1982), 97-104.

243) Th. Hiebert, "The Tower of Babel and the Origin of the World's Cultures," *JBL* 126, no. 1 (2007), 29-58.

잘 드러나지 않는다. 본문에 대한 관찰이 제대로 이루어지기 위해서는 본문자체에 내한 고찰뿐 아니라 본문의 위치가 어디에 있는가에 대한 고찰을 통해 본문의 의미가 드러나게 해야 할 것이다.

Ⅲ. 본문의 위치: 두 계보 사이에서

앞에서 언급한 바와 같이 바벨탑 이야기의 의미를 파악하기 위해서는 본문의 위치를 점검해 보아야 한다. 본문의 의미는 독자적이거나 고립되어 있지 않고 본문의 상황에 크게 의존하고 있기 때문이다.[244] 바벨탑 이야기는 창세기의 원역사(1:1-11:26) 끝 부분에 나타난다. 더 구체적으로 말하면 이 본문은 두 계보 사이에 위치하고 있다. 앞에는 열방계보(10:1-32)가 있고 뒤에는 셈의 계보(11:10-26)가 있다. 창세기를 계보의 관점에서 보면 창세기는 10개의 계보로 이루어진 책이다.[245] 열 개의 계보 가운데 전반부의 마지막 두 계보 사이에 위치한 것이다. 이러한 본문의 위치는 바벨탑 이야기의 의미가 무엇인가에 대한 방향을 설정하게 한다.

---

244) '책에서의 자리'(Sitz im Buch)가 갖는 의미에 관하여 다음을 참조하라. Th. Söding, *Wege der Schriftauslegung. Methodenbuch zum Neuen Testament* (Freiburg: Herder, 1998), 119-25; M. Dreytza 외 공저, 『구약성서연구방법론』, 하경택 옮김 (서울: 비블리카 아카데미아, 2005), 189-202. 더 나아가 본문의 정황에 대해서 '삶의 자리'(Sitz im Leben) 외에도 '말의 자리'(Sitz im Reden)를 말할 수도 있다. 이 점에 관하여 왕대일, 『기독교 경학과 한국인을 위한 성경해석: 경학으로서의 성서해석』 (서울: 대한기독교서회, 2012), 72쪽을 참조하라.

245) 창세기의 계보에 관하여 다음을 참조하라. G. F. Hasel, "The Genealogies of Gen 5 and 11 and Their Alleged babylonian Background," *Andrews University Seminary Studies* (1978), 361-74; 최종진, "구약성서에 나타난 계보(족보)의 역할," 『신학과 선교』 18 (1993), 75-76; Th. Hieke, *Der Genealogien der Genesis* (HBS 39) (Freiburg: Herder, 2005); 하경택, "창세기 4-5장에 나타난 계보의 의미(창 4:17-5:32)," 『은혜로운 말씀 생명과 평화의 길: 매강 유행열 교수 정년퇴임 기념논문집』 (서울: 한들, 2011), 13-32.

1. 열방계보: 노아의 후손들(10:1-32)

창세기 10장은 홍수이후 노아 후손들을 통해 온 땅에 인류가 퍼져 나가게 되었다(창9:19)는 사실을 계보 형식의 보도를 통해 알려 준다. 이 본문은 장구한 민족들의 역사를 계보라는 '축약된 형태의 역사'를 통해 보도한다.[246] '계보'라고 번역된 〈톨레도트〉(תולדות)라는 말이 10장에 있는 민족목록 전체를 감싸고 있다. 1절은 서론부로서 '이것은 노아의 아들들, 곧 셈, 함, 야벳의 〈톨레도트〉다'라는 말로 시작하며, 32절은 결론부로서 '이들은 자신들의 〈톨레도트〉를 따라 그들의 나라들을 이룬 노아 자손들의 종족들이다.'라는 말로 끝난다. 두 구절 모두 하반절에서 노아의 세 아들을 통해 자손들이 생겨났음을 부연하여 설명하고 있다. 그러면서 동시에 '홍수 후에' 라는 말도 두 곳에서 모두 강조되고 있다.

이것을 통해 다음과 같은 두 가지 사실이 분명하게 드러난다. 첫째, 모든 인류는 하나의 기원을 가지고 있다는 사실이다. 세상에 다양한 민족들이 있지만, 그들의 뿌리는 노아의 세 아들임을 보여줌으로써 전 인류가 '한 가족'임을 알게한다. 둘째, 홍수 후의 역사는 하나의 새로운 역사임을 보여준다. 노아의 세 아들로부터 생겨난 인류는 홍수 이전 사람들과 단절되어 있다. 홍수 이전에 타락하고 부패한 인간들과는 관계가 없다는 사실을 보여준다. 온 땅에 퍼져 있는 사람들은 모두 새로운 시대에 새로운 역사가 기대되는 사람들이다.

창세기 10장의 계보는 인류가 세 갈래로 퍼져나갔음을 보여준다. 2-5절은 야벳에게서 갈려 나간 민족들을, 6-20절은 함에게서 갈려 나간 민족들을, 21-31절은 셈에게서 갈려 나간 민족들을 소개한다.[247] 세 갈래의 민족들을 설

---

246) 이희학, 『인간의 죄악과 하나님의 구원행동: 창세기 1-11장의 신학』 (서울: 대한기독교서회, 2009), 258-59.

247) 10장의 계보는 아담의 계보(5:1-32)나 셈의 계보(11:20-32)와 다른 점이 있다. 첫째, 10장의 계보에는 나이에 대한 언급이 전혀 없다. 둘째, 10장의 계보에는 사람 이름뿐만 아니라 지명이나 민족의 이름들을 포함하고 있다. 이것을 통해 10장의 계보가 개인의 모습보다는 종족이나 민족의 유래를 알게 하는데 초점을 맞추고 있음을 알 수 있다. 이점에 관하여 이희학, 『인간의 죄악과 하나님의 구원행동: 창세기 1-11장의 신학』, 259쪽을 참조하라.

명하는 10장의 계보는 일정한 형식을 가지고 보도한다. 'OO의 아들들은'(10:2, 6, 21)이라는 말로 시작하여, '각기 언어와 종족을 따라 나라를 이루며'(10:5, 20, 31)라는 말로 끝을 맺는다.[248] 세 아들의 계보를 요약하면 다음과 같다.[249]

먼저 처음에 등장하는 야벳의 계보(10:2-5)는 제1세대인 야벳의 아들들(2절)과 제2세대인 고멜과 야완의 아들들(3절과 4절)을 언급한다. 야벳의 계보는 14명의 자손을 소개하며 단지 2세대만을 다루며 짧게 끝나고 있다.

두 번째로 등장하는 함의 계보(10:6-20)는 세 아들 가운데 가장 자세하게 기술된다. 구스의 손자들인 제3세대(7b절)를 간단하게 소개하고 있지만, 함의 계보도 기본적으로는 2세대만을 다루고 있다. 가장 먼저 제1세대인 함의 아들들(6절)이 소개되고, 이어서 제2세대인 구스의 아들들(7-12절)과 미스라임의 아들들(13-14절)이 언급된 후, 마지막으로 가장 구체적이고 가장 많은 수(12명)의 인물이 소개되는 가나안의 아들들(15-19절)이 나타난다. 가나안의 아들들은 단지 이름만 나오는 것이 아니라 그들 영토의 경계(18b-19절)도 언급되고 있다. 이렇게 가나안이 자세하게 언급되는 것은 후대에 이르러 이들이 이스라엘과 중요한 관계에 있게 되기 때문일 것이다. 함의 계보에 나타난 자손들의 수는 30명이다.

셈의 계보(10:21-30)는 '셈, 그에게도 (자녀가) 출생되었다'는 언급으로 시작된다(21절). 이러한 서언은 다른 형제들과 구별되는 특별한 점이다. 세 아들 가운데 가장 큰 관심을 기울이며 그 의미를 중심에 두고자 하는 기록자의 의도가 엿보인다. 또한 다른 형제들과 유사하게 2세대에 대한 계보를 소개하지만(22절: 셈의 아들들; 23절: 아람의 아들들), 셈의 셋째 아들인 아르박삿부터 5세대에 걸친 직계 계보는 다른 형제의 계보에서 볼 수 없는 내용이다. 셈의 계보는 가나안의 경계로 마무리하고 있는 함의 계보처럼(18b-19절) 제5세대인 욕단의 아들

---

248) 야벳의 계보에서만 이러한 형식에 '이들로부터 열방의 섬들이 그들의 땅에 갈려 나갔다'라는 표현이 덧붙여져 있다. 이것은 함이나 셈에게서 갈려 나간 민족들과는 달리 야벳으로부터 나온 종족들이 지중해 연안에 있었다는 사실을 강조하는 것이다. 이점에 관하여 정석규, 『구조로 읽는 창세기』, (서울: 프리칭아카데미, 2006), 112쪽을 참조하라.

249) 정석규, 『구조로 읽는 창세기』, 112-13.

들의 목록과 그들의 지경(30절)에 대한 언급으로 끝을 맺는다. 셈의 계보는 26명의 사람을 소개하고 있으며, 열방 계보에 나타난 사람의 수가 총 70명이 된다.

위의 소개된 계보는 고대 중동 지역의 역사적, 정치적, 사회적인 정황을 따라 당시 세계와 민족들을 이해하고 있던 이스라엘의 시각을 보여준다.[250] 본문에 소개된 민족목록은 동쪽으로는 이란고원, 서쪽으로는 스페인의 지중해 연안, 남쪽으로는 소말리아 해안, 북쪽으로는 흑해에 이르는 매우 폭넓은 지역을 포괄한다. 그러나 위의 계보에서 보여주는 민족들의 분포가 오늘날의 시각으로 파악할 수 있는 기준에 따른 것이 아님을 알 수 있다.[251] 어느 특정한 지역이나 언어, 종족에 따라 분류하는 오늘날의 시각과 큰 차이가 있다. 예컨대, 가나안은 지리적으로나 언어적으로 볼 때 셈의 후손으로 분류되어야 한다. 하지만 가나안은 함의 후손들 가운데 들어 있다. 함의 후손들 가운데는 메소포타미아 지역과 관련된 인물이 있다. 함의 맏아들 구스의 여섯 번째 아들인 니므롯과 관련된 성읍들은 모두 메소포타미아의 주요 성읍들이다(바벨, 에렉,[252] 악갓,[253] 갈레, 니느웨, 르호보딜, 갈라,[254] 레센). 심지어 헷도 가나안의 아들로 간주된다. 이것은 이스라엘에게 걸림돌이 되고 적대적이던 가나안이나 메소포타미아와 관련된 인물들이 노아에게 저주받은 함의 운명(창9:25) 가운데 있다는 신학적 관점이 반영된 결과라고 여겨진다.

그렇다면 창세기 10장에 소개된 민족계보는 무슨 의미가 있는가? 현재 세계 곳곳에 흩어져 살게 된 각 민족들의 기원을 알려주고 있다. 앞에서도 설명했듯이 모든 인류는 같은 뿌리를 갖고 있다는 사실이다. 70이라는 상징적인 숫자를

---

250) 이희학, 『인간의 죄악과 하나님의 구원행동: 창세기 1–11장의 신학』, 261–63.

251) 민족들의 계보에는 모든 셈의 후손들이 메소포타미아에, 모든 함의 후손들이 북아프리카 지역에, 모든 야벳의 후손들이 서아시아 지역에 분포되어 있지 않다. 따라서 그러한 분포를 근거로 셈의 후손들은 황인종으로, 함의 후손들은 흑인종으로, 야벳의 후손들은 백인종으로 간주할 수 없다는 것이다.

252) 바벨론의 우룩(Uruk)을 말한다.

253) 사르곤이 건설한 바벨론 북쪽의 아카드 제국(주전 2360–2180)을 가리킨다.

254) 앗수르의 칼후(Kalhu)를 지칭한다.

통해 민족계보에 모든 인류가 포함되어 있음을 강조한다.[255] 모든 인류가 각기 어떠한 태도로 다른 민족들을 보아야 하는가 하는 점을 일깨워 준다. 이스라엘은 하나님이 사랑하시는 유일한 민족이 아니라 세계 열방 가운데 하나의 나라에 지나지 않음을 알 수 있게 한다. 또한 각 계보의 결어에 나타난 〈라숀〉 (לָשׁוֹן, 언어), 〈미쉬파하〉 (מִשְׁפָּחָה, 종족), 〈고이〉 (גּוֹי, 나라) 등의 용어를 통해 일깨워 주는 바가 있다. 이러한 용어가 반복하여 나타남으로서 각 종족들이 각각의 나라를 이루며 자신들의 언어를 가지고 있었던 사실이 강조된다. 이것은 '생육하고 번성하여 땅에 충만하라'는 하나님의 축복이 각 나라와 민족들의 다양한 모습을 통해서 실현되고 있음을 보여주는 것이다.

2. 셈의 계보: 선택된 자의 계보(11:10-26)

[10]이것이 셈의 계보다. 셈은 백세, 곧 홍수 후 제 2년에 아르박삿을 낳았다. [11]셈은 아르박삿을 낳은 뒤, 오백 년을 살면서 아들들과 딸들을 낳았다. [12]아르박삿은 35세에 셀라를 낳았다. [13]아르박삿은 셀라를 낳은 뒤, 403년을 살면서 아들들과 딸들을 낳았다. [14]셀라는 30세에 에벨을 낳았다. [15]셀라는 에벨을 낳은 뒤, 403년을 살면서 아들들과 딸들을 낳았다. [16]에벨은 34세에 벨렉을 낳았다. [17]에벨은 벨렉을 낳은 뒤, 430년을 살면서 아들들과 딸들을 낳았다. [18]벨렉은 30세에 르우를 낳았다. [19]벨렉은 르우를 낳은 뒤, 209년을 살면서 아들들과 딸들을 낳았다. [20]르우는 32세에 스룩을 낳았다. [21]르우는 스룩을 낳은 뒤에, 207년을 살면서 아들들과 딸들을 낳았다. [22]스룩은 30세에 나홀을 낳았다. [23]스룩은 나홀을 낳은 뒤에, 200년을 살면서 아들들과 딸들을 낳았다. [24]나홀은 29세에 데라를 낳

---

255) 70이라는 수는 다양한 상황에서 중요하게 작용한다. 야곱의 집안 사람으로서 애굽에 내려간 자가 모두 70명이었으며(창46:27; 신10:22), 기드온은 70명의 아들을 낳았다(삿8:30). 이스라엘의 왕 아합도 70명의 아들을 두었다(왕하10:1). 또한 광야에서 이스라엘 백성의 대표로 등장하는 장로들도 70명이었다(출24:9; 민11:24). 참고로 우가릿 만신전에서도 70 신들이 있었다.

았다. ²⁵나홀은 데라를 낳은 뒤, 119년을 살면서 아들들과 딸들을 낳았다.
²⁶데라는 70세에 아브람과 나홀과 하란을 낳았다.

위의 셈의 계보를 표로 나타내면 아래와 같다.

대	아담의 계보	맏아들 출산	수명	셈의 계보	맏아들 출산	수명
1	아담	130세	930세	셈	100세	600세
2	셋	105세	912세	아르박삿	35세	438세
3	에노스	90세	905세	셀라	30세	433세
4	게난	70세	910세	에벨	34세	464세
5	마할랄렐	65세	895세	벨렉	30세	239세
6	야렛	162세	962세	르우	32세	239세
7	에녹	65세	365세	스룩	30세	230세
8	므두셀라	187세	969세	나홀	29세	148세
9	라멕	182세	777세	데라	70세	205세
10	노아	500세	950세	아브람	100세	175세

셈의 계보는 몇 가지 특징을 보여준다.²⁵⁶⁾ 첫째, 셈부터 아브라함까지 세대가 10대이다. 아담부터 노아까지 10세대이었던 것과 같다. 홍수사건을 중심으로 10대에 걸친 이야기가 원역사인 것이다. 둘째, 창세기 5장의 아담의 계보와 비교해 보면 인간의 수명이 현저히 줄어든 것을 알 수 있다. 맏아들을 낳은 연대도 매우 낮아졌다. 나홀은 29세에 아들을 낳았고 148세의 수명을 누렸다고 한다. 셋째, 셈에서 데라까지 총연대가 320년이다. 이것은 완전수 40의 8배에 해당하는 숫자이다.

이렇게 본다면 셈의 계보는 원역사의 후반부를 말하고 있다. 하나님이 창조 시에 복을 주시며 '생육하고 번성하여 땅에 충만하라' 말씀하신 바가 이루어지고 있는 모습을 보여준다. 하지만 이것은 특별히 선택된 자의 계보이다. 언약의 백성 이스라엘에 이르는 직선계보를 보여주고 있는 것이다. 이로써 셈의 계보

256) 이희학, 『인간의 죄악과 하나님의 구원행동: 창세기 1-11장의 신학』, 283.

는 홍수 이후 약속의 자녀가 끊어지지 않고 현재까지 계속되고 있음을 보여준다. 홍수이전과는 달라진 모습 가운데 하나는 급격하게 줄어든 수명이다. 이것은 홍수이후의 삶이 이전에 비해 독자들의 상황에 훨씬 가까워졌다는 사실을 암시한다. 오늘날 인간이 누리는 삶의 환경이나 조건과 크게 다를 바 없기 때문에, 그들의 수명이 오늘날 현대인들이 살고 있는 환경과 매우 유사하다.

엄밀히 말하면 셈의 계보는 9대인 데라로 끝난다. 위의 표에서 아브람은 뒷이야기를 통해 덧붙여진 것이다. 노아가 셈, 함, 야벳의 세 아들을 두었다는 사실로 끝나는 것처럼, 데라도 아브람, 나홀, 하란의 세 아들로 끝을 맺는다. 본문에서 셈의 계보를 9대로 끝내는 이유가 무엇인가?[257] 그것은 아브람이 셈의 계보에 포함되어야 한다는 암시다. 다시 말하면 하나님의 역사는 데라로 끝나지 않고, 그의 아들인 아브람으로 계속 이어진다는 사실을 말하고자 하는 의도를 엿볼 수 있다. 이러한 구성에서 아브라함을 시발점으로 12장부터 전개될 족장들의 이야기는 창조부터 이어지는 하나님의 역사에 맞닿아 있으며, 하나님의 역사의 본령을 형성하고 있다는 사실이 잘 드러난다.

3. 본문의 위치에 대한 평가

두 계보 사이에 있는 본문의 위치를 생각할 때 창세기 11장 1-9절에 대한 이해를 위해 다음과 같은 세 가지 설명을 시도할 수 있다. 첫째, 창세기 편집자는 창세기 10장과는 관련이 없는 독립된 자료를 병렬시켰다는 것이다. 서로 대립됨에도 의도적으로 잇대어 놓은 것은 두 본문을 함께 읽어야 한다는 것이고 두 본문의 내용이 서로 보완된다는 것이다. 하지만 이렇게 볼 때는 언어와 민족의 분화가 전혀 다른 시각에서 조망된다. 10장은 다양한 민족으로 퍼져가는 자연

---

257) 마소라 본문이나 사마리아 오경과는 달리 70인경에는 셈의 계보가 10대로 되어 있다. '아르박삿이 게난을 낳은 후 430년을 살면서 아들들과 딸들을 낳고 죽었다. 게난은 130세에 셀라를 낳고, 셀라를 낳은 후 330년을 살면서 아들들과 딸들을 낳고 죽었다'(창11:13)고 보도한다(눅3:36). 이점에 대하여 강사문, 『하나님이 택한 자들의 가정 이야기: 설교를 위한 창세기 연구』 (서울: 한국성서학연구소, 1998), 138-41쪽을 참조하라.

스런 과정을 묘사하고 있지만, 그래서 다양한 민족과 언어로 나뉘는 것은 하나님의 축복의 실현으로 볼 수 있지만, 11장의 바벨탑 이야기는 언어의 분화가 인간의 죄악에 대한 심판으로 인식된다. 이렇게 되면 창세기 10장과 11장의 병렬은 서로 다른 주제와 내용을 다루고 있는 본문을 모순적으로 병렬시키고 있는 사례가 된다.[258]

둘째, 바벨탑 이야기의 내용은 10장 앞으로 위치시켜야 한다는 것이다. 11장 1절에서 인류의 단일성과 언어의 일치를 말하고 있기 때문에 바벨탑 이야기의 시점은 열방계보가 나타나기 전의 상황으로 보아야 한다는 것이다. 그렇게 보면 시날 평지에 자리 잡은 사람들은 노아의 아들들이어야 한다. 노아의 아들들의 범죄로 언어의 혼란이 생기고 인류가 온 지면에 흩어지게 되었다는 사실이다. 하지만 후에 이어지는 셈의 계보와 연결지어 볼 때 바벨탑 이야기에 등장하는 '사람의 아들들'(בְּנֵי הָאָדָם)(11:5)을 노아의 아들들 전체로 인식하는 것은 무리가 있다. 이것은 창세기 6장 1–4절에서 하나님의 아들들과 사람의 딸을 대비시켜서 '사람의 딸'들이 경건치 못한 자의 후손을 나타낸다고 볼 때, 여기에 등장하는 '사람의 아들들'은 노아의 아들들이라기보다는 그들 가운데 경건치 못한 자들의 무리를 지칭하는 용어로 이해하는 것이 자연스럽다. 그렇다면 바벨탑 이야기의 위치를 창세기 10장 앞으로 보는 것은 적절치 않다.

셋째, 창세기 10장과 관련시켜 볼 때 현재의 위치에서 바벨탑 이야기는 열방계보의 흐름 속에 나타난 하나의 이야기로 읽혀질 수 있다는 것이다. 열방 가운데 바벨탑 이야기 본문은 '시날'에 집중하게 한다. 이 시날은 10장 10절에 소개된 시날과 연관성을 갖는다. 이 시날에 모인 자들은 하나님에게 반역하는 행동을 한다. 이러한 반역적인 행동에 대한 하나님의 반응이 바벨탑 이야기의 결말이라는 것이다. 첫 번째 해석은 바벨탑 이야기가 모순적 병렬의 예가 되어 언어의 분화 이유에 대한 양자택일을 요구하는 상황을 만들고, 두 번째 해석은 본문의 위치를 바꾸어야 할 뿐만 아니라 창세기 11장 1–9절의 내용을 10장의 내용과 조화시키기 어려운 상황을 초래한다. 하지만 세 번째 해석은 본문의 최종형

---

258) 예컨대 폰라트의 설명이 그렇다(G. von Rad, *Das erste Buch Mose*, 116).

태 안에서 그 의미를 고찰하게 하고 원역사의 흐름을 자연스럽게 이어가게 한다. 그렇다면 바벨탑 이야기를 창세기 10장의 열방계보의 흐름 가운데 있는 하나의 이야기로 읽을 때 과연 그것이 의미하는 바는 무엇일까?

IV. 본문의 구조

연구사에서 보여주듯이 바벨탑 이야기(11:1–9)가 다양한 자료의 결합과 확장을 통해 형성되었다고 추정할 수 있으나 최종본문의 형태는 통일성있게 구성되어 있다.[259] 바벨탑 이야기는 크게 두 부분으로 나누어진다.[260] 전반부에는 사람들의 행동이 묘사되고(2–4절) 후반부에는 이에 대응하시는 하나님의 행동(5–8절)이 묘사되어 있다. 전반부와 후반부가 뚜렷한 대조를 이루고 있다. 그리고 이 두 부분은 각각 사건의 배경에 대한 도입부(1절)와 하나님 행동의 결과가 서술된 결말부(9절)에 의해서 둘러싸여 있다.

11:1–4	바벨탑을 쌓는 사람들
11:1	도입부: 언어의 통일성(과거)
11:2–4	인간의 결단과 행동(우리를 위해 이름을 내어 흩어지지 않게 하자)

---

259) 본문의 통일성을 지적한 학자들이 많다. 우선 프록쉬는 바벨탑 이야기가 "다양한 포인트를 가지고 있으나 하나의 통일된 이야기"로 파악할 수 있다고 말했다(O. Procksch, *Die Genesis* [KAT; Leipzig: Deichert, 1924], 89). 침멀리도 본문 안에 두 가지 이야기 노선이 있음을 인정하면서도 "현재의 본문은 서로 매우 긴밀하게 엮여 있어 그렇게 결합되어 있는 것을 풀기는 어렵다"고 말한다(W. Zimmerli, 1. *Mose* 1–11. *Die Urgeschichte* [ZBK; Zürich: Zwingli Verlag, 1943], 212). 제바스는 바벨탑 이야기를 "이처럼 정교하게 구성된 예술작품 안에서 우리는 어떤 요소도 버릴 수 없다"고 평가했으며(H. Seebass, *Genesis I: Urgeschichte* [1,1–11,26], 274), 하랜드도 "이 이야기는 모든 것이 한 사람에 의해서 쓰여진 것이라고 보기에 충분할 만큼 일관성이 있다"고 평가했다(P. J. Harland, "Vertical or horizontal: the sin of Babel," *VT* 48 [1998], 519).

260) C. Westermann, *Genesis* 1–11 (BK 1/1), 711.

11:5–9	인간의 행동에 대한 하나님의 반응
11:5–8	하나님의 결단과 행동(언어를 혼잡하게 하여 말을 들을 수 없게 하자)
11:9	종결부: 언어의 혼잡과 인류의 흩어짐(현재)

V. 본문해설

1. 바벨탑을 쌓는 사람들(11:1-4)

1) 도입부: 언어의 통일성(1) – 과거

¹온 땅에 언어가 하나였고, 동일한 말들이었다.

1절을 어떻게 이해하느냐에 따라 바벨탑 이야기에 대한 해석이 달라질 수 있다. 10장의 민족목록은 다양한 민족들이 온 땅에 흩어져 살면서 각기 자신들의 언어를 사용하고 있음을 볼 수 있다. 이렇게 흩어져 사는 모습이 부정적으로 묘사되어 있지 않다. 그런데 11장을 시작하는 곳에서 '온 땅에 언어가 하나였고, 동일한 말들이었다'고 말한다. 마치 온 인류가 하나의 언어를 사용하고 있는 것처럼 묘사된다. 만약 그렇다면, 이 본문은 10장 앞쪽으로 배치되어야 할 것이다. 그러나 그럴 경우 앞의 '본문의 위치에 대한 평가'에서 말했듯이 '사람의 아들들'에 대한 해석과 함께 맥락에 맞지 않고 일관성을 잃어버린 본문이 된다. 11장이 이곳에 배치된 의도는 무엇이며, 이곳에 배치됨으로 11장의 바벨탑 이야기가 주는 교훈은 무엇인가 하는 것이다.

여기에서 언어와 말로 번역된 히브리말은 각각 〈사파〉 (שָׂפָה)와 〈다바르〉

(דָּבָר)이다. 〈사파〉는 본래 '입술'을 의미한다. 여기에서 말하는 기관으로서의 입술이 전용된 의미로 말, 언어, 말씨, 방언을 의미하기도 한다(사19:18; 28:11; 33:19; 겔3:5, 6; 시81:6). 〈다바르〉는 사람이나 하나님에 의해서 '발화된 말', 언사(言辭)를 의미한다. 이 두 낱말이 주요한 기능을 하는 1절의 히브리 표현은 다음과 같다.

וַיְהִי כָל־הָאָרֶץ שָׂפָה אֶחָת וּדְבָרִים אֲחָדִים

〈봐예히 콜-하아레츠 사파 에하드, 우데바림 아하딤〉

1절은 '온 땅에 언어가 하나였고, 동일한 말들이었다.'라고 번역된다. 여기에 '온 땅'이라는 말은 세계 전체를 의미하기도 하지만(예컨대, 창1:29; 7:3; 8:9; 9:19 등) 어떤 특정지역의 전체를 가리키기도 한다(예컨대, 출10:15; 삿6:37ff; 삼상30:15; 삼하18:8 등). 그러므로 '온 땅'이 의미하는 바는 상황에 따라 달리 이해된다. 1절의 상황을 언어가 하나였을 상황으로 이해한다면 그것은 전 세계를 의미하게 된다. 하지만 1절의 상황을 창세기 10장 이후의 상황으로 보고 특정지역에서 일어난 사건으로 본다면 그것은 시날을 중심으로 하고 있는 메소포타미아 유역을 의미한다고 볼 수 있다. 또한 언어가 하나였다는 것도 '같은 나라의 말'이라는 의미로 생각할 수도 있지만, 오히려 여기에서는 '같은 내용의 말'이라고 볼 수 있다. 여기에서 '하나의 입술'(one lip)을 의미하는 〈사파〉 단수가 '말들'(words)을 의미하는 〈데바림〉의 복수형과 평행어구로 사용되고 있기 때문이다. 이렇게 본다면 1절의 의미는 동일한 언어에 강조점이 있다기보다는 동일한 말만 주고받는 사람들의 모습을 강조하는 것으로 볼 수 있다. 사람들은 저마다 각기 다른 말을 할 수 있어야 하는데, 바벨탑 이야기에 등장하는 사람들은 같은 말만 반복하고 주고받으며 사는 모습을 보여준다.[261]

---

261) 말과 건설활동이 결합된 이야기로서 오직 하나의 말만 하게 하는 제국주의적인 전체적 사회의 일면을 보여주는 이야기가 있다. 앗수르 사르곤 2세의 새 수도 두르-샤루킨(Dur-Sharrukin) 건설기록인데 호르샤

2) 인간의 결단과 행동(2-4)

²사람들이 동쪽으로부터 이동하다가 시날 땅에 있는 평지를 만나 거기에서 거주하였다. ³그들은 자기 동료에게 말하였다: "자, 벽돌을 만들어 단단한 벽돌이 되도록 굽자." 그들에게는 벽돌이 돌을 대신했고, 역청이 진흙을 대신했다. ⁴그리고 그들은 말하였다: "자, 성읍과 탑을 세우고, 그것의 꼭대기가 하늘에 있게 하자. 우리를 위해 이름을 내어 우리가 온 지면에 흩어지지 않게 하자."

이러한 사람들은 '동쪽으로부터' 이동하여 오다가 시날에서 평지를 만난다.²⁶²⁾ 여기에는 출발의 주체와 출발지가 언급되어 있지 않다. 동방에서 온 사람들이 시날에 정착하여 살게 된 것만을 말하고 있다. 여기에서 시날(שִׁנְעָר)은 티그리스강과 유프라테스 강 사이에 있는 메소포타미아 지역을 말한다. 그러나 시날의 정확한 위치를 파악하기는 어렵다. 시날은 훗날 바벨론을 가리키는 명칭으로 사용된다(슥5:11; 단1:2).²⁶³⁾ 설화자가 여기에서 주안점을 두고 있는 것은 그

바드(Ḫorsābād)에서 발굴된 한 비문에 다음과 같은 기록이 있다. "(천하) 사방에서 온 신민들은 언어(직역: 혀가 달랐고 서로 조화되지 않는 말을 하였다. 신들의 빛이신 만유의 주께서 지키시는 그 많은 산지와 평지 주민들, 곧 내가 나의 주 앗수르의 명에 따라 성난 내 지팡이로 이주시킨 그들에게 한 언어(직역: 입)를 사용하게 하였고 그 가운데 거주시켰다. 업무들과 아울러 신과 왕에 대한 경외를 가르치도록 온갖 일을 아는 앗수르 나라 사람들을 감독관과 교관으로 임명하였다." 이점에 관하여 다음 글을 참조하라. 김상기, "구약 속으로(5)-창세기 11장 1-9: 바벨탑 이야기," 『기독교사상』 629 (2011), 120-27, 특히 123쪽.

262) 개역개정은 이것을 '동방으로'라고 번역하였는데, 이것은 본문의 의미를 제대로 살려내지 못했다. 이것을 히브리 본문은 〈미케뎀〉(מִקֶּדֶם)이라고 표현하고 있는데, 여기에는 '-로부터'를 의미하는 전치사 〈민〉(מִן)이 사용되었다. 하지만 〈케뎀〉은 공간적인 의미만 있는 것이 아니다. '이전' 또는 '원시(原始)'라는 시간적인 의미를 가지고 있다(E. Jenni, "קֶדֶם", THAT II [1984], 587-59; T. Kronholm, "קֶדֶם", ThWAT 6 [1989], 1163-69). 따라서 이 본문에서 〈미케뎀〉을 시간적으로 이해하면 '아주 오래 전에' 또는 '태고에'라고 해석할 수 있다. 시간적인 이해의 가능성에 대해 Chr. Rose, "Nochmals: Der Turmbau zu Babel," 225쪽을 참조하라.

263) 필로는 시날의 지명을 '흔들어버림'이라고 해석하고 있으며, 오리겐은 šn('치아')와 nr('흔들리다')의 합성어로 보아 '치아가 흔들림'이라고 풀이한다. J. L. Kugel, 『고대성경해석가들이 본 모세오경』, 김은호/임승환 공역 (서울: 기독교문서선교회, 2003), 166. 시날의 어원에 관해서는 HAL, 1484-85쪽을 참조하라.

들이 살게 된 곳의 정확한 위치가 아니라, 사람들이 마침내 적절한 주거지를 찾아 살게 되었다는 사실에 있다.[264] 그곳은 강의 유역으로서 많은 사람이 살기에 충분한 거주 공간을 제공하였다. 그러니까 동방 어디에선가 사람들이 몰려와 시날 평원, 즉 메소포타미아 지역 어느 곳에 살게 되었다는 것이다. 그런데 이렇게 거주공간을 찾는 것 자체가 하나의 문화 행동인 것이다.[265] 자연에 순응하지 않고 인류가 살기에 적합한 곳을 선택하고 일구는 것을 포함하기 때문이다.

그때 사람들은 서로 말한다. "자, 벽돌을 만들어 단단한 벽돌이 되도록 굽자." 그래서 그들은 벽돌을 만들어 돌을 대신하고, 진흙 대신 역청(아스팔트)을 만들어 사용했다. 여기에는 인류문명사에 나타난 커다란 발전이 내포되어 있다. 고대사회에서 벽돌은 햇볕에 말린 것과 불에 구운 것 두 가지 종류가 있었다. 불에 구운 벽돌이 햇볕에 말린 것보다 훨씬 견고하였다. 따라서 불에 구워 단단한 벽돌을 만들게 되었다는 것은 거주용 집만이 아니라 거대한 건축물을 만들 수 있는 기술적 토대가 마련되었음을 의미했다. 이것은 건축기술과 문화에 획기적 변화를 가져다주었다. 불에 구운 단단한 벽돌은 돌을 대신할 수 있기 때문에 건축물을 만들 때 굳이 돌이 있는 곳을 찾아 먼 거리를 가지 않아도 되었다. 어느 곳이든 그곳에 정착하여 그들이 가진 조건을 통해 자신의 삶을 이어갈 수 있게 된 것이다. 또한 진흙 대신 역청을 사용함으로써 훨씬 견고하고 내구성 있는 건물 건축이 가능하게 되었음을 의미했다.[266] 이러한 문명의 발전은 인간에게 편리함을 주고, 더 나아가 어디에 가든지 살아남을 수 있다는 자신감을 갖게 하였다.

그러나 본문은 새로운 문명에 대한 인간의 태도가 자신감에서 그치지 않았음을 보여준다. 그들은 "자, 성읍과 탑을 세우고, 그것의 꼭대기가 하늘에 있게 하자. 우리를 위해 이름을 내어 우리가 온 지면에 흩어지지 않게 하자."라고 말

---

264) H. Seebass, *Genesis I: Urgeschichte* (1,1–11,26), 276.

265) G. von Rad, *Das erste Buch Mose*, 113.

266) 여기에서 설화자는 역청을 표현하면서 창세기 6장 14절에서와 같이 아카드어에서 차용한 〈코페르〉(כֹּפֶר)라는 낱말을 사용하지 않고 히브리어 〈헤마르〉(חֵמָר)를 사용한다. 이것을 통해 설화자의 위치를 생각할 수 있다.

바벨탑(The Tower of Babel). 루카스 반 발켄보르흐 (Lucas van Valkenborch) 의 작품(1594년). 네덜란드 미술에서는 고동처럼 동그랗게 말려 올라간 바벨탑이 유행했다. 이 시기의 바벨탑 주제는 구름을 찢고 하늘을 호령하며 세상을 군림하는 인간의 오만함에 대한 교훈과 더불어 아무리 작은 규격의 그림 속에도 거대 건축물을 그려 넣을 수 있다는 극단적인 비례규칙에 대한 화가들의 실력을 뽐내려는 목적도 있었다.

한다. 성읍과 하늘에 닿는 탑을 세워 그들이 이루고자 하는 바가 있었다.[267] 그것은 '이름을 만들고' 온 지면에 흩어지지 않게 하자는 것이었다. '이름을 만든다'는 것은 '명성과 더불어 영광을 얻는 것'을 말한다.[268] 여기에서는 사람들은 이

---

[267] 여기에 묘사된 바벨탑은 메소포타미아에서 발견된 지구라트(Ziggurat)를 떠올리게 한다. 지구라트는 구운 벽돌을 사용하여 하늘로 높이 쌓아 올린 피라미드 구조의 층계식 건물이다. 지금까지 발견된 지구라트 가운데 가장 잘 보본된 것은 우르(Ur)의 지구라트인데, 길이 61m, 넓이 45.8m, 높이 21.3m에 이른다. 기원전 2100년경에 건설된 것으로 보이는 이 지구라트는 우르 제3왕조의 왕 우르–남무가 세운 것으로, 성읍의 수호신 난나를 모시기 위한 신전이었다. 다음을 참조하라: 이희학, 『인간의 죄악과 하나님의 구원행동: 창세기 1–11장의 신학』, 286–87; 정석규, 『구조로 읽는 창세기』, 117.

[268] 〈아사 쉠〉(עשׂה שׁם)이라는 표현은 구약성서에서 세 가지 다른 주체로 표현되었다. 첫째는 하나님이 주어로 나타난다. 특별히 출애굽 사건과 관련하여 하나님이 자신의 이름을 만든다고 말한다(사63:12, 14; 렘32:20; 단9:15; 느9:10). 둘째는 다윗과 관련하여 세 번 사용된다. 세 번의 용례 가운데 두 번은 하나님의 약속을 전하는 나단의 말에서(삼하7:9; 대상17:8), 한 번은 다윗이 소금 골짜기에서 에돔 사람을 물리친 후 얻

름 내는 것을 자기들의 힘으로 하려 한다는 의미에서 인간의 교만과 자만의 극치를 보여준다. 흩어지지 않게 하자는 것은 지금과 같은 현실을 계속 유지하자는 것이다. 이것은 먼저 하나님의 창조의 원리와 목적을 거스르는 것이다. 사람들이 '생육하고 번성하여 땅에 충만하라'는 하나님의 축복을 이행하지 않는 것이다(창1:28; 9:1, 7). 그리고 노아를 통해 하나님의 축복이 이루어져 가는 것을 역행하는 것이다(창9:19). 이것은 또한 인간 스스로 자신들의 역사를 이끌고 가겠다는 교만을 드러내는 것이다. 사람들은 흩어짐을 면하자는 말을 통해 모두가 똑같은 말을 반복하며 일사천리로 진행되는 사회가 지금처럼 계속 유지되기를 바라고 있다. 하늘에 닿는 탑을 건설하여 흩어지지 않도록 하자는 말은 노아 홍수로 인해 멸망을 당해야 했던 과거 역사를 되풀이 하지 않겠다는 말로도 들린다. 높은 탑이 있으면 큰 홍수가 와도 그곳으로 피신할 수 있을 테니까 말이다.[269] 이러한 사람들의 행동에 하나님은 어떻게 반응하시는가?

2. 인간의 행동에 대한 하나님의 반응(11:5-9)

1) 하나님의 결단과 행동(5-8)

⁵그때 야훼께서 사람의 아들들이 짓고 있는 성읍과 탑을 보려고 내려오

은 결과에 대해 말할 때(삼하8:13) 나타난다. 세 번째는 바벨탑 이야기 본문에 등장하는 사람들이 자신들의 행동의 목적을 말할 때 사용된다. 바벨탑 이야기 본문에서는 인간들의 의도가 하나님의 개입으로 좌절된다는 의미에서 첫 번째와 두 번째 용례에서와 달리 세 번째 경우에는 이 표현이 부정적인 의미로 사용되었다. 이러한 용례에 관하여 Chr. Rose, "Nochmals: Der Turmbau zu Babel," 226–27쪽을 참조하라.

269) 고대의 성서 해석자들 가운데 바벨탑 이야기를 홍수심판에 대한 반응으로 이해하는 이들이 있다. 예컨대 요세푸스는 니므롯이 바벨탑 건설을 부추겼는데, 그 이유가 하나님이 세상을 다시 홍수로 멸하실까 두려워서 물이 다다를 수 없는 높은 탑을 건설하고자 했다고 말하고 있다(요세푸스, 『유대 고대사』 1:113–14; 또한 *Pirqei de R. Eliezer*, 24쪽을 참조하라). 또한 아우구스티누스도 그의 요한복음 강해에서 '사람들이 홍수에 대비해서 탑을 높이 쌓고자 할 때 하나님이 그들의 오만을 보시고 그들을 무질서에 빠지게 했다'고 풀이하고 있다(『요한복음강해』, 6, 10, 2.). 이러한 고대의 성경해석에 관하여 다음을 참조하라. J. L. Kugel, 『고대성경해석가들이 본 모세오경』, 163–64; A. Louth 엮음, 『교부들의 성경주해 구약성경 1: 창세기 1–11장』, 하성수 옮김(왜관: 분도출판사, 2008), 225.

바벨탑(The Tower of Babel). 네델란드 화가 피터 브뤼겔(Pieter Brueghel the Elder)의 작품(1563년). 오스트리아 빈(Wien)에 있는 미술사 박물관에 소장되어 있음. 발켄보르흐의 그림과는 달리 탑이 일부 허물어져 있는 모습이 하나님의 심판을 더욱 생생하게 느끼게 한다.

셨다. ⁶야훼께서 말씀하셨다: "보라, 한 백성이요, 그들 모두에게 언어가 하나다. 이것은 일하는 것의 시작이다. 그러면 이제 그들이 하고자 생각하는 바가 무엇이든지 그들로부터 막아지지 않을 것이다. ⁷자, 우리가 내려가 거기서 그들의 언어를 혼잡하게 하여, 그들이 자신의 동료의 말을 들을 수 없게 하자." ⁸야훼께서 그들을 거기로부터 온 지면에 흩으셨고, 그러자 그들은 성읍 세우는 일을 그만두었다.

야훼께서는 사람들의 행동을 아시고 그들이 짓는 성읍과 탑이 어떠한지 보시려고 내려 오셨다. 이것은 하나님이 멀리 있는 것을 볼 수 없기 때문이 아니다. 이러한 묘사는 오히려 하나님의 높음과 위대하심을 강조한다.[270] 인간이 거대한

270) G. von Rad, *Das erste Buch Mose*, 113–14.

건축물로 세운 탑과 성읍은 높이 계신 하나님에게는 친히 내려와 확인해야 할 만큼 작고 미약하다는 사실이나. 이러한 야훼의 행동은 지상 통치자들의 반역에 대해 하늘에서 보시고 웃으신다는 시편 2편 4절의 내용을 떠올리게 한다.[271] 6절은 야훼께서 당시 사람들을 어떻게 평가하시는지를 잘 보여준다. "보라, 한 백성이요, 그들 모두에게 언어가 하나다." 여기에서 '한 백성'이라고 번역된 〈암〉(עַם)은 단순한 언어 공동체가 아니다. 그것은 모든 사람이 똘똘 뭉쳐 똑같은 말을 하고 있는 '통일된' 백성을 의미하는 것이다. 모든 사람이 같은 이야기를 하면서 일사불란(一絲不亂)하게 하나의 목표를 위해 매진하고 있는 모습을 엿볼 수 있게 한다. 야훼께서는 이들의 모습을 보시고 그 위험성을 알아차리신다. 그들이 지금은 성읍과 탑을 건설하고 있지만, 이것은 그들이 하는 일의 시작에 불과하다는 것이다. 그들이 앞으로 어떤 일을 벌일지 모르며, 그렇게 되면 그들의 하는 일을 더 이상 막을 수 없게 될 것이라고 말씀하신다. 여기에서 하나님의 응답에 대한 욥의 대답을 떠올리게 한다. "저는 압니다. 당신께서는 모든 일을 하실 수 있고, 어떤 계획도 당신에게 불가능하지 않다는 사실을"(욥42:2). 두 곳 모두 〈바차르〉(בצר) 동사의 니팔형과 〈자맘〉(זמם) 동사 또는 그 파생어가 핵심어로 사용되고 있으며, 무엇이든지 할 수 있다는 '전능성'이 진술의 핵심내용이다. 만약 지금 막지 못한다면 그 후엔 상황이 돌이킬 수 없게 되고, 다시금 온 땅을 멸하는 심판을 단행하셔야만 되는 상황이 벌어지게 될 것이다.

그래서 야훼께서는 결심하셨다. 그러한 상황에 이르기 전에 사람들의 행동을 막으려고 지상으로 내려오시는 것이다. 이때 '우리'라는 복수가 다시 등장한다. 여기에서 우리는 창세기 1장 26절에서와 같이 '심사숙고'의 복수형(pluralis deliberationis)으로 이해된다. 보통 행동이 아닌 중대 결단을 내리신 것이다. 야훼께서 오셔서 인간의 잘못된 의도와 행동을 막으신 방법은 언어를 혼잡하게 하

---

271) 시편 2편의 해석에 대하여 필자의 졸고("'아들'을 통한 하나님의 통치: 시2편에 대한 주석적 연구," 『서울장신논단』 15 [2007.4], 7~40)를 참조하라. 시편 2편은 '아들'을 통한 통치의 모습을 보여주지만, 원역사 본문(창11:1~9)에서는 야훼께서 직접 개입하신다.

는 것이다. 서로 말이 통하지 않게 해서 사람들이 잘못된 일을 도모하지 못하도록 하신 것이다. 사람들은 말이 통하지 않게 되자 흩어지게 되었고, 성읍 세우는 일도 그만두게 되었다. 이러한 하나님의 행동은 처벌인 동시에 더 심각한 죄악에 빠지지 않게 하기 위한 예방적 조치였다.[272]

여기에서 여러 가지 언어유희(wordplay)가 관찰된다.[273] 〈샴〉, 〈셈〉, 〈샤마임〉이라는 말들(2, 3, 7, 8, 9)을 반복적으로 사용하여 강조하고 있으며, 〈알 페네 콜 하아레츠〉('온 지면에')라는 말로 4, 8, 9절이 끝난다. 특별히 사람들이 말한 〈닐베나〉(נִלְבְּנָה, '벽돌을 만들자')를 야훼께서는 〈나블라〉(נָבְלָה, '혼잡하게 하자')로 바꾸신다. 땅과 하늘의 상황이 서로 대칭적으로 묘사되어 있다. 하나님은 인간의 행동에 반응하고 계신다는 사실을 보여준다.

2) 종결부: 언어의 혼잡과 인류의 흩어짐(9) – 현재

> [9]그래서 그것의 이름을 바벨이라 불렀다. 이는 거기서 야훼께서 온 땅의
> 말을 혼잡하게 하셨고, 야훼께서 그들을 그곳으로부터 온 지면에 흩어지
> 게 하셨기 때문이다.

본문은 '바벨'(בָּבֶל)이라는 이름은 이러한 배경에서 생겨났다고 말한다. 바벨은 바벨론 말로 '하나님의 문' (bāb-ilāni)이라는 의미가 있다(참조. 창28:17 '하늘의 문'). 하지만 본문은 바벨이 '혼잡하게 하다'라는 의미를 가진 〈발랄〉(בָּלַל)이라는 말에서 유래되었다고 풀이한다. 사람들이 그곳으로부터 온 지면에 흩어진 것은 하나님 없이 살고자 했던 사람들의 교만 때문이었다는 사실을 밝혀주고 있다.[274] 여기에서 말하는 '온 지면'은 세상 전체라고 볼 수 없

---

272) G. von Rad, *Das erste Buch Mose*, 114.
273) 강사문, 『하나님이 택한 자들의 가정 이야기: 설교를 위한 창세기 연구』, 133–34.
274) 여기에서 훗날 있게 될 이스라엘 역사경험으로 보건대 바벨론에 대한 비판적 시각을 엿볼 수 있다. 성서에서 바벨론 모티브는 반신정적 제도나 국가를 대변한다. 바벨론은 불신앙적이며 자만한 국가나 사회의 상징으로 이해된다(사47:8–13; 13:19, 14:13–14, 계시록 17–18장에는 바벨론 모티브가 종국의 시점에 등장할

다(삼상30:16; 삼하18:8; 단8:5; 슥5:3에도 이와 동일한 표현이 사용되었다). 설회자의 관점에서 일종의 과장법으로 표현한 것이다. 사람들은 메소포타미아 유역을 중심으로 널리 퍼져 살게 되었다는 사실을 보여준다.

VI. 중심주제와 내용요약

본문의 내용을 인간의 행동과 하나님의 행동 사이에 있는 대응의 관점에서 고찰할 수 있다. 그러면 8가지 행동이 서로 대응된다.[275]

	인간의 행동		하나님의 행동	
A	하나의 언어	1절	언어를 혼란케 하심	7절상, 9절상반절
B	그곳에 거주함	2절	그곳으로부터 흩으심	9절하반절
C	각자가 자기 동료에게 말함	3절상반절	각자가 동료들의 말을 들을 수 없음	7절하반절
D	자, 하자!	3절상, 4절상반절	자, 하자!	7절상반절
E	탑을 가진 성읍 건설	4절상반절	성읍건설을 그만두게 하심	8절하반절
F	하늘까지 닿은 탑	4절상반절	보기위해 내려오심	5절상반절
G	이름을 내고자 함	4절상반절	'혼란' 뜻하는 바벨의 이름	9절상반절
H	흩어지지 않고자 함	4절하반절	흩으심	8절상, 9절하반절

이와 같은 분석을 통해 분명해지는 사실은 '언어 혼란'(7절상, 9절상반절)과 '흩으심'(8절상, 9절하반절)의 주제가 각각 두 번씩 등장하여 반복된다는 것이다. 이러한 고찰을 통해 얻을 수 있는 교훈과 중심주제는 무엇인가?

불신앙적이고 교만한 영적인 실체로 이해된다). 이에 대하여 이형원, "바벨탑 이야기(창 11:1–9)의 문학적 분석," 『복음과실천』 14 (1991), 242–43쪽을 참조하라.

275) H. Seebass, *Genesis I: Urgeschichte* (1,1–11,26), 274.

첫째로, 바벨의 언어혼란을 통해 흩으신 것은 하나님이 의도하신 창조의 원리와 목적이 이루어지도록 방향을 돌리신 것을 의미한다. 사람들을 흩으심을 통해 인간을 향한 '생육하고 번성하여 땅에 충만하라'(창1:28; 9:1, 7)는 축복이 실현되게 하신다. 여기에는 흩어짐과 다양성이 전제되어 있다. 한 곳에 모여 자기들만의 왕국을 건설하기 원하지 않으신다. 흩어져 다양한 모습으로 살기 원하시는 것이다. 그러나 바벨탑 이야기에서 보여준 사람들의 행동은 정반대였다. 다양한 모습을 가지고 흩어져 살기 보다는 한 곳에 모여 하나의 말만 하는 획일적인 사회의 모습을 보여주었다. 특정한 사람에 의해서 좌지우지되는 사회의 모습이다. 한 가지 가치만 절대적 기준으로 작용하고 있는 것이다. 하나님은 그러한 획일적이고 전체주의적인 사회를 원하지 않으신다. 그것은 하나님이 원하셨던 창조의 원리와 목적이 아니었기 때문이다. 그러한 의미에서 언어의 혼란은 하나님의 저주가 아니라 파멸로부터 인류를 지키며 인류의 다양성을 회복하게 하는 배려와 예방적 조치로 인식된다.[276]

둘째로, 바벨탑 이야기에서 문제가 되는 것은 하나님과 같이 전능성을 추구하며 스스로 높아지려는 인간의 교만이다. 하늘까지 닿는 탑은 인간의 교만을 상징한다. 인간 스스로 쌓은 탑과 성읍을 통해 이름을 내고 흩어짐을 면하고자 한 것이다. 이것은 단순히 생존과 보호를 위한 건축이 아니었다(창4:17 참조). 그들은 자신들이 주인이 되고 하나님 없이도 문제해결과 유지가 가능한 자율적인 사회를 꿈꾸는 것이다. 이것은 하나님에 대한 도전이고 하나님이 싫어하시는 교만이었다(사14:13-14; 렘51:53; 겔28:11-29 참조). 이것은 에덴 동산에서 보여주었던 아담과 하와의 잘못과 맥을 같이 한다(창3:5). 사람은 하나님이 지정하신 한계 안에 머물 때 복되다. 인간의 한계들을 넘어가는 시도들은 하나님

---

276) C. Westermann, *Genesis* 1–11 (BK 1/1), 739. 코우츠는 구약성서의 원시적 영웅담을 창조나 인류문명의 시작과 관련된 이야기이거나 홍수이야기와 같이 총체적 파괴와 관련된 이야기로 구분하면서 바벨탑 이야기를 후자의 범주에 속한다고 말한다(G. W. Coats, *Genesis* [Grand Rapids: Eerdmans Publishing Company, 1983), 5). 하지만 필자는 바벨탑 이야기가 문명의 시작과 총체적 파괴의 요소를 동시에 가지고 있는 이야기라고 본다. 이 이야기는 창조적 흩으심을 통한 새로운 문명의 시작을 말하고 있기 때문이다.

이 싫어하시며 그렇게 하지 못하도록 조치를 취하신다.

셋째로, 온 세계가 서로 통하게 하려는 보편주의는 그것이 추구하는 목적이 중요하다. 보편주의는 그 자체로 죄악이나 교만이 아니다.[277] 스바냐 3장 9-10 절에는 하나님께서 여러 백성의 입술을 깨끗하게 하여 야훼의 이름을 부르며 한 가지로 자신을 섬기게 하겠다고 말씀하신다. 이사야 2장 2-4절이나 미가 4:1-4 절에도 열방이 예루살렘으로 몰려와 율법을 배우게 될 날에 대한 환상을 보여 준다. 물이 바다를 덮음 같이 야훼의 영광을 인정하는 것이 세상에 가득하게 될 날이 오는 것이 하나님의 약속이자 우리의 사명이다(사11:9; 합2:14). 하나님을 찬양하고 하나님을 높이는 일은 온 세상 모든 곳에서 누구에게나 이루어져야 할 일로 서술된다. 말이 하나된 것을 혼란스럽게 하시고 흩으신 것은 하나됨을 통해 하나님을 반역했기 때문이다. 언어의 장벽을 극복하고 하나님을 찬양하고 높이는 일에 하나가 된다면 그것은 하나님이 기대하시는 일이다. 그러한 의미에서 바벨탑 사건과 성령강림절의 방언사건은 서로 통한다. 사도행전의 본문(행 2:4-11)은 다양한 지방의 말들을 일일이 나열하고 있다(9-10절). 서인석은 성령강림 사건의 방언의 의미를 다음과 같이 풀이하고 있다.[278]

> 여기에서 성령이 사람들의 흩어진 말들을 부정하고 있다고 말할 수 없다. 오히려 사람들이 서로 다른 말을 하는 것을 인정하며 그러한 현실 속으로 들어갔다. 이것이 하나님이 하나 되게 하는 방법이다. 각 지방 말을 무시하고 없애서 하나로 복음을 듣게 하는 것이 아니다. 이런 의미에서 구약 본문과 신약 본문은 놀랍게도 통일성을 갖는다. '다른 말'을 하는 것은 결코 하나님의 저주가 아니다. 하나님의 저주는 '다른 말'하는 것을 인정하지 않고 '하나의 말'을 통해 하나님을 거역하는 행위를 일삼는 것이라고 할 수 있다.

---

277) H. Seebass, *Genesis I. Urgeschichte* (1,1-11,26), 287.
278) 서인석, 『성서와 언어과학』 (서울: 성바오로출판사, 1984), 230.

Ⅶ. 나가는 말

필자는 매우 친숙한 성서본문 중 하나인 '바벨탑 이야기'를 본문이 놓여 있는 위치에 대한 고려를 통해 좀 더 분명해지는 본문의 의도가 무엇인가를 탐구하고자 했다. 본문의 위치를 고려하는 '구성적' 관점으로 본문을 고찰할 때 본문의 의미가 새롭게 다가옴을 보게 되었다. '바벨탑 이야기'는 민족의 분화와 언어의 다양화를 보여주는 창세기 10장의 열방계보와 다른 노선을 걷고 있는 본문이 아니다. 도리어 창세기 전체를 통해 보여주는 '생육하고 번성하여 땅에 충만하라'는 하나님이 의도하신 창조의 원리와 목적이 이루어지고 있는 본문으로 읽혀진다. 언어의 분화와 흩어짐은 단순히 저주나 징벌이 아니라 하나님의 축복이요 의도하심임을 알 수 있다. 하나님이 원하시는 세계는 하나의 말만 요구되는 획일적인 세계가 아니라 창조세계 안에서 각기 다른 말과 문화를 가지고 다양한 모습으로 살라고 하신 다채로운 세계임을 알게 된다. 21세기 우리는 세계화(globalization)의 거센 물결 속에 있으면서도 그것에 휩쓸리지 않고 각 지역의 전통과 문화를 보존하고 향유할 수 있는 지방화(localization)의 방안이 무엇인가를 고민하고 있다. 세계화와 지방화가 동시에 요구되는 시대에 살고 있다. 이러한 우리의 상황에 비추어 본다면 '바벨탑 이야기'는 21세기 현대인들이 고민하고 추구하는 '세방화'(glocalization)의 모습에 대한 중요한 시사점을 제공하고 있다고 하겠다.

제9장

아브라함[279]의 소명(召命)과
이스라엘의 사명(使命)(11:27-12:20)[280]

I. 서론: 족장 이야기의 시작

본 논문은 족장 이야기의 시작부를 주석하여 아브라함의 소명을 통해 보여주는 이스라엘의 사명이 무엇인가 알아보고자 한다. 본문의 범위는 창세기의 기본 구조로 작용하고 있는 '계보'를 기준으로 설정되었다. 위의 본문의 내용(창 11:27-12:20)은 족장사가 원역사와 분리되어 있지 않고 원역사의 연장선상에 있음을 보여준다. 데라의 계보 안에서 첫 번째 이야기로 나타나는 아브라함의 부르심은 개인의 운명이나 생애의 이야기로 끝나지 않고 이스라엘의 운명과 사명을 보여준다. 아브라함의 소명 이야기를 통해 이스라엘 역사가 어떻게 조망(眺望)되고 예시(豫示)되고 있는지 살펴보자.

---

279) 본문에는 줄곧 '아브람'이라고 지칭된다. 하지만 본문에 나타난 아브람이 훗날 '아브라함'으로 개명되고 (17:5) 그 이름이 통용될 것이기 때문에 본 논문의 제목에서나 후대의 상황을 고려한 곳에서는 '아브라함' 이라는 명칭을 사용했다. 하지만 본문을 설명하는 부분에서는 본문에 나타난 대로 '아브람'이라는 이름 을 쓸 것이다.

280) 이 논문은 「장신논단」 41 (2011.7), 36-62쪽에 실려 있다.

Ⅱ. 족장 이야기에서의 계보

창세기는 아래의 도표와 같이 10개의 '계보'(〈톨레도트〉, תּוֹלְדֹת)로 이루어졌다.[281]

본문	제목	이어지는 내용
2:4	이것이 하늘과 땅의 *내력*이니 אֵלֶּה תוֹלְדוֹת הַשָּׁמַיִם וְהָאָרֶץ	아담과 그 후손들의 이야기 (2:4–4:26)
5:1	이것은 아담의 *계보*를 적은 책이니라 זֶה סֵפֶר תּוֹלְדֹת אָדָם	아담부터 노아까지의 족보 (5:1–6:8)
6:9	이것이 노아의 족보니라 אֵלֶּה תוֹלְדֹת נֹחַ	홍수 이야기 (6:9–9:29)
10:1	노아의 아들 셈과 함과 야벳의 족보는 이러하니라 וְאֵלֶּה תּוֹלְדֹת בְּנֵי-נֹחַ שֵׁם חָם וָיָפֶת	노아의 후손들이 형성한 민족들의 목록(10:1–11:9)
11:10	셈의 족보는 이러하니라 אֵלֶּה תּוֹלְדֹת שֵׁם	셈부터 아브라함까지의 족보 (11:10–26)
11:27	데라의 족보는 이러하니라 וְאֵלֶּה תּוֹלְדֹת תֶּרַח	아브라함 이야기 (11:27–25:11)
25:12	이스마엘의 족보는 이러하고 וְאֵלֶּה תֹּלְדֹת יִשְׁמָעֵאל	이스마엘의 족보 (25:12–18)
25:19	아브라함의 아들 이삭의 족보는 이러하니라 וְאֵלֶּה תּוֹלְדֹת יִצְחָק בֶּן-אַבְרָהָם	야곱과 에서 이야기 (25:19–35:29)
36:1, 9	에서 곧 에돔의 족보는 이러하니라 וְאֵלֶּה תֹּלְדוֹת עֵשָׂו	에서의 족보 (36:1–37:1)
37:2	야곱의 족보는 이러하니라 אֵלֶּה תֹּלְדוֹת יַעֲקֹב	요셉과 그 형제들의 이야기 (37:2–50:26)

---

281) 〈엘레 톨레도트〉라는 용어를 기준으로 창세기의 구조를 파악하는 견해에 대해서는 다음 글들을 참조하라: R. Rendtorff, "Pentateuchal Studies on the Move," JSOT 3 (1977), 20–28; Th. Hieke, *Die Genealogien der Genesis* (HBS 39) (Freiburg u. a.: Herder, 2003), 298–322; 강사문, 『하나님이 택한 자들의 가정 이야기: 설교를 위한 창세기 연구』 (서울: 한국성서학연구소, 1998), 2–5; 이한영, 『역사와 서술에서의 오경 메시지』 (서울: 크리스챤, 2008), 65–67; 정석규, 『구조로 읽는 창세기』 (서울: 프리칭아카데미, 2006), 31쪽 각주 16번.

이 가운데 족장 이야기에서는 다섯 개의 계보가 나타난다: 데라(11:27–25:11), 이스마엘(25:12–18), 이삭(25:29–35:29), 에서(31–37:1), 야곱(37:2–50:26). 다섯 개의 계보 가운데 세 개는 이스라엘의 족장들에 관한 것이고, 나머지 두 개의 계보는 이스라엘 주변 민족에 관한 것이다. 이 계보들의 구성은 세 개의 긴 계보 사이에 짧은 계보 두 개가 끼어 들어와 있는 형태다. 특별히 이스라엘 족장 이야기는 세 개의 긴 단락으로 나타나는데, 모두가 이야기 형식으로 되어 있다. 여기에서 우리는 족장들과 관련된 세 개의 계보에 서술된 이야기가 내용면에서 많은 공통점들을 가지고 있음을 알 수 있다.[282]

첫째, 세 이야기에 나타나는 주인공들은 모두 자신이 살고 있던 집을 떠난다. 아브라함은 갈대아 우르와 하란을 떠나 가나안 땅으로 들어오고(12:1–4), 야곱은 자신의 고향 가나안 땅을 떠나 삼촌 라반이 있는 하란으로 가며(28:2–5), 요셉은 이집트로 팔려가 자신의 고향 가나안 땅을 떠나게 된다(37:28). 둘째, 세 이야기의 주인공은 모두 형제나 혈육과 다투나, 나중에는 화해하게 된다. 아브라함은 롯과 갈등을 빚어 서로 헤어져 지내기도 하지만, 롯이 포로로 붙잡혀 갔을 때 다메섹 호바까지 쫓아가 구해주었으며(13:5–9; 14:14–16), 야곱은 장자권을 가지고 에서와 갈등함으로 도망해야 하는 처지가 되기도 하지만 결국 다시 만나 화해하게 되며(27:1–45; 33:1–11), 요셉은 형들의 미움을 사 이집트로 팔려가게 되지만 나중에는 형들을 용서하고 그들과 화해한다(37:12–36; 45:1–8). 셋째, 세 주인공(아브라함, 야곱, 요셉)은 모두 이집트로 내려가는 일을 겪게 된다(12:10; 37:28; 46:6). 세 주인공이 이집트로 가게 되는 배경은 각기 다르지만, 이때 이집트는 생존의 위협을 극복하는 피난처로서 기능한다. 넷째, 족장들의 아내들(사라, 리브가, 라헬)은 불임으로 인한 고통을 겪게 되며, 이로 인해 다른 아내 혹은 몸종과의 관계에서 갈등을 빚는다(16:1–6; 29:31–30:8). 다섯째, 모든 이야기에서 큰 아들보다 작은 아들이 하나님의 복주심을 통해 더 큰 사랑과 존귀함을 받게 된다는 내용이 나타난다. 이스마엘보다 이삭이, 에서보

---

282) 정석규, 『구조로 읽는 창세기』, 132.

다 야곱이, 르우벤보다 요셉이, 므낫세보다 에브라임이, 세라보다 베레스가 장자의 축복을 받게 되어, 작은 자들이 큰 자들보다 더 큰 사랑과 존귀함을 경험하게 된다. 여섯째, 족장들이 아내를 얻게 되는 사건이 모두 우물에서 일어난다. 이삭의 아내 리브가와 야곱의 아내 라헬을 처음 만난 장소는 모두 우물이었다(24:11-24; 29:1-11). 일곱째, 족장들은 하나님으로부터 자손과 땅에 대한 축복의 약속을 받는다(12:1-3, 7; 13:15-16; 15:5, 18-21; 17:2-8, 15-16; 18:18; 22:16-18; 26:3-4; 28:13-14; 35:11-12). 여덟째, 족장들은 모두 막벨라 굴에 장사된다(23:1-20; 25:9; 35:27-29; 50:13-14). 그곳은 아브라함이 은 사백 세겔을 주고 에브론에게서 산 땅으로 아브라함의 소유지가 되었던 곳이다(23:3-20).

이와는 달리 세 계보의 이야기에서 차이점들도 관찰된다.[283] 아브라함 이야기는 주로 짧은 단위의 이야기들이 여러 개 모여 구성된 모습이나, 야곱의 이야기는 좀 더 큰 단위의 이야기가 모여 이루어졌다. 이와는 달리 요셉 이야기는 이야기의 내용이 연속되는 하나의 긴 이야기라고 할 수 있다. 이야기에서 다루어지는 내용도 각각 특색이 있음을 알 수 있다. 아브라함 이야기는 기본적으로 부모의 행동이 중심요소로 작용하고 있는 반면, 야곱의 이야기에서는 두 형제의 갈등이 중심요소로 작용하고 있다. 이와는 다르게 요셉 이야기에서는 이 두 가지 요소가 동시에 나타난다. 아버지와 아들들 간에 나타나는 갈등과 형제들 사이에 나타나는 갈등이 이야기의 중심요소로서 동시에 작용하고 있다.

이러한 세 계보의 이야기에 이스마엘과 에서의 계보가 중간에 들어와 있다. 이것은 족장 이야기와 이스라엘의 주변 세계가 서로 밀접한 관계에 있음을 알려준다. 특별히 창세기 전체의 구조로 볼 때 족장 이야기는 11장에 묘사된 셈 계보의 틀 안에서 전개되고 있다. 하지만 셈의 계보는 창세기 10장에서 예시된 열방의 계보 중 하나이다. 그러므로 족장들의 이야기는 넓게 보면 세계 전체, 즉 열방 계보의 틀 안에서 진술되고 있음을 알 수 있다. 이것은 이스라엘이 주변 나

---

283) 정석규, 『구조로 읽는 창세기』, 133.

라들 안에 있으며 열방 가운데 일원으로서 그들과 함께 가야 한다는 사실을 일깨워 준다.[284]

III. '이것이 데라의 계보다'(11:27–25:11)

창세기는 아브라함 이야기를 전개하면서 그 이야기를 데라의 계보 안에서 이루어지는 일로 묘사한다. 데라의 계보는 그 범위가 창세기 11장 27절에서부터 25장 11절까지 이른다.[285] 어떻게 이러한 범위설정이 가능한가? 이러한 질문에 대한 답은 창세기 계보의 특성을 살필 때 가능하다. 창세기에 나타난 계보들은 모두 계보의 이름이 그 안에 서술된 중심인물의 이름을 따르지 않고, 중심인물 선대(先代)의 이름으로 나타난다. 예컨대, 위의 도표에서 보는 바와 같이 11–25장에서 데라의 계보로 소개되지만 실제 주인공은 아브라함이며, 25–35장에서 이삭의 계보라고 소개되고 가문에서 가장 큰 어른으로 생존하고 있던 사람이 이삭이었지만, 이 부분에서 주요인물은 야곱과 에서다. 37–50장에서도 야곱의 족보라고 소개되지만, 이 이야기에서 중심된 역할을 하는 것은 요셉과 그의 형제들이다.[286]

---

284) R. Rendtorff, 『구약정경신학』, 하경택 역 (서울: 새물결플러스, 2009), 459–72.

285) '연속성'(Kontinuität)과 동시에 '새로운 시작'(Neubeginn)을 보여주는 계보의 기능에 대하여 다음을 참조하라: P. Weimar, "Die Josefsgeschichte als thelogische Komposition. Zu Aufbau und Struktur von Gen 37," *Biblische Zeitschrift* 48 (2004), 180–84; Th. Hieke, *Die Genealogien der Genesis*, 214–40; 하경택, "창세기 4–5장에 나타난 계보의 의미(창4:17–5:32)," 『은혜로운 말씀 생명과 평화의 길: 매강 유행열 교수 정년퇴임 기념논문집』 (서울: 한들, 2011), 13–32.

286) G. J. Wenham, 『모세오경』, 박대영 옮김 (서울:성서유니온선교회, 2007), 44; Th. Hieke, *Die Genealogien der Genesis*, 60, 124. 또한 다음과 같은 창세기의 이야기 전개방식을 고찰할 수 있다. 첫째로, 주요 인물 이야기를 서술 마지막 부분에 등장시키는 특징을 볼 수 있다. 예컨대, 가인의 내러티브(4:17, 25)는 셋 전에 기술되었고, 셈의 내러티브는 야벳과 함(10:2, 6, 21) 이후에 소개된다. 이삭은 이스마엘의 이야기(25:12, 19) 이후, 그리고 야곱은 에서의 내러티브(28:1; 37:2)를 이어 전개된다. 둘째로, 축복과 저주로 구성된 6개의 신탁이 원역사(3:15; 9:24–27)와 족장사(12:2–7; 24:60; 27:21–29, 39–40; 40:13, 19)에 삽입되어 있다. 셋째로, 에피소드를 엮어나가는데 있어 중심 인물들의 대립형태가 일관되게 묘사된

　이러한 일반적인 고찰에서 더 나아가 아브라함 이야기에서는 좀 더 분명한 이유를 찾을 수 있다.[287] 첫째, '아브라함'이라는 이름은 17장 5절에서야 얻게 된다. 따라서 이 이야기를 '아브람'의 계보라고 명명하는 것은 적절치 않다. 그것은 한시적인 의미만 지닐 뿐이다. 굳이 아브람의 이름을 명시한다면 창세기 36장 1절처럼 할 수도 있을 것이다: "아브람, 곧 아브라함의 계보가 이러하다." 하지만 그럴 경우도 앞으로 나타나게 될 이름변경이 미리 예고되는 격이 되어 표제어가 아브라함의 이름과 관련된 긴장을 노출시키는 기능을 하게 된다. 둘째, 아브라함 이야기의 주요주제 중 하나는 사라의 불임(11:30)과 하나님의 약속(12:2) 사이의 긴장이다. 이 긴장은 이스마엘이 태어날 때까지(16장), 더 나아가 이삭이 태어나고 그가 결혼하여 후손을 얻을 때까지 지속된다(17:17; 21:1-7). 창세기 22장의 시험이야기는 바로 이러한 약속의 담지자가 사라지는 것을 의미하기 때문에 더욱 큰 문제가 된다. 만약 '아브라함의 계보'라고 한다면 다른 계보에서 보듯이 아브라함이 자손을 얻게 되는 사실을 미리 공개하는 셈이 되기 때문에 아브라함 이야기에서 중요한 기능을 하는 불임과 자녀 출생의 긴장관계가 사라지게 된다. 셋째, '아브라함의 계보'라고 하면 25장 11절까지 이르는 본문의 범위에 맞지 않다. 이 범위에는 하란의 아들 롯의 후손들도 들어 있고(19:30-38), 나홀의 후손도 언급되고 있다(22:20-24). 창세기 12장 1절부터 25장 11절까지는 아브라함의 이야기뿐 아니라 나홀과 하란의 아들 롯의 이야기도 서술되어 있다. 다시 말하면 데라 후손들의 이야기가 기록되어 있는 것이다. 따라서 이 본문들은 '아브람'이나 '아브라함'의 계보가 아니라 '데라의 계보'라고 할 때 하나로 묶여질 수 있다.

다. 예로 가인과 아벨, 아브라함과 롯, 이삭과 이스마엘, 에서와 야곱, 요셉과 유다, 베레스와 세라, 에브라임과 므낫세의 대립이다. 넷째로, 창세기 안에서 뿐 아니라 오경 전체에서 언약에 따른 복으로서 일관되게 제시되는 땅과 번성의 약속을 볼 수 있다(창1:28; 9:1; 17:6; 28:3; 35:11; 48:4; 49:22; 출1:7; 레26:9). 이한영, 『역사와 서술에서의 오경 메시지』, 67.

287) Th. Hieke, *Die Genealogien der Genesis*, 124-26; H. Seebass, *Vätergeschichte I* (11,27-22,24) (Neukrichen-Vluyn: Neukrichner Verlag, 1997), 4.

더 나아가 데라의 계보에서 다양한 계보간의 연결현상을 찾아볼 수 있다.[288] 데라의 계보 이야기 안에서 가장 먼저 나타나는 계보의 내용은 모압과 암몬의 유래를 보여주는 원인론(原因論)적인 이야기다(19:30-38). 이 이야기는 롯이 자신의 딸들과 관계함으로 생겨난 일들을 서술한다. 롯의 이름은 데라의 계보에 근거하고 있다(11:27, 31). 하지만 그의 계보는 더 먼 곳까지 소급된다. 롯의 딸들을 통해 태어난 후손들이 모압과 암몬 자손들이라고 하는 것은 10장에서 서술된 열방들의 계보에 대한 보충이라고 할 수 있다. 그러한 의미에서 롯의 계보는 열방계보의 일부가 된다.

그러한 열방계보와의 근접성은 나홀의 계보에서도 고찰된다(22:20-24). 그무엘은 '아람의 아버지'라고 지칭된다. 하지만 열방계보에서 아람은 셈의 직계 아들이다(10:22). 여기에서 문제가 되는 점은 '아람'이라는 이름이 단지 동일한 이름에 지나지 않는가 아니면 의도적인 연결고리를 만들고 있는가 하는 점이다. '아람'이라는 말은 리브가 이야기에서 두드러지게 나타난다. 리브가의 아버지와 오라비를 소개할 때 '아람 족속'이라는 말이 반복됨으로 강조된다(25:20). 그는 아람 족속 브두엘의 딸이며 아람 족속 라반의 누이라고 소개된다.

이러한 사실을 통해 분명해 지는 것은 나홀 계보의 강조점이 어디에 있는가 하는 점이다. 나홀의 계보는 우선 아브라함과의 관계를 분명하게 보여준다. 나홀은 아브라함의 형제이다(창22:20, 23). 그러나 나홀의 계보는 아람족속과의 관계를 위해서도 중요하다. 나홀의 계보에 '아람'이 언급되는 것은 아람 족속의 일원이었던 리브가와의 관계를 앞서서 밝혀주고 있다. 창세기 24장에서 여러 번 반복되는 리브가와 아브라함 또는 이삭과의 관계가 미리 암시되는 것이다(24:15, 24, 47; 25:20). 이로써 나홀의 계보가 기록된 목적이 무엇인가가 드러나게 된다. 그것은 아브라함 이야기와 후에 이어질 이삭 이야기를 서로 이어주고 있다.

아브라함-그두라 계보에서도 여러 민족들의 이름이 등장한다. 이것들 역시

---

288) Th. Hieke, *Die Genealogien der Genesis*, 133-34.

창세기 10장의 열방계보에 지리적-종족적으로 연결될 수 있다.[289] 특별히 '미디안'이라는 이름이 계속되는 이야기에서 다시 등장한다. 미디안인들이 요셉을 이집트로 데려간다(37:28, 36). 모세는 미디안 여인과 결혼한다(출2:15-21). 독자들은 창세기 25장 1-4절의 아브라함-그두라 계보를 통해 미디안인들이 누군가에 대한 정보를 얻게 된다. 이것을 토대로 미디안인들에 대한 인식을 갖게 된다. 계보는 미디안인들에 대한 설명(4절)에서 끝난다. 5-6절에서는 아브라함의 후계자가 누구인가를 분명하게 보여준다. 이것을 통해 아브라함-그두라 계보의 기능이 분명해진다. 그것은 한편으로 앞으로 전개될 사건들에 나타난 주요인물들의 배경을 소개하며, 다른 한편으로는 하나님의 축복과 약속이 이어지는 노선을 분명하게 그려주는 것이다.

창세기 11장 27절부터 12장 20절까지 내용은 데라의 계보(11:27-32), 하나님의 부르심과 아브람의 순종(12:1-9), 이집트에서의 위기(12:10-20)의 세 단락으로 구분된다.

Ⅳ. 데라의 계보(11:27-32)

1. 본문 사역

[27]이것이 데라의 계보다. 데라는 아브람과 나홀과 하란을 낳았고 하란은 롯을 낳았다. [28]그리고 하란은 그의 아버지 데라가 살아 있는 동안 그의 출생지 갈대아 우르에서 죽었다. [29]아브람과 나홀이 각자 아내를 얻었다. 아브람의 아내 이름은 사래요, 나홀의 아내 이름은 밀가니 하란의 딸이요, 하란은 밀가의 아비이며 또 이스가의 아비였다. [30]그리고 사래는 잉태하지 못하므로 자식이 없었다. [31]데라가 그의 아들 아브람과, 그의 아들 하란의 아

---

289) Th. Hieke, *Die Genealogien der Genesis*, 134.

들인 롯과, 그의 며느리인 아브람의 아내 사래를 데리고, 그들과 함께 가나안 땅으로 가려고 갈대아 우르로부터 나왔다가 하란까지 이르러 그곳에 거하였다. [32]데라의 날들이 이백오 년이었고, 데라는 하란에서 죽었다.

2. 본문 구조[290]

1. 서언	11:27
2. 갈대아 우르에 있었던 가족	11:28
3. 아브람과 나홀이 아내를 취함	11:29
4. 사래가 자식이 없음	11:30
5(3'). 데라가 아브람과 사래, 롯을 취함	11:31a
6(2'). 갈대아 우르를 떠나 하란에 거함	11:31b
7(1'). 결언	11:32

3. 본문 해설

이 본문은 창세기의 분수령에 해당한다. 이 본문은 하나님께서 섭리에 기초하여 세계를 돌보시는 사건과 이스라엘을 선택하고 부르시는 사건을 연결한다.[291] 동시에 이것은 아브라함 이야기의 도입부 구실을 한다.[292]

27절에서는 표제어 이후 데라가 아브람과 나홀과 하란을 낳았다고 소개한다. 26절에서 데라는 이 세 아들을 동일한 해에 얻은 것으로 보도하고 있기 때문에,

---

290) 정석규, 『구조로 읽는 창세기』, 134.
291) W. Brueggemann, 『창세기』 (현대성서주석; 서울: 한국장로교출판사, 2008), 189.
292) H. Seebass, *Vätergeschichte I*, 4.

그가 각기 다른 아내들을 통해 세 아들을 얻었다고 추정할 수 있다.[293] 바로 이
어서 하란이 롯을 낳았다고 소개한다. 27절에서 롯의 출생이 언급되는 것은 28
절과 연관이 깊다. 하란은 그의 출생지 갈대아 우르에서 죽기 때문에, 앞으로 주
요한 인물로 나타날 롯에 대한 소개가 필요했다.

29절에서는 아브람과 나홀의 결혼 사실이 언급된다. 아브람과 나홀이 각자
아내를 얻었다. 아브람의 아내 이름은 사래였고 나홀의 아내 이름은 밀가였다.
이때 하란의 두 딸이 언급된다. 그들의 이름은 밀가와 이스가였다. 여기에서 독
자들에게 궁금증을 일으키는 사항이 있다.[294] 그것은 여기에만 나타나고 더 이
상 설명이 나타나지 않는 '이스가'에 관한 문제다. 이러한 본문의 정황을 반영하
듯이 랍비 전통에서는 창세기 20장 12절과의 관련성 속에서 이스가를 사라로 이
해하기도 한다.[295]

30절에서는 사래가 '잉태하지 못하므로 자식이 없었다'고 말한다. 위의 본문
구조에서 볼 수 있듯이 사래의 불임은 이 단락의 중심에 놓여 있다. 자손이 이
어지는 것을 말하고 있는 계보에서 자녀가 없다고 말하는 것은 하나의 모순이
며 아이러니이다. 그 이후의 세대의 연속을 말할 수 없고, '생육하고 번성하라'
는 하나님의 축복을 실현할 수 없기 때문이다.

31절은 데라의 행동을 묘사한다. 데라는 그의 아들 아브람을 비롯한 모든 가
족을 데리고 갈대아 우르를 떠나 가나안 땅으로 들어오고자 한다. 하지만 그는
가나안 땅에 오는 길에 하란에 이르러 그곳에 정착하였다. 그리고 그는 하란에
서 205세까지 살다가 그곳에서 죽었다. 32절의 마지막 진술은 연대기적으로는
너무 일찍 나타난 것이다. 데라가 70세에 아브람을 낳았고(11:26), 하란을 떠날
때 아브람의 나이가 75세였으므로(12:4), 아브람이 하란을 떠날 때 데라의 나이
는 145세이다. 그러니까 아브람이 하란을 떠난 후에도 데라는 하란에서 60년을

293) H. Seebass, *Vätergeschichte I*, 6.
294) W. Zimmerli, 1. *Mose*, 12–25: *Abraham* (ZBK.AT 1,2)(Zürich: Theologischer Verlag, 1976), 18; C.
    Westermann, *Genesis 1–11* (BK 1/1) (Neukirchen–Vluyn: Neukirchener, 1983), 157f.
295) 이스가를 사라로 이해하는 문제에 관해서는 아래 '이집트에서의 위기' 단락에 대한 설명을 보라.

더 산 셈이 된다. 하지만 32절에서 벌써 데라의 죽음을 말하는 이유는 무엇일까? 그것은 12장 이후의 내용에서 주인공으로 등장할 아브라함을 위한 공간을 마련하는 것이다.[296] 12장부터는 본격적으로 아브라함의 이야기가 시작되는 것이다.

데라의 계보(11:27-32)는 첫 번째 족장인 아브라함을 소개하고, 데라가 하란에서 죽었다는 사실을 말함으로써 마무리 된다. 하지만 위에서 보듯이 데라의 계보는 족장의 기원을 알려주면서도 족장 이야기에서 다루어지는 문제를 노출시킨다. 그것은 불임에 관한 주제이다.[297] 이것은 하나님의 약속의 역사가 진공상태에서 생겨나지 않는다는 것을 의미한다. 그것은 문제를 해결하는 방식으로 이루어진다. 브루거만은 불임의 상황에 대한 신학적 의미를 다음과 같이 설명한다:

불임은 인간 역사가 가는 길이다. 그것은 절망상태를 상징하는 효과적인 은유이다. 그러나 이것은 생명을 주는 하나님 역사의 영역에 속해 있다. 이것은 사라에게만 있는 낯선 상황이 아니다. 그 후에도 리브가(25:21-22), 라헬(29:31), 한나(삼상1:2) 등이 경험하는 현실이다. 또한 이것은 포로기에 있는 이스라엘이 경험했던 바이다(사54:1-2).[298]

아브라함 이야기에서 사래의 불임상황과 하나님의 말씀이 병렬되어 나타난다. '하나님의 말씀'은 절망적인 사람들 안에서 자신의 뜻을 이루시는 하나님의 자유와 권능을 말한다.[299] 하나님의 말씀은 불임을 다스린다. 바로 이어지는 장면에서 하나님은 말씀하신다(12:1). 이 하나님의 말씀은 명령이면서 동시에 약속이요, 부르심이면서 보증이다. 잉태치 못한 자가 생명을 경험할 수 있는 근거가 된다. 그러한 의미에서 브루거만은 이러한 본문을 '부활의 한 모범'이라고 부

---

296) H. Seebass, *Vätergeschichte I*, 4.
297) 정석규, 『구조로 읽는 창세기』, 135.
298) W. Brueggemann, 『창세기』, 192.
299) W. Brueggemann, 『창세기』, 192.

우르에서 가나안에 이르는 아브라함의 여정(Abram's Journey from Ur to Canaan). 헝가리 화가 요셉 몰나르(József Molnár)
가 그린 그림으로(1850) 헝가리 국립 미술관에 소장되어 있다. 몰나르는 막막하고 황량한 광야를 분연한 표정으로 돌파하려는
아브람 일행의 모습을 감각적으로 묘사하고 있다.

른다.[300] 하지만 이러한 생명의 역사는 믿음과 순종으로 나타나는 인간의 응답을 통해 구체화된다.

이러한 점에서 데라가 하란에서 계속 머물러 있었던 사실이 주목된다. 데라가 자신의 고향 갈대아 우르를 떠날 때의 목적지는 분명 하란이 아니라 가나안 땅이었다(31절). 그런데 데라는 오는 도중 하란에 머물러 그곳에서 죽는다. 왜 그랬을까? 성서 안에 나타난 진술들을 토대로 보면 하나님이 아브라함을 처음으로 부르신 곳은 갈대아 우르임을 알 수 있다(창15:7; 느9:7; 행7:2-3). 이러한 정황에서 살펴 보건데 아브라함을 부르실 때 데라도 그러한 부르심에서 제외되어 있지 않았음을 짐작할 수 있다. 31절에서 가나안땅으로 가고자 하는 목적을 가지고 '그의 아들 아브람과, 그의 아들 하란의 아들인 롯과, 그의 며느리인 아브람의 아내 사래를 데리고' 갈대아 우르를 떠난 것은 분명 '데라'이기 때문이다. 당시 아버지는 그 가족을 대표하는 가장이었고 아내와 자녀들에 대한 처분권까지 가지고 있었기 때문에, 가나안 땅을 향해 갈대아 우르를 떠나는 데에 데라의 결정이 중요하게 작용하지 않을 수 없었다. 이렇게 자신의 식솔들을 모두 데리고 갈대아 우르를 떠나 가나안 땅으로 오는 데라의 모습은 하란에서 하나님의 부르심을 듣고 하란을 떠나는 아브람의 모습을 연상시킨다(아래 5절을 보라). 하지만 데라는 가나안 땅으로 오던 길에 하란에 머물다가 그곳에서 죽게 된다.

그렇다면 데라는 본래 가나안 땅으로 가려던 길을 멈추고 왜 하란에 계속 머물렀을까? 반대로 하란에 계속 머물지 않고 그곳을 떠나 가나안 땅에 들어온 아브라함의 행동에는 어떤 의미가 있을까? 이러한 질문을 염두에 두고 계속되는 이야기를 살펴보자.

---

300) W. Brueggemann, 『창세기』, 193. 브루거만(185쪽)은 성서에서 말하는 '본질적인 새로움'의 세 가지 방식들을 말한다: 1) 무에서의 창조, 2)죽은 자들로부터의 부활, 3) 믿음에 의한 칭의. 이러한 맥락에서 바울이 아브라함이 믿은 하나님에 관하여 말하면서 창조와 부활의 개념을 언급한 것은 주목할 만하다: "그가 믿은 바 하나님은 죽은 자를 살리시며 없는 것을 있는 것으로 부르시는 이시니라"(롬4:17).

V. 하나님의 부르심과 아브람의 순종(12:1-9)

1. 본문 사역

¹그때 야훼께서 아브람에게 말씀하셨다: "너는 네 땅과 네 친족과 네 아비의 집을 떠나 내가 네게 보여 줄 땅으로 가라. ²내가 너로 큰 민족이 되게 하며 네게 복을 주고 네 이름을 창대하게 하리니, 너는 복이 될 것이다. ³너를 축복하는 자들에게 내가 복을 주고, 너를 저주하는 자를 내가 저주할 것이다. '네 안에서' 땅의 모든 족속들이 복을 받을 것이다." ⁴그러자 아브람은 야훼께서 자기에게 말씀하신 대로 갔고, 또 롯이 그와 함께 갔다. 아브람이 하란을 떠날 때 칠십오 세였다. ⁵아브람이 그의 아내 사래와 그의 형제의 아들 롯과 하란에서 그들이 모은 모든 소유와 그들이 얻은 사람들을 데리고 가나안 땅에 가려고 나왔다. 마침내 그들은 가나안 땅에 들어왔다. ⁶아브람이 그 땅을 통과하여 세겜의 장소 모레의 큰 나무에 이르렀다. 그때 가나안인들이 그 땅에 있었다. ⁷야훼께서 아브람에게 나타나시어 말씀하셨다: "내가 이 땅을 네 씨에게 줄 것이다." 그러자 그가 그곳에 자기에게 나타나신 야훼께 제단을 쌓았다. ⁸그가 거기서부터 벧엘 동쪽의 산으로 옮겨가 그의 장막을 쳤다. 서쪽은 벧엘이요 동쪽은 아이였다. 그가 그곳에서 야훼를 위하여 제단을 쌓고 야훼의 이름을 불렀다. ⁹그리고 아브람이 계속해서 남쪽으로 옮겨 갔다.

2. 본문 구조[301]

12:1-6	하나님의 첫 번째 약속
12:1-3	하나님의 부르심과 약속
12:4-6	아브람의 순종
12:7-9	하나님의 두 번째 약속
12:7a	하나님의 재약속
12:7b-9	아브람의 반응: 순종과 예배

3. 본문 해설

1) 하나님의 첫 번째 약속(12:1-6)

(1) 하나님의 부르심과 약속(1-3)

하나님이 아브람에게 말씀하신다. "너는 네 땅과 네 친족과 네 아비의 집을 떠나 내가 네게 보여 줄 땅으로 가라." 여기에서 하나님의 명령은 한 가지 동사로 나타난다. 그것은 '가라'(לֶךְ-לְךָ)는 것이다. 하지만 이 가는 것은 떠나는 것을 전제로 한다. 여기에서 아브람이 떠나야 할 대상이 세 가지로 언급된다. '땅'(אֶרֶץ)과 '친족'(מוֹלֶדֶת)과 '아비의 집'(בֵּית אָבִיךָ)이다. 이 세 가지 대상 중에 가장 먼저 언급되는 '땅'은 가장 넓은 의미에서의 결속관계를 말한다. 그리고 나서 '친족'과 '아비의 집'이라는 점차 좁혀진 범위에서의 가족관계들이 차례로 언급된다.[302] 아브람이 지금까지 맺고 있었던 결속관계들을 떠나야 한다는 것이다. 또한 여기에서 떠나야 할 대상이 세 번 반복해서 지칭된 것은 아브람이 떠

---

301) 정석규, 『구조로 읽는 창세기』, 135.
302) G. von Rad, *Das erste Buch Mose. Genesis* (ATD) (Göttingen: Vandenhoeck & Ruprecht, 1976), 121.

나야 할 곳이 그만큼 떠나기 어려운 곳이며, 그것은 그만큼 순종하기 어려운 문제임을 암시한다.[303]

그런데 여기서 엿볼 수 있는 또 다른 문제는 아브람이 가야할 곳이 아직 지정되어 있지 않다는 사실이다. 하나님은 아브람에게 '내가 네게 보여줄'(אַרְאֶךָּ) 땅으로 가라고 하신다. 아브람은 자신이 어디로 가는지도 제대로 알지 못하고 그저 떠나라는 명령에 순종해야 했다(히11:8). 그러나 이러한 부르심에는 약속이 있었다.

하나님은 먼저 '큰 민족'이 되게 하겠다고 말씀하신다. 여기서 민족은 히브리말로 〈고이〉(גּוֹי)라고 표현되어 있다. 이것은 하나님의 백성으로서 이스라엘을 지칭할 때 주로 사용되는 〈암〉(עַם)이라는 말과 다른 것이다.[304] 〈고이〉는 열방을 지칭할 때 주로 사용된다. 그리고 이 낱말은 열방 가운데 있는 '하나의' 민족을 지칭할 때 쓰인다. 그러므로 이것은 이방민족이나 이스라엘 모두에게 쓰일수 있다. 다만 〈고이〉라는 말을 쓸 때는 이스라엘이 열방 가운데 하나임을 분명히 하고자 하는 의도가 드러나는 것이다. 하나님은 아브람을 〈암 가돌〉(עַם גָּדוֹל)이 아니라 〈고이 가돌〉(גּוֹי גָּדוֹל)을 만드시겠다고 말씀하신다. 이것은 이스라엘이 열방 중에 하나임을 분명히 하는 것이며, 이스라엘의 독점적인 지위가 아니라 열방을 위한 특별한 존재임을 알게 하신 것이다.

그리고 '이름을 창대하게 하겠다'(וַאֲגַדְּלָה שְׁמֶךָ)고 약속하신다. 이 약속은 창세기 11장에 서술된 바벨탑 사건을 떠올리게 한다. 사람들은 이렇게 말한다 (11:4): "자, 도시와 탑을 세우고, 그것의 꼭대기가 하늘에 있게 하자. 우리를 위해 이름을 내어(וְנַעֲשֶׂה־לָּנוּ שֵׁם) 우리가 온 땅 위에 흩어지지 않게 하자." 바벨탑을 쌓은 사람들은 하늘까지 닿는 탑을 세워 자신들의 이름을 '만들고자' 했다.

---

303) 이것은 동일하게 세 가지 수식어가 동반되어 나타나는 '네 아들 네 사랑하는 독자 이삭'을 번제로 바치라는 명령에 비교될 수 있다. 이점에 관하여 필자의 졸고를 참조하라: "아브라함의 제사와 이삭의 희생: 창 22:1-19에 대한 주석적 연구." 『깊은 말씀 맑은 가르침: 청훈 강사문 교수 정년퇴임 기념논문집』 (서울: 땅 에쓰신글씨, 2007), 67.

304) G. J. Botterweck, *gôj: ThWAT I*, 970; W. von Soden, 'am: *ThWAT VI*, 177-189.

하지만 아브람에 대한 약속에서 이름을 '만들고 크게' 하시는 분은 하나님임을 알게 한다. 자신의 이름을 내고 흩어짐을 면하려고 탑(מִגְדָּל, 〈믹달〉에는 '크게 하다'는 뜻을 가진 히브리 동사 גָּדַל 〈가달〉이 들어있다)을 세웠던 시도는 허사가 되고, 하나님이 크게 하시고 세우셔야 온전하게 크게 될 수 있다는 사실을 깨닫게 하는 것이다.[305]

그러한 약속이 가져오는 결과는 '복'(בְּרָכָה, 〈베라카〉)이다. 이것은 하나님의 명령이나 요구가 아니라 하나님의 약속이며 복주심의 결과이다.[306] 이러한 사실은 다음에 이어지는 설명을 통해 분명해 진다. "너를 축복하는 자들에게 내가 복을 주고, 너를 저주하는 자를 내가 저주할 것이다." 이것은 아브람이 복의 기준이 된다는 말이기도 하며 동시에 복 받을 자인 아브람을 보호하겠다는 약속이기도 하다.[307]

여기에서 주목할 것은 아브람에 대한 약속의 마지막 부분이다(3절): "네 안에서 땅의 모든 족속들이 복을 받을 것이다." 이 표현은 여러 가지 해석의 여지를 가지고 있다. 특별히 '네 안에서'라고 번역한 히브리어 원문의 표현 〈베카〉(בְּךָ)가 문제가 된다. 전치사 〈베〉는 여러 가지 의미를 가질 수 있다. 따라서 학자에 따라 강조점을 달리 해서 번역하고 이해한다. 예컨대, 폰 라트(G. von Rad)는 여기에서 열방을 위한 '축복의 중재자'(Segensvermittler)로서의 아브람의 모습을 보았다.[308] 이럴 경우 이 부분은 '너를 통해서' 또는 '너로 말미암아'로 번역될 수 있다. 이와는 달리 블룸(E. Blum)은 '축복의 모범'(Segensvorbild)이 된

---

305) J. Ebach, *Ein weites Feld – ein zu weites Feld?* (Theologische Reden 6) (Bochum: SWI Verlag, 2004), 83–84.
306) 이와 유사한 표현들이 슥8:13나 사19:24에 나타난다. 이들 본문들에게 이스라엘의 복은 이방나라들과의 관계에서 표현되고 있다. 이것이 시21:7나 72:17에서와 같은 제왕시편에서 모범으로 삼는 내용이 된다. H. Seebass, *Vätergeschichte I*, 14.
307) C. Westermann, 『창세기 주석』 강성열 옮김 (서울: 한들, 1998), 160. '축복하는 자에게 복을 주고 저주하는 자를 저주할 것이다'는 축복과 저주의 형식은 야곱에게 한 이삭의 축복에서(창27:29)와 이스라엘에 관한 발람의 예언에서(민24:9) 발견할 수 있다.
308) G. von Rad, *Das erste Buch Mose*, 122.

아브람의 모습을 강조한다. 모든 민족이 아브람처럼 복 받기를 원하는 것이다.[309] 이렇게 이해한다면 '너와 함께'라고 번역할 수 있다. 여기에 덧붙여 살펴볼 수 있는 다른 가능성(M. L. Frettlöh)은 '아브라함 안에서'이다.[310] 다른 민족들이 이스라엘과 아브라함의 축복의 공간 안으로 들어오는 것이다. 이것은 아브라함을 대체하는 것이 아니라 아브라함에게 들어와 함께 복을 받는 것이다. 여기에는 축복의 통로와 축복의 모범으로서의 두 가지 모습이 다 고찰될 수 있다. 이럴 경우 〈베카〉는 '네 안에서'라고 번역하는 것이다. '네 안에서'라는 번역과 해석에서 열방을 위한 축복의 통로와 축복의 모범으로서 아브람의 모습을 생각할 수 있다.[311]

여기에서 간과하지 말아야 할 것은 아브람에게 약속하신 하나님의 복의 내용과 성격이다. 그것은 하나님의 관심과 시선이 아브람에게만 머물러 있지 않다는 점이다. 하나님은 아브람이 '복'의 존재가 됨으로써 땅의 모든 민족들이 복 받기를 원하고 계신다. 그러므로 하나님께서 아브라함에게 주신 약속을 통하여 선포하신 복은 그것이 땅의 모든 족속을 포함하지 않는 한 결코 그 목적을 달성했다고 볼 수 없다.[312] 그것이 아브람에게만 머물러 있지 않고 열방에게 흘러가 열방이 복을 받게 될 때 비로소 실현되는 것이다.[313]

이러한 면에서 볼 때 아브라함의 소명은 이스라엘의 사명이다. "'네 안에서' 땅의 모든 족속들이 복을 받을 것이다."는 말씀은 이스라엘에게 주어진 과제나 다름없다. 그것은 계속되는 족장 이야기(18:18, 22:18, 26:4, 28:14)에서 반복되

309) 브루거만도 이와 같은 의미에서 이 구절을 해석한다(W. Brueggemann, 『창세기』, 196). 그것은 약속 아래 있는 이스라엘이 다른 민족들도 하나님의 복을 받을 수 있도록 그들의 갈 길을 자극하고 또 그들에게 본을 보여야 한다는 것이다.
310) '아브라함의 복'에 관한 자세한 논의는 다음 책을 참조하라: M. L. Frettlöh, *Theologie des Segens. Biblische und dogmatische Wahrnehmungen* (Gütersloh: Kaiser, Gütersloher Verlagshaus, 2002), 273–302.
311) J. Ebach, *Ein weites Feld - ein zu weites Feld?*, 85–86.
312) C. Westermann, 『창세기 주석』, 161.
313) 예컨대, 아브라함 이야기에서는 파라오(12:10–21), 멜기세덱(14:17–24), 이스마엘(21:9–21), 모압과 암몬(19:30–38) 등이 열방의 일원으로서 함께 고찰된다. W. Brueggemann, 『창세기』, 181.

고 있으며, 바울에 의해서 '먼저 전한 복음'으로 이해된다(갈3:8).[314] 이스라엘은 애초부터 땅의 모든 족속에게 하나님의 복과 구원을 전하는 민족으로 선택되었다(사42:6-7, 49:6-7 등). 아브라함을 부르신 사건이나 이스라엘이 시작되는 사건은 결국 인간이 파멸 상태에 빠져있는 것을 원치 않으시는 하나님의 은혜와 사랑을 증명한다. 여기서 우리는 아브라함의 소명기사가 세상 만민을 구원하려는 하나님의 구원역사의 시발점이며 열방을 축복하기 위한 이스라엘의 사명을 말하고 있음을 알 수 있다.[315]

(2) 아브람의 순종(4-6)

아브람은 하나님의 약속을 신뢰했고 순종함으로 행동했다. 그는 자신뿐만 아니라 소유물과 함께 자신에게 딸린 식구들을 데리고 가나안 땅으로 왔다. 그는 마침내 세겜의 모레 큰 나무에 이르게 된다.

개방된 세계로의 출발은 분리를 전제로 한다. 아브람은 "부서지기 쉬운 새 출발과 안전하게 하는 지속"(höchst fragilen Neubeginn und sichernden Kontinuität)[316] 사이에서 결단해야 했다. 이것은 내가 지금 경험하고 있는 조건과 현실을 더 크게 생각할 것인가 아니면 하나님이 보여주시는 미래의 세계를 더 크게 생각하는가의 문제이기도 하다. 아브람은 현재의 환경이나 조건보다 하나님의 약속을 더 우위에 두고 행동하였다. 자신의 삶을 하나님께 맡긴 것이다.[317] 그러한 의미에서 아브

---

314) H. W. Wolff, "Das Kerygma des Jahwisten," *Gesammelte Studien zum Alten Testament* (München: Chr. Kaiser Verlag, 1964), 361-365. 창세기 12:1-3의 약속이 모든 족장에게서 갱신되고 있다: 창13:14-16, 15:5, 7, 18, 18:10, 22:17, 26:24, 28:3-4, 13-15, 32:13, 35:9-12, 48:16.
315) 강성열, 『현대인을 위한 창세기 강해』 (서울: 한국장로교출판사, 1998), 133.
316) J. Ebach, *Ein weites Feld - ein zu weites Feld ?*, 82-83.
317) 브루거만은 하나님의 부르심과 아브라함과 사라의 응답 사이에 있는 상응점에 주목하면서 '약속과 믿음'에 대해서 다음과 같이 설명한다(W. Brueggemann, 『창세기』, 178): "약속은 이 이야기에서 하나님의 현존양식을 뜻한다. 그 약속은 과거나 현재와는 현저하게 다른 새로운 미래를 창조하는 하나님의 권능과 의지를 뜻한다. 그 약속은 새로운 공동체를 만들려는 하나님의 결심을 뜻한다. 물론 그 공동체는 오로지 기적에 의해서, 그리고 하나님의 신실성에 의존하는 태도에 의해서만 이루어진다. 응답으로서의 믿음은 그렇게 선포된 미래를 받아들이는 능력을 뜻한다. 그것은 그러한 미래를 위하여 현재를 포기할 수 있는 열

람과 데라의 삶은 대조된다. 그러나 이러한 포기와 약속을 향한 떠남의 주제는 신약성서에서도 찾아볼 수 있다. 그것은 복음전승의 상당부분을 차지하고 있으며, 제자직의 전승과 예수를 따르라는 부르심에도 반영되어 있다(막1:16-20, 10:28).[318] 그러한 의미에서 아브람은 모든 것을 버린 채로 따르는 모든 제자들의 원형에 속한다(막10:28).[319]

이 단락 마지막 부분에서 우리는 "그때 가나안인들이 그 땅에 있었다."는 진술과 마주친다. 아브람이 도착한 곳은 빈 땅이 아니었다. 가나안인들이 살고 있던 땅이다. 이러한 본문의 진술은 우리에게 다시금 약속과 성취의 의미를 생각하게 한다. 그것은 약속의 성취가 긴 역사의 과정 속에서 이루어진다는 사실이다. 아브람이 가나안 땅에서 경험한 것은 약속과 현실 사이의 괴리이다. 가나안 땅에 들어가는 것으로 그 땅이 자신의 것이 되지 않았다. 약속의 땅을 실제로 얻기까지는 약속을 신뢰함으로 따라가는 믿음과 순종의 삶이 필요했다.[320] 하나님의 복은 독립적인 행동들을 통해서가 아니라 계속적인 과정을 통해서 이루어진다.[321]

정을 수반한다."

318) W. Brueggemann, 『창세기』, 194.

319) W. Brueggemann, 『창세기』, 198. 이러한 모습은 산상수훈(마5-7장)을 비롯한 예수님의 많은 설교들, 특히 자기부정을 요구하는 말씀(마16:24, 막8:34, 눅9:23)에서 찾아볼 수 있고, 옛 사람을 버리고서 새 사람을 입으라는 바울 사도의 권면(엡4:22-23)에서도 마찬가지 모습을 확인할 수 있다. 강성열, 『현대인을 위한 창세기 강해』, 132.

320) 아브람이 가나안 땅에 들어왔지만, 그곳에는 정착할 곳이 없었다. 그는 계속 나그네로 지내야 했다. 이러한 사실은 이삭과 야곱에 이르기까지 족장들 모두에게 동일하게 적용된다. 그들이 소유한 땅은 에브론에게서 은 사백 세겔을 주고 산 밭이 고작이었다. 남녀 족장들(아브라함과 사라, 이삭과 리브가, 야곱과 레아)은 모두 무덤에서야 '정주'할 수 있었다(창49:29-33). 그리고 가나안 땅에 이스라엘이 정착한 것은 출애굽 이후 광야유랑의 긴 과정을 거친 다음에야 이루어졌다. J. Ebach, *Ein weites Feld - ein zu weites Feld?*, 89.

321) C. Westermann, 『창세기 주석』, 160.

2) 하나님의 두 번째 약속(12:7-9)

(1) 하나님의 재약속(7a)

7절 상반절에는 하나님의 약속이 다시금 나타난다: "내가 이 땅을 네 자손에게 주리라."[322] 이것은 땅에 대한 약속이다. 하지만 이 땅에 대한 약속은 자손에 대한 약속과 함께 나타난다. 그러므로 아브라함에 대한 하나님의 축복은 자손에까지 이어지는 대를 이은 축복이라는 점이 분명해진다. 이것은 아브라함 개인만 누리는 축복이 아니라 자자손손 이어지는 가문의 축복이며, 지속적으로 이어진다는 의미에서 '영원한' 약속이다.

(2) 아브람의 반응: 순종과 예배(7b-9)

아브람의 순종은 가나안 땅에 왔다는 것으로 끝나지 않는다. 그는 가나안에 들어와 정착한 곳에서 하나님을 만났고 그곳에 제단을 쌓았다. 그는 그곳에서 야훼의 이름을 부르고 예배를 드렸다(7-8절). 홍수의 심판으로부터 구원받은 노아가 하나님께 제단 쌓는 일을 최우선으로 한 것과 같이(창8:20) 아브람도 하나님께 예배하는 일을 가장 먼저 한다.[323]

'이름을 부른다'는 것은 그 이름을 가진 분, 곧 삶의 유일한 주관자에게 돌이킨다는 것을 뜻한다.[324] 야훼의 이름을 부르는 것에 대한 내용은 두 가지로 고찰된다. 한편으로 그것은 보여주신 땅에 감사하는 하나님에 대한 '찬양'(Gotteslob)이고, 다른 한편으로 그것은 미래를 내다보며 드리는 '기도'(Gebet)이다.[325] 여기에서 초기형태의 예배가 고찰된다. 그것은 말과 행동을 모두 포함한 것이다('제

---

322) 땅에 대한 약속은 그 경계 없이 언급된다. 아브람이 받게 될 땅의 경계는 15장 18절에 가서야 분명하게 언급된다. H. Seebass, *Vätergeschichte I*, 11.

323) 차준희, 『창세기 다시 보기』(서울: 대한기독교서회, 1998), 81.

324) W. Brueggemann, 『창세기』, 202.

325) H. Seebass, *Vätergeschichte I*, 11.

단을 쌓았고 야훼의 이름을 불렀다'). 또한 아브람은 자신이 제사장의 역할을 수행한다. 아직은 하나님과 인간의 관계가 직접적이어서 제사장이 필요하지 않았기 때문이다. [326)](#)

하나님의 이름을 부르고 그분께 예배하였다는 것은 자신의 삶의 주관자가 하나님이심을 인정하고 고백하는 행위이다. 모든 것이 하나님의 손 안에 있다는 사실을 인식하며 자신의 삶을 그분께 맡기는 행위인 것이다. 이것은 아브라함의 삶이 가나안땅으로의 출발뿐만 아니라 삶의 과정 자체가 하나님에 대한 순종이었음을 보여준다.

아브람의 여정은 가나안 땅의 전역을 망라한다. 그가 거쳐 간 곳에는 북쪽 지방의 성소들인 세겜과 벧엘이 포함된다. 그는 남쪽으로 네겝과 헤브론으로 옮겨갔다. 여기에 언급된 지명들은 앞으로 가나안 땅에서 진행될 이스라엘 역사에서 중요한 기능을 하는 곳들이다. 이스라엘 민족의 역사가 다양한 지명의 언급과 함께 나타난 아브람 개인의 삶을 통해 예시(豫示)된다.

Ⅵ. 이집트에서의 위기(12:10-20)

1. 본문 사역

[10)](#)그 땅에 기근이 있을 때 아브람이 이집트에서 거류하려고 그리로 내려갔다. 이는 그 기근이 그 땅에 심하였기 때문이다. [11)](#)그가 이집트에 가까이 왔을 때 그가 그의 아내 사래에게 말했다. "보시오, 나는 당신이 외모가 아름다운 여인임을 알고 있소. [12)](#)이집트인들이 당신을 보게 되면 그들은 '이 사람은 그의 아내다'라고 말하고, 나를 죽이고 당신은 살려 둘 것이오. [13)](#)그러니 제발 당신은 나의 누이라고 말해주시오. 그러면 내가 당

---

326) C. Westermann, 『창세기 주석』, 152, 163.

신 때문에 무사할 것이며, 내 목숨이 당신으로 인해 살게 될 것이오." [14] 아브람이 이집트에 이르렀을 때, 이집트인들이 그 여인을 보니, 참으로 그녀가 매우 아름다웠다. [15]파라오의 대신들도 그녀를 보고 파라오 앞에서 그녀를 칭찬했고, 그녀는 파라오의 집으로 데려감을 당했다. [16]파라오가 그녀 때문에 아브람을 선대하여, 아브람은 양과 소와 수나귀와 남종들과 여종들과 암나귀와 낙타들을 얻게 되었다. [17]야훼께서 아브람의 아내 사래의 말/일(רָבָר) 때문에 큰 재앙들로 파라오와 그의 집을 치셨다. [18]파라오가 아브람을 불러 말했다. "도대체 네가 내게 무엇을 행하였느냐? 어찌하여 그녀가 네 아내라고 내게 이르지 않았느냐? [19]어찌하여 너는 '그녀는 나의 누이다'라고 말하여 내가 그녀를 내 아내로 삼게 하였느냐? 그러나 이제 보라, 네 아내다. 데리고 가라." [20]파라오가 그에 관해 사람들에게 명령하였다. 그러자 그들이 그와 그의 아내와 그에 속한 모든 것을 내보냈다.

2. 본문 구조[327]

1. 서론: 아브람의 행동	12:10
2. 첫 번째 장면: 아브람의 말	12:11-13
3. 두 번째 장면: 사래의 일/말 때문에	12:14-17
4(2'). 세 번째 장면: 파라오의 말	12:18-19
5(1'). 결론: 파라오의 행동	12:20

---

327) P. Weimar, *Untersuchungen zur Redaktionsgeschichte des Pentateuch* (BZAW 146) (Berlin, New York: de Gruyter, 1977), 16.

파라오의 궁에 끌려 온 사래(Sarai Is Taken to Pharaoh's Palace). 프랑스 화가
제임스 티소(James Jacques Joseph Tissot)가 그린 그림(1896–1902년 경)으
로 뉴욕 유대인 박물관(Jewish Museum)에 소장되어 있다. 결연한 자세로 앉아
있는 사래의 모습과 그러한 사래를 호기심 어린 눈으로 바라보는 이집트인들의
표정이 대조적이다.

3. 본문 해설

아브람은 기근 때문에 이집트로 내려간다.[328] 이것은 족장사(혹은 구약성서
더 나아가 신약성서에 이르기까지)에서 유일한 사건이 아니다. 아브람의 일생
가운데 이와 같은 일이 한 번 더 있었고(20:1–18), 이와 비슷한 일을 이삭도 겪
는다(26:1–11). '그 땅에 기근이 있었다'는 말은 룻기의 시작에서도 나타난다(룻
1:1). 무엇보다도 창세기 마지막 부분에 야곱 일가는 하나님의 명령을 따라 기
근을 피하여 이집트로 내려간다(46:1–4). 이집트는 종살이의 땅이기 전에 족장
들과 그들의 식솔들이 양식을 얻고 생명을 보존할 수 있는 피난처였다.[329]

---

328) 어떻게 '생명을 유지해야 할 지'를 알지 못하는 '아시아인들'의 입국에 대한 이집트인들의 서술은 약 350
년경부터 알려져 있다(AOB S. XXXIX Nr. 87, AOT S.93f). G. von Rad, *Das erste Buch Mose*, 128.
329) 이러한 이집트의 의미는 아기 예수가 이집트로 피난하게 되는 사실을 보도하는 신약성서에서도 분명하
게 나타난다(마2:13–15).

10절에서 '거류하려고'로 번역된 히브리 동사는 〈구르〉(גּוּר)이다. 이것은 주로 '나그네(이주민)'로 번역되는 〈게르〉(גֵּר)의 어원이 된다. 이러한 아브람의 나그네(이주민)로서의 이집트 경험은 훗날 이스라엘 역사와 함께 〈게르〉에 대한 율법조항에 깊이 반영되어 있다. 여러 곳에서 '나그네(이주민)' 〈게르〉를 압제하거나 학대하지 말라고 명령된다. 그 이유는 이스라엘 자신이 이집트에서 그와 같은 처지에 있었기 때문이라는 것이다.[330]

나그네(이주민)로서의 삶에는 위험이 따른다. 아브람이 생각했던 문제는 사래의 아름다움이다. 그는 이집트에 가까이 왔을 때 아내 사래에게 말한다. 아내를 누이라고 하자는 것이다. 그 이유는 이집트인들이 사래를 보면 그 아름다움 때문에 자신을 죽이고 사래를 차지할 것이기 때문이라는 것이다. 우리는 그러한 경우를 다윗이 밧세바를 차지하기 위해 우리아에게 한 행동을 통해서 알 수 있다(삼하11:26-27). 그러나 사래를 누이라고 하면 아브람은 그 누이 덕분에 생명을 유지하게 될 뿐만 아니라 후한 대접까지 받을 수 있다. 아내를 '대가로' 아브람은 살고자 한다.

여러 주석가들은 이러한 아브라함의 모습을 믿음 없는 행동이라고 평가한다. 대표적으로 칼빈은 그가 처음에 부름 받았을 때처럼 하나님의 은총에 의존하지 않았다고 평가했고,[331] 베스터만은 "적어도 여기서는 그가 믿음의 사람이 아님이 분명하다"[332]고 말한다. 하지만 아브람의 입장에서 생각해 보자. 아브람은 이렇게 생각했을 수 있다: '큰 민족이 되고 이름이 창대해지리라고 약속받은 것은 내가 아닌가? 내가 죽으면 하나님의 약속이 무슨 소용이 있는가? 그러니 내가

---

330) 이것에 대한 대표적인 구절은 다음과 같다. "너는 이방 나그네〈게르〉를 압제하지 말라. 너희가 애굽 땅에서 나그네 되었었은즉 나그네의 사정(네페쉬)을 아느니라"(출23:9), "거류민〈게르〉이 너희의 땅에 거류하여 함께 있거든 너희는 그를 학대하지 말고, 너희와 함께 있는 거류민을 너희 중에서 낳은 자 같이 여기며 자기 같이 사랑하라. 너희도 애굽 땅에서 거류민이 되었었느니라. 나는 너희의 하나님 야훼니라"(레19:33-34). 구약성서에 나타난 〈게르〉의 문제에 관해서는 필자의 졸고를 참조하라: "구약성서의 관점에서 본 다문화 사회와 대응방안 – 〈노크리〉와 〈게르〉에 대한 이해를 중심으로," 『장신논단』 39 (2010.12), 61–88.

331) W. Brueggemann, 『창세기』, 208.

332) C. Westermann, 『창세기 주석』, 166.

살아야 하지 않겠는가?' 이러한 아브람의 행동은 하나님의 약속에 대한 불신이라고 단정할 수 없다. 오히려 하나님의 약속을 믿기 때문에 자기 나름대로 그 약속이 이루어지게 하기 위해 대처한 것이라고 볼 수 있다.[333] 여기서 아내를 희생시켜서라도 하나님의 약속이 이루어지게 하겠다는 이기적인 모습이 분명하게 드러나고 있긴 하지만 말이다.

아브람이 이집트에 이르렀을 때 이집트인들은 아브람이 예상한 대로 반응한다. 사래의 아름다움을 칭찬했고 급기야 파라오가 그녀를 아내로 삼기 위해 파라오의 집으로 데려간다. 파라오는 아브람에게 사래를 데려가는 대신 가축에서 종에 이르기까지 후한 선물을 준다(16절). 아브람은 자신의 예상대로 이집트에서 극진한 대접을 받는다. 여기까지 사래는 아무 말도 하지 않는 것으로 나타난다. 그는 남자들에게 의해서 그야말로 '대상'(object)으로만 취급된다.

그런데 17절에서 급진적인 변화가 일어난다. "야훼께서 아브람의 아내 사래의 말/일 때문에 큰 재앙들로 파라오와 그의 집을 치셨다." 이것은 지금까지 분위기를 역전시키는 언급이다. 야훼께서 '사래의 일/말 때문에'(עַל־דְּבַר שָׂרָי) 개입하신다. 큰 재앙들로 파라오와 그의 집을 치셨다. 이렇게 파라오와 그의 집을 치는 큰 재앙은 출애굽을 가능케 했던 재앙들을 떠올리게 한다. 실제로 여기에 '재앙'이라는 말로 번역된 낱말 〈내가〉(נֶגַע)는 이집트 재앙을 표현하기 위해서 사용되었다(출11:1). 이 말의 기본적인 의미는 '타격'(Schlag, stroke)을 뜻한다.[334] 이러한 전환이 이루어진 것은 사래의 〈다바르〉(דָּבָר) 때문이었다. 여기에서 보통 사래의 '일'로 번역되는 〈다바르〉는 '말/말씀'을 의미한다. 이러한 〈다바르〉의 의미를 살려 유대 랍비 문헌에는 이 장면에서 사래가 말한 것으로 해석한다.[335] 사래의

---

333) '아브람은 하나님의 약속을 구하기 위해 사라를 희생시킨다.'(Abram opfert Sarai, um *Gottes* Verheißimg zu retten) J. Ebach, *Ein weites Feld - ein zu weites Feld?*, 93.

334) HAL, 632.

335) 미드라쉬 〈베레쉬트 라바〉 (Bereschit Rabba, Par. 41)에는 사래가 어떤 말을 했을까 하는 점에 대한 세 가지 가능성이 제기된다. 사래가 하나님께 기도하여 응답을 경험했다고 해석하는 입장과 천사에게 말하여 천사의 도움을 얻었다는 입장, 그리고 사래가 파라오에게 직접 말했다는 해석도 나타난다.

말이 누구에게 향하였든 야훼의 개입이 사래의 말을 통해서 이루어졌다고 보는 점이 중요하다.

이러한 사래의 행동에 대한 평가는 이와 유사한 사건을 보도하고 있는 창세기 20장의 내용과 비교하여 생각할 수 있다. 그랄왕 아비멜렉이 사래를 아내로 취하려 데려갔다. 하지만 그날 밤 하나님은 아비멜렉의 꿈에 나타나셔서 그 일이 이루어지지 못하게 하신다. 그리고 아브라함을 '예언자'라고 말하고 아브라함이 아비멜렉을 위해 기도할 것이라고 말한다. 이 말을 들은 아비멜렉은 많은 선물(양과 소와 종들과 더불어 은 천 개)까지 주면서 사래를 돌려보낸다. 그런 후 아브라함은 하나님께 기도하게 되고 하나님은 그의 기도를 들으시고 아비멜렉의 집에 내렸던 재앙을 거두신다(20:17). 아비멜렉과 그의 아내와 여종을 치료하여 출산하게 하신다.

여기에서 다시금 랍비들의 해석을 살펴보자. 바벨론 탈무드에는 구약성서에서 명시적으로 밝히지 않는 여인들까지 포함하여 7대 여예언자를 말하고 있다. 그 가운데 사라가 포함된다.[336] 그런데 사라가 예언자로 분류될 수 있는 이유가 흥미롭다. 바벨론 탈무드에서는 창세기 11장 29절의 이스가를 사라로 이해한다. 그리고 이스가(יִסְכָּה)의 어원이 불분명하지만 랍비들은 이 〈이스가〉가 '보다'는 뜻을 가진 동사(סכה)에서 온 것으로 해석한다.[337] 그래서 그녀가 '선견자',

---

336) 랍비들은 구약성서에서 사라 외에 미리암, 드보라, 한나, 아비가일, 훌다, 에스더 등을 7대 여예언자로 이해한다. 이 가운데 미리암(출15:26), 드보라(삿4:4), 훌다(왕하22:14)는 그들이 여예언자라는 사실이 명시적으로 언급되어 있다. 하지만 다른 사람들은 그렇지 않다. 그렇기 때문에 랍비들은 미드라쉬적인 해석을 통해 그 근거들을 제시한다. 예컨대, 한나는 '병'(flask)이 아니라 '내 뿔(horn)이 야훼를 통해 높아졌다'는 말을 통해 다윗왕조에 대한 예언을 하였다고 본다. 다시 말하면, 기름병(פַּךְ הַשֶּׁמֶן)으로 기름부은 사울과 예후의 왕조는 지속되지 않았지만(삼상10:1, 왕하9:3), 기름 뿔병(קֶרֶן הַשֶּׁמֶן)으로 기름 부음받은 다윗과 솔로몬의 왕조는 지속되었다는 것이다(삼상16:13, 왕상1:19). 아비가일의 경우엔 그가 다윗에게 '야훼께서 내 주를 후대하실 때에 원하건대 당신의 여종을 생각하소서'(삼상25:31) 한 말이 다윗이 앞으로 왕이 될 것을 예언한 것이라고 해석한다. 에스더는 에스더 5장 1절에서 에스더 왕후의 예복을 '입었다'(לבש)는 사실에서 역대상12장 18절('그 때에 성령이 삼십 명의 우두머리 아마새를 감싸시니')과 연관시켜 그가 성령을 덧입은 것으로 해석한다. Tractate Megillah 14a, Babylon Talmud.

337) HAL, 399.

즉 예언자였다는 것이다.[338] 그래서 하나님께서는 21장 12절에서 아브라함에게 '사라가 네게 이른 말을 다 들으라'라고 말씀하셨다는 것이다. 하지만 창세기 12장 17절의 의미를 '사래의 말 때문에'라고 해석하면 이 본문이 예언자로서의 사래의 모습을 지지해 주는 본문으로 이해될 수도 있다. 이것은 창세기 20장에 나타난 아브라함의 모습을 떠올리게 한다. 사래는 하나님께 기도했고, 하나님은 그의 기도에 응답하신다. 창세기 20장에서 아브라함의 기도를 들으시고 응답하셨듯이 말이다. 그렇다면 사래도 아브라함과 같이 예언자의 직무를 행하였다고 말할 수 있을 것이다.

어찌되었든 여기에서 중요한 것은 야훼의 개입이 사래 때문이었다는 것이다. 사래의 문제가 야훼 개입의 직접적인 동기였다. 사래가 직접 말을 해서 이루어졌든 그렇지 않든 사래가 파라오의 집으로 데려감을 당하고 파라오의 아내가 되는 것은 하나님의 뜻에 어긋나는 일이었다. 야훼께서는 자신의 계획과 약속이 잘못된 방향으로 가지 않도록 직접 개입하시어 그 일을 막으셨다.

야훼 하나님의 '타격'을 경험한 파라오는 아브람을 불러 말한다. "도대체 네가 내게 무엇을 행하였느냐?" 파라오의 이 질문은 범죄한 가인에게 하나님이 하신 질문과 같다(4:10). 파라오는 하나님처럼 아브람을 질책하고 아내를 '데리고 가라'고 말한다. 파라오는 아브람과 그의 아내와 그에 속한 모든 것을 이집트에서 내보냈다. 아브람은 자신의 소유를 되찾고 풍부한 소유를 얻어 이집트를 떠난다. 이 장면은 열 가지 재앙 이후 출애굽하는 이스라엘 백성을 떠올리게 한다(출12:36, 38).

이 본문에 나타난 사래를 통한 해방의 역사는 출애굽 역사의 '앞선-그림'(Vor-Bild), 곧 '선례'(先例)가 된다.[339] 사래에 관한 것이 곧 이스라엘에 관한 것이 된

---

338) 하지만 이스가가 사라라고 한다면 아브라함과 사라의 나이 차이에서 문제가 된다. 야콥(B. Jacob, *Das erste Buch der Tora. Genesis*, Berlin: Schocken-Verlag, 1934 [New York: KTAV Publ. House, 1974], 327)은 그의 주석에서 아브라함과 사라의 나이가 10년 밖에 차이 나지 않기 때문에(창17:17) 이스가가 사래가 될 수 없다고 말한다.

339) J. Ebach, *Ein weites Feld - ein zu weites Feld?*, 97.

다. 이것은 이스라엘에 관한 것이 곧 사래에 관한 것이라는 말을 가능하게도 한다. 여기에서 이스라엘의 여족장에 대한 근본적인 가치인정이 확인된다.[340] 아브람만이 약속의 담지자가 아니다. 아브람과 사래가 약속의 공동담지자이다. 아브람이 하나님의 약속을 유효하게 하기 위해서 취한 조치는 이러한 하나님의 약속을 무효화시킬 수 있었다. 그러나 하나님이 개입하셔서 아브라함의 행동을 수정하신다. 이러한 의미에서 족장사는 '남족장'(Erzvater)에 관한 것만이 아니라 '여족장'(Erzmutter)에 관한 이야기이기도 한 것이다.

VII. 결론: 아브라함의 소명과 이스라엘의 사명

좁은 의미에서 데라의 계보(11:27–32)는 족장사(11:27–50:26)의 도입부일 뿐만 아니라 족장사와 원역사(1:1–11:26)를 연결시키는 다리 역할을 한다. 데라의 아들인 아브라함은 원역사의 마지막 부분에 있는 셈의 계보(11:10–26) 가운데 마지막 자손으로 나타날 뿐만 아니라 데라의 계보를 통해 펼쳐질 족장 이야기의 첫 번째 주인공이다. 아브라함을 통해 이스라엘 역사가 시작된다. 본문에 나타난 아브람의 이동경로에서 이스라엘의 역사를 조망할 수 있다. 그는 갈대아 우르에서 출발하여 하란을 거쳐 가나안 땅에 이르렀다가 이집트로 피신한 후 가나안 땅을 향해 새로운 출발을 하고 있다. 이것은 이스라엘 역사의 축소판으로서 바벨론과 이집트 땅 사이에서 펼쳐질 이스라엘 역사를 한 눈에 볼 수 있게 한다. 창세기 11장 27절부터 12장 20절의 짧은 본문에서 다양한 지명들과 함께 장차 이스라엘이 겪게 될 역사의 다양한 국면들이 조망된다.[341]

---

340) E. Blum, *Die Komposition der Vätergeschichte* (WMANT 57) (Neukirchen–Vluyn: Neukirchener Verlag, 1984), 307–310. 제바스(H. Seebass, *Vätergeschichte I*, 29)는 여기에서 사라가 이스라엘 여인들을 위해 한편으로는 '고대적'(archaisch)으로 그러나 다른 한편으로는 '전형적'(prototypisch)으로 행동한다고 평가한다.

341) 장소들은 역사를 대변한다. 예컨대, 카놋사, 워털루, 아우슈비츠, 히로시마, 제암리, 체르노빌, 후쿠시마 등

본문을 통해 보여준 아브라함의 소명에는 이스라엘의 사명이 담겨있다. "내가 너로 큰 민족이 되게 하며 네게 복을 주고 네 이름을 창대하게 하리니, 너는 복이 될 것이다. 너를 축복하는 자들에게 내가 복을 주고, 너를 저주하는 자를 내가 저주할 것이다. '네 안에서' 땅의 모든 족속들이 복을 받을 것이다"(12:2-3). 아브라함에게 주신 이 약속과 축복은 열방과의 관계 속에서 의미가 있다. 하나님의 선택 가운데 부르심을 받은 아브라함은 열방을 위한 축복의 존재가 되어야 한다. 이처럼 하나님은 이 세상에서 아브라함, 곧 이스라엘('대안적 공동체')을 부르셔서 열방을 향한 자신의 뜻을 이루신다.[342]

이 사명을 이루기 위해서는 약속에 대한 믿음과 순종이 필요하다. 하나님의 약속의 성취는 한 순간에 이루어지지 않는다. 이는 신뢰와 따름이 동반된 삶의 과정을 통해 구체화된다.[343] 이집트의 위기에서 보는 바와 같이 위기의 순간도 맞게 된다. 하지만 하나님은 그러한 위기를 통해 하나님의 더 큰 사랑과 은혜를 깨닫게 하신다. 이뿐 아니라 하나님의 약속은 아브라함에게만 주어진 것이 아니라 그와 함께 한 사라에게도 주어진 것임을 알게 하신다. 하나님의 약속은 어느 한 개인이 이룰 수 없다. 동반자와 동역자로 허락한 사람과 함께 갈 때 이룰 수 있다.

오늘날도 하나님의 부르심에 믿음으로 응답하는 사람은 아브라함을 통해 보여준 믿음의 역사에 동참한다. 그들은 아브라함의 복을 약속 받는다(갈3:9). 그러나 그 복은 동시에 아브라함 안에서 열방이 복을 얻게 하는 이스라엘의 사명이기도 하다.

의 지명들은 단순한 지명의 의미를 넘어서 역사의 중요한 사건들을 보여준다. 위에서 언급된 지명들을 통해 이집트로의 피난과 출애굽, 하란과 세겜과 벧엘과 아이와 헤브론에서 있었던 다양한 사건들, 바벨론 포로와 제2의 출애굽 등이 함께 조망된다. J. Ebach, *Ein weites Feld - ein zu weites Feld?*, 80.

342) 브루거만은 하나님의 부르심의 유형을 두 가지로 분류한다. 첫 번째 부르심은 세계를 존재케 한 일, 즉 창조사역이고, 두 번째 부르심은 대안적인 공동체를 부르신 것이다. 아브라함의 부르심은 이 가운데 두 번째 부르심의 유형에 속한다고 말한다. W. Brueggemann, 『창세기』, 193.

343) 하나님의 약속에 대한 아브라함의 믿음에 관한 주제는 아브라함 이야기를 관통한다. 이야기의 서두(12:3)와 중심부(15:6), 끝부분(22:1-13)에 골고루 나타난다. W. Brueggemann, 『창세기』, 185.

제2부

주제연구

제1장 '노동'과 '쉼'에 대한 구약성서의 이해[1]

I. 들어가는 말

지난 7월부터 주5일 근무제의 시행단계 중 제2단계가 시작되었다. 2004년 7월 공기업, 금융업, 보험업과 1000인 이상 사업장에서 시행하던 주5일 근무제가 이제 300인 이상 사업장으로 확대된 것이다. 주5일근무제가 이젠 우리사회의 기본적인 생활패턴으로 자리잡아가고 있다. 그동안 기독교계에서도 이 제도에 대한 찬반논란이 뜨거웠다.[2] 그러나 이 제도가 가지고 있는 근본취지를 이해하는 것이 무엇보다 중요하다. 그것은 노동시간을 제한하여 삶의 질을 높이는 데에 있다.[3] 이것은 누구나 일주일에 5일만 일하고 나머지 2일은 전혀 일하지 않고 쉰다는 의미가 아니다. 이것은 우리나라의 사회발전과 성숙의 단면을 보여주는 상징적인 제도이다. 만약 주6일 노동에서 주5일 노동으로의 변화만을 문

---

1) 이 글은 「교육목회」 26 (2005), 26-31쪽에 실려 있다.
2) 김종걸, "주5일 근무와 기독교문화 전략," 「한국개혁신학회 논문집」 제16권 (2004. 10), 107-16.
3) 이것은 '주40시간근무제'라고 말하기도 한다. 근무시간을 주40시간으로 제한하면, 하루 평균 8시간씩 노동하여 일주일에 5일만 근무하면 되기 때문이다. 이 제도가 잘 정착된다면 건전한 여가문화를 통하여 문화, 관광, 레저, 운송 등 서비스 산업의 발전과 더 많은 사람이 일자리를 같이 하여 실업문제 해소에도 도움이 될 것이다.

제 삼는다면, 그동안 매일 일해야 했던 전업주부나 노동시간이 보장되어 있지 않는 비정규직 노동자에게는 해당사항이 전혀 없을 것이 아닌가?

이제 우리는 주5일 근무제가 현실임을 깨닫고 새로운 변화와 도전에 적절한 대처를 해야 할 것이다. 교회가 시대에 뒤떨어지지 않는 적절한 대응을 하기 위해서는 '노동'과 '쉼'에 대한 바른 이해가 선행되어야 한다. 필자는 구약성서에서 말하는 '노동'과 '쉼'에 대한 이해를 통해 주5일 근무제 시대를 사는 이때에 건강한 신앙인의 삶을 위한 디딤돌을 마련하고자 한다.

II. '노동'에 대한 구약성서의 이해: 노동은 하나님의 창조질서다.

역사적으로 노동을 부정적으로 보는 시각들이 많이 있었다. 특히 영혼과 육체를 이분법적으로 이해했던 고대 헬라 세계에서는 노동에 대한 이해가 부정적이었다. 고대 헬라 철학자들(호머, 헤시오드, 플라톤, 아리스토텔레스 등)은 육체노동을 노예들의 활동으로 치부했고, 육체적인 노동을 해야 하는 사람들은 정치적 영역에서 제외되었다.[4] 왜냐하면 그런 사람들은 덕성을 갖춘 행동을 하기에 부적절한 사람들로 여겨졌기 때문이다. 따라서 육체노동으로부터 자유로운 한가로움($\sigma\chi o\lambda\acute{\eta}$)[5]이 철학이나 정치가 추구하는 목적이 되었다.

이러한 고대 헬라의 노동관은 기독교 신학에도 깊은 영향을 미쳤다. 어거스틴과 아퀴나스는 인간의 삶을 활동적인 삶(vita activa)과 관조적인 삶(vita contemplativa)으로 구분하면서 관조적인 삶을 더 가치 있는 것으로 평가했다.[6] 이러한 전통은 현대 신학자들에게까지도 이어졌다:[7] 하버마스(J. Habermas)는

---

4) 예컨대, Aristotle, *Politics in The Basic Works of Aristotle*, trans. Richard McKeon (New York: Random House, 1941), 1328b, 1288–89.

5) 이 낱말에서 "스콜라"(schola)와 "학교"(school, Schule)라는 말이 생겼다.

6) 양승훈, 『기독교적 세계관』 (서울: CUP, 2002), 193.

7) J. Ebach, "Arbeit und Ruhe: Eine utopische Erinnerung," in: 동저자, *Ursprung und Ziel: Erinnerte*

노동 자체가 인간의 타락이후 저주 아래에 놓여 있는 것으로 보게 하고, 케누 (M. Chenu)는 구약성서에서 나타나는 노동의 의무적인 성격을 속죄사상과 연결시키고 있으며, 메네(A. Menes)는 원역사(Urgeschichte)의 사회정치적인 배경에 관한 연구에서 하나님의 동산에서는 노동이 행해지지 않았고 노동 자체는 저주라고 전제한다.

그렇지만 이러한 노동에 대한 이해는 구약성서에서 보여주는 노동관과는 거리가 멀다. 우선 노동에 대한 개념부터 살펴보자. 구약성서에서 '노동/일'에 대한 히브리말 표현은 *p'l*, *'bd*, *'śh* 등의 동사와 *'abodā*, *ma'asæ*, *mela'kā*, *siblā*, *jegia'* 등의 명사로 나누어 파악할 수 있다.[8] 그러나 이러한 표현에는 어원론적으로나 의미론적으로 노동에 대한 인도-유럽어의 주요개념에서 드러나는 바와 같은 노동의 부정적 측면(예컨대, 불어의 travail은 중세라틴어 tripalare["괴롭히다"]에서, 러시아어 rabota는 "노예"를 의미하는 rab에서 파생되었고, 중세독일어 arbeit는 "고난"과 "괴로움"을 뜻한다)이 고찰되지 않는다. 또한 노동에 대한 명칭이 인간계층을 구분하는 표지로도 사용되지 않는다. 위에서 제시한 노동에 대한 개념들은 자유인이나 종의 구분에 관계없이, 심지어는 하나님의 행동에 대한 표현을 위해서도 사용된다(창2:2).

오히려 구약성서는 노동을 창조질서에 해당하는 것으로 서술한다. 이러한 사실은 두 개의 창조이야기(1:1-2:3; 2:4-3:23)에서 모두 확인된다. 먼저 첫 번째 창조이야기에서 하나님이 인간을 창조하신 후 인간에게 복을 주시며 처음으로 하신 "통치명령"(Herrschaftsbefehl)을 보자(창1:28): "하나님이 그들에게 복을 주시며 하나님이 그들에게 이르시되 생육하고 번성하여 땅에 충만하라, 땅을 정복하라, 바다의 물고기와 하늘의 새와 땅에 움직이는 모든 생물을 다스리라 하시니라."

이 명령에는 인간의 문화와 문명의 역사가 전제되어 있다.[9] 역사적으로 보면

Zukunft und erhoffte Vergangenheit (Neukirchen-Vluyn: Neukirchener Verlag, 1986), 92.

8) H.-D. Preuß, Art.: "Arbeit"(AT), in: TRE III, 613-18.

9) H. Gunkel, Genesis (Göttingen: Vandenhoeck und Ruprecht, 91977), 113.

이 구절이 자연 착취의 부정적인 영향을 끼친 dominium terrae("땅을 정복하라 [kbš]") 교리의 근거가 된 것은 사실이다. 그러나 이 통치명령 자체가 무차별적인 자연개발의 정당성을 제공하지 않는다. 최근의 연구들을 통해 이 구절에 대한 잘못된 이해들이 시정되고 있다. 특히 "다스리라"로 번역된 히브리 동사 rādā의 의미를 "짓밟다"는 기본의미에서 파생된 것으로 보아 무력적 지배의 근거를 제공하였던 종래의 견해가 반박되고, 양떼를 돌보는 '목자의 기능'을 의미하는 것으로 이해되고 있다.[10] 어쨌든 하나님의 통치명령은 인간에 대한 위임명령이다. 하나님이 조성하신 창조세계에서 번성하며 하나님을 대신하여 창조세계를 '가꾸고 다스릴 것'을 인간에게 허용하신다.

창조질서로서 노동에 대한 구약성서의 이해는 낙원이야기(2:4-3:23)에서 더 분명하게 드러난다. 창2:5의 '부재(不在)상황'에 대한 서술에서 "땅을 경작할"(la"bod 'æt hā'adāmā) 사람이 없었다고 말한다.[11] 비와 더불어 사람이 없었기 때문에 땅에는 초목과 채소가 없었다. 이러한 부재상황은 야훼 하나님의 창조활동과 더불어 해소된다. 야훼 하나님은 인간을 창조하셔서 자신이 준비하신 에덴동산에 "두신다"(2:8, 15). 그런데 이렇게 두 번 반복되고 있는 "두셨다"는 표현이 원문에서 서로 다른 동사를 통해 진술된다. 8절에는 일반적인 동사 śwm(칼형, "두다/놓다")이 사용되었으나, 15절에는 "안식하다"는 기본의미를 가지고 있는 동사 nwḥ가 여기에서 히필형(wajjanniḥehū)으로 사용되어, "안식처에 이르게 하다, 안식처에 데려다 놓다, 가만히 내버려 두다" 등의 뜻으로 해

---

10) E. Zenger, *Gottes Bogen in den Wolken: Untersuchung zu Komposition und Theologie der priesterschriftlichen Urgeschichte* (Stuttgart: Verlag Kath. Bibelwerk, 1987), 91; N. Lohfink, "Macht euch die Erde untertan?," in: 동저자, *Studien zum Pentateuch* (Stuttgart: Verlag Kath. Bibelwerk, 1974/1988), 11-28; K, Koch, "Gestaltet die Erde, doch heget das Leben! Einige Klarstellungen zum dominium terrae in Gen 1," in: 동저자, *Spuren des hebr ischen Denkens: Beiträge zur alttestamentlichen Theologie*, Gesammelte Aufsätze Band 1 (Neukirchen-Vluyn: Neukirchener Verlag, 1983/1991), 223-37.

11) 낙원이야기의 서술구조는 '땅을 경작하는 사람'이 "없다"는 진술(2:5)에서 시작하여 '땅을 경작할 사람'이 "있다"는 진술(3:23)로 끝이 난다.

석할 수 있다.[12] 이러한 점에서 15bα절의 서술(*wajjannihehū*)은 "에덴동산에 옮겨진 인간이 이후로 계속해서 안식하도록 결정되었다는 것이 아니라 이제 하나님의 창조활동이 끝이 나고 인간에게 지정된 생활공간이 완전하게 준비되었다"[13]는 의미로 파악된다.

그런데 15절은 이것으로 끝나지 않고 인간의 역할에 대한 진술을 포함하고 있다. 즉, 인간은 에덴동산을 "경작하고"[14] "지켜야" 한다(*lᵉ'obdāh ūlᵉšomrāh*). 여기에서 우리는 야훼 하나님이 인간을 창조하여 에덴동산에 두신 의도와 목적을 확인할 수 있다. 흔히 잘못 이해하듯이 에덴동산은 무위도식(無爲徒食)하는 게으름뱅이의 땅이 아니었다. 인간은 처음부터 노동하는 존재로 창조되었고 에덴동산에서 최초의 인간의 생활도 그러했다. 노동은 하나님의 창조질서에 속한 것이었다. 여기에서 또한 주목해야 할 점은 '경작'과 '보호'의 균형과 조화다. 야훼 하나님은 인간에게 일방적인 경작(개발)이나 일방적인 보존이 아니라 '경작'과 '보호'를 동시적인 과제로 부여하신다.[15] 2:15의 인간의 역할에 대한 진술을 통해 다시 한 번 자연에 대한 일방적인 개발이나 착취가 구약성서의 근거를 갖고 있지 않음을 확인하게 된다. 그렇다면 타락이후에 주어진 형벌은 무엇인가? 그것은 노동 자체가 아니라 더 고통스럽고 힘들게 된 노동조건이었다(3:18-19).

이러한 구약성서의 인간과 노동 이해는 이스라엘 주변세계의 창조신화와 비

---

12) HAL, 642.

13) J. Ebach, Arbeit und Ruhe, 94.

14) 우리말 개역성경은 동사 'bd의 의미를 "다스리다"라고 번역하여 원문의 의미가 다소 모호하였으나, 개역개정에서는 "경작하다"로 번역하여 원문의 뜻을 분명히 하였다.

15) "경작"과 "보호"의 균형과 조화는 낙원이야기에서 중심적인 주제로 작용한다. 3:23에서는 "보호"가 사람의 일이 아니라 그룹의 일이 된다. 그의 보호가 인간을 에덴으로부터 분리시킨다. 경작과 보호가 분리되면서 인간도 에덴으로부터 분리된다. 그리고 인간은 고통가운데서 거친 자연(가시와 덤불)에 맞서 경작해야 한다. 이러한 경작과 보호의 주제는 뒤이어 나오는 가인과 아벨의 이야기(창4:1-15)에서도 중요하게 작용한다. "경작자"('*ōbed 'adāmā*) 가인에게도 경작과 보호가 분리되면서 그에 따른 형벌이 뒤따른다. 자신은 경작자일뿐 "지키는 자"(*šōmer*)가 아니라는 그의 항변(9절)에서 경작과 보호가 분리되었을 때 나타날 수 있는 위험성을 경고한다. J. Ebach, Arbeit und Ruhe, 95-96.

교할 때 그 독특성이 더욱 두드러진다. 수메르나 바벨론의 문헌에 나타나는 인간창조에서도 인간존재와 노동의 본질적인 연관성이 있다. 인간들은 이전에 신들이 하던 노동을 경감하기 위해 창조된다. 다시 말해, 인간은 신을 '대신하여' 노동하는 존재로 창조되었다.[16] 그러나 구약성서는 그 반대다. 하나님이 인간을 위하여 일하시며 인간을 위해 세계를 창조하셨다. 인간은 자신을 위해 창조된 세계에서 자신의 삶의 영위를 위해서 일한다.

구약성서에서 노동은 저주가 아니라 하나님의 축복 아래에 있는 창조질서다. 그러나 노동자체가 목적이 될 수는 없다.[17] 그렇다면 하나님의 창조질서로서의 노동이 창조목적에 부합하며 의미 있게 되려면 어떻게 되어야 하는가? 여기에서 '쉼'에 대한 고찰이 필요하다.

Ⅲ. '쉼'에 대한 구약성서의 이해: 쉼은 노동의 완성이다.

위에서 언급한 고대 헬라사상의 노동관은 '노동 대신 쉼'(Ruhe statt Arbeit; rest instead of work)이라는 말로 요약된다. 여기에서는 노동과 쉼이 대립적인 관계로 이해된다. 그러나 구약성서의 창조이야기에서 보여주는 노동과 쉼과의 관계는 이것과 다르다. 최초의 쉼에 관한 언급이 있는 창세기 2장 2절을 보자: "하나님이 그가 하시던 일을 일곱째 날에 마치시니 그가 하시던 모든 일로부터 일곱째 날에 안식하시니라." 창조의 마지막 사역을 묘사하는 이곳은 노동의 종

---

16) 예컨대 바벨론 창조서사시 〈에누마 엘리쉬〉을 보라: J. B. Pritchard, *Ancient Near Eastern Texts: Relating to the Old Testament* (ANET) (Princeton: Princeton University Press, 31969), 68 (서판 Ⅳ 6-8행); 장일선, 『구약세계의 문학』 (서울: 대한기독교서회, 21994), 331.

17) 노동자체가 목적이 아니라는 사실을 노동의 결과에 구약성서의 판단이 잘 드러나고 있는 다음 두 본문에서 확인할 수 있다. 노동의 결과, 즉 수확을 공동체적인 연대 속에서 즐기는 것은 새로운 축복을 위한 근거이다(신14:29). 그러나 손으로 만든 것을 섬기는 것은 우상숭배다(시135:15-18; 또한 관련구절). 다시 말하면 생산품이 생산자를 지배하게 될 때 노동은 "허무한" 것이 된다(사44:9). 노동의 가치가 그것의 목적에 의해서 결정되는 것이다.

결과 노동으로부터의 쉼이 두 가지 별개의 것이 아니라 오히려 쉼을 통해서 비로소 노동이 완성된다는 사실을 보여준다.18) 이같은 사실은 바로 이어서 보도되는 제7일을 복되고 거룩하게 하는 하나님의 행동을 통해서도 확인된다: "하나님이 그 일곱째 날을 복되게 하사 거룩하게 하셨으니, 이는 하나님이 그 창조하시며 만드시던 모든 일로부터 그 날에 안식하셨음이니라"(3절).

6일 동안 계속된 창조는 제7일의 쉼을 통해서 끝이 난다. 비로소 창조사역이 완성되고 7일의 한 주간이 끝이 났다. 창조의 목적에 도달한 것이다.19) 노동과 쉼의 관계도 마찬가지다. 제7일의 안식을 통해서 창조사역이 완성되듯, 쉼을 통해서 비로소 노동이 완성된다. 노동 대신 한가함이 아니라 쉼과 함께 얻어지는 노동의 의미를 말한다.20)

그런데 여기에서 서술되고 있는 것은 하나님의 행동이다. 사람에 대한 것이 아니다. 이것이 안식일 계명의 근거가 될 순 있지만, 제도로서 안식일을 제정한 말씀으로 볼 수 없다. 사람의 쉼에 대한 계명은 안식일 계명에서 나타난다. 그렇다면 창세기 2장 2-3절의 서술과 안식일 계명 준수에는 어떠한 관계가 있는가? 사람은 안식일을 지킴으로 하나님의 쉼에 동참한다. 하나님의 안식에 참여하는 자는 하나님의 복주심을 누리는 자이다. 그것은 제7일을 복되고 거룩하게 하심으로 창조사역 전체가 하나님의 축복 속에 있게 한 하나님의 뜻에 부합하는 삶이기 때문이다.

사람의 쉼을 이해하기 위해서는 안식일 계명에 대하여 좀 더 자세히 살펴볼 필요가 있다. 십계명의 하나로서 안식일 계명은 출애굽기 20장 8-11절과 신명기 5장 12-15절에서 기록되어 있다. 그런데 흥미롭게도 이 두 번의 기록에서 일

---

18) J. Ebach, Arbeit und Ruhe, 100.

19) 제7일을 복되게 하였다는 것은 6일을 뺀 7일만을 의미한 것이 아니다. 그것은 6일을 포함하는 한 주간의 마지막 날로서 제7일이다. 그러므로 제7일이 복이 있게 됨으로 7일 전체가 하나님의 축복 속에 있게 된다. C. Westermann, *Genesis* (BK I/1) (Neukirchen-Vluyn, Neukirchener Verlag, 1974), 235.

20) 이것은 실업자가 늘어만 가는 오늘 우리 시대에 매우 절박한 현실의 문제로 경험된다. 오랫동안 일 없이 지낸 사람은 자유시간을 '인식'할 수도 없고 '운영'할 수도 없다. 실업자의 고통은 일하고 싶어도 일할 수 없이 놀기만 해야 하는 자유시간의 연속에 있다. 노동 없는 쉼이 견디기 힘들 듯이 쉼 없는 노동은 불완전하다.

치점과 차이점이 동시에 고찰되는데, 이러한 이중적인 면모에서 안식일 계명의 의미가 더욱 분명하게 드러난다. 우선 공통점을 살펴보면 "일하지 말라"는 명령이 동일하게 강조된다. 이것은 창세기 2장 2-3절에서 두 번 반복되고 '안식일'(šabbat)의 어원과 깊은 관련이 있고[21] "그만두다, 중지하다"는 기본의미를 가지고 있는 동사 šbt와 관련하여 이해할 수 있다. 즉 창세기 2장 15절에 허용된 자연에 대한 인간적인 개입을 중지하라는 것이다. 이 계명이 더욱 중요한 의미를 가지는 것은 계명의 대상들에 남/여종이나 나그네뿐 아니라 가축들까지 포함된다는 것이다. 이것은 안식일 계명이 사회적 약자에 대한 배려의 의미를 가지고 있음을 보여준다.[22] 쉼의 축복은 어느 특정한 집단이나 개인에게 국한되지 않고 공동체 전체에게 허락된 것이며, 안식일 계명은 그러한 공동체의 연대를 이루라는 하나님의 요구인 것이다.

다음으로 차이점을 보면 안식일 계명 준수에 대한 이유가 각각 다르게 나타난다. 출애굽기에서는 하나님의 '창조사역'에 근거를 두고 있으며(출20:11), 신명기에서는 출애굽의 '구원사건'에 그 근거를 두고 있다(신5:15). 십계명을 통해서 창조신학과 구원신학이 하나로 묶여져 있다. 그런데 이러한 근거의 차이에도 불구하고 두 곳 모두에게 중요하게 작용하고 있는 동사가 있다. 그것은 '기억하라'(zkr)는 것이다. 출애굽기 20장 8-11절은 "안식일을 '기억하여' 거룩히 지키라."고 말하면서 하나님의 창조사역을 그 이유로 적시하고 있고, 신명기 5장 12-15절은 안식일을 거룩히 "지키라"고 하면서, "종 되었던 너를 강한 손과 편 팔로 인도하신 야훼"를 "기억하라"고 추가적인 설명을 한다. 여기에서 우리는 안식일 계명 준수가 단순히 노동으로부터의 쉼에 있지 않다는 사실을 분명히 알

---

21) "안식일"(šabbat)의 기원에 대한 많은 논란이 있지만, 이 두 낱말 간의 관련성은 부정되지 않는다. E. Haag, Art. "šābbāt," *ThWAT* 7 (1993), 1040-46; H. Spieckermann, Art. "Sabbat I," in: *TRE* 29, 518-21; 성기문, 주5일 근무제와 구약의 "안식"준수, 「한국개혁신학회 논문집」 제16권 (2004. 10), 34-46.

22) 크뤼제만은 이러한 안식일 계명의 성격을 다음과 같이 평가한다: "여기에서 요구된 쉼은 노예노동(Sklavenarbeit)에 대한 실제적인 반대어이다"(F. Crüsemann, *Bewahrung der Freiheit. Das Thema des Dekalogs in sozialgeschichtlicher Perspektive*, [Gütersloh: Kaiser, 21998], 58).

수 있다.

안식일은 일반적인 시간의 흐름으로부터 구별된 시간이다. 이 특별한 날은 하나님의 행동에 대한 '기억'으로 지켜져야 한다. 안식일을 지키는 자는 이 날에 하나님의 창조사역의 모범을 따라서 안식을 누리며, 하나님의 구원사건을 기억하며 해방과 자유를 주신 하나님께 감사한다. 더 나아가 하나님의 창조사역과 구원행동에 대한 기억은 앞으로 그렇게 이루어 주실 하나님의 역사를 소망하는 것을 포함하고 있다. 이로써 안식일의 쉼은 '원천과 목표'의 차원을 가진다. 우리는 이미 주어진 안식과 앞으로 완전하게 이루어질 안식 사이에 서 있다. 참된 안식이 아직 실현되지 않는 이 현실 속에서 사람들은 안식일의 '쉼'을 경험함으로 하나님의 영원한 안식을 '미리' 맛보고 '소망'하게 된다(히3:7-4:13).

IV. 나가는 말

이상의 고찰을 통해서 노동과 쉼에 대한 올바른 성서적 시각을 얻을 수 있었다. 이 고찰을 토대로 주5일 근무제 시대에 요구되는 목회활동에 대한 몇 가지 제안을 하고자 한다.

첫째, 노동에 대한 긍정적인 이해가 필요하다. 노동은 하나님의 창조질서에 속한 것으로 하나님의 위임명령이다. 노동은 이러한 하나님의 위임명령에 부응하는 삶이며 가치 있는 일임을 깨닫게 하여 교인들이 일상생활에 적극적으로 임하도록 해야 한다.

둘째, 교회활동에서도 쉼을 보장하는 목회철학이 필요하다. 교회활동을 많이 하는 것이 제일인 것이 아니라 목회자 자신이나 교인들의 일주일 생활 가운데 적절한 쉼의 시간을 확보하여 재충전의 기회를 갖도록 해야 한다. 특별히 주일은 안식일 계명의 정신을 이어받아 하나님의 창조사역과 구원행동을 기억하여 하나님의 안식에 동참하며, 장차 하나님의 구원을 통해 이루어질 참 안식을 소망하는 날이 되어야 할 것이다.

셋째, 늘어난 주말시간을 선용함으로 교인들의 영적성숙과 건전한 기독교 문화 확산의 기회로 삼아야 한다. 위기는 기회가 될 수 있다. 다양한 활동으로 주말프로그램을 강화하여 주일예배 중심의 신앙생활에서 벗어나 삶을 나누는 생활신앙으로의 발전을 꾀할 수 있다. 금요일 저녁부터 시작되는 주말시간을 활용하여 깊이 있는 영성수련의 기회를 제공하며, 다양한 문화활동과 봉사활동을 통해 건전한 여가문화를 함양하고 나눔과 섬김의 삶을 체험케 할 수 있을 것이다.

구약성서에 나타난 안식(安息)의 의미[23]

I. '안식'을 표현하는 낱말들

구약성서에서 안식을 표현하는 낱말은 우선 〈누아흐〉(נוּחַ)를 생각할 수 있는데, 이것이 칼형(Qal)으로 쓰일 때는 '쉬다, 휴식하다'의 뜻을 나타내고(출 20:11; 신5:14; 출23:2 등), 히필형(Hiph)으로 쓰일 때는 '안식을 주다, 평안을 주다'의 뜻으로 쓰인다(사28:12; 출33:14; 신12:10 등).[24] 또한 그것의 명사형인 〈메누하〉(מְנוּחָה)는 '평온, 위안, 휴식처' 등의 뜻을 가지고 있다(창49:15; 시 23:2; 신12:9; 민10:33 등).[25] 이것과 관련된 다른 낱말들은 '쉬다, 안식하다'의 뜻을 가진 〈솨케트〉(שָׁקַט), '안전하다, 평온하다'의 뜻을 가진 동사 〈샬라아〉에서 파생된 〈샬레브〉(שָׁלֵו)와 〈샬바〉(שַׁלְוָה), '무사하다, 완성되다'의 기본 의미를 가진 동사에서 파생되어 '안녕, 안전, 평강, 평안, 평화' 등의 뜻을 가진 〈샬롬〉(שָׁלוֹם), '그만두다, 쉬다'의 뜻을 가진 〈샤바트〉(שָׁבַת)가 있다.[26] 이러한 낱말에 대한 70인경의 번역은 주로 〈아나파우에인〉(ἀναπαύειν)이나 〈에파나파

23) 이 글은 「성경과 목회」 5 (2010), 77–84쪽에 실려 있다.
24) H. F. Wilhelm Gesenius, 「히브리어 · 아람어 사전」, 이정의 옮김, (서울: 생명의 말씀사, 2007), 495.
25) H. F. Wilhelm Gesenius, 「히브리어 · 아람어 사전」, 438.
26) H. D. Preuß, ThWAT V, 299.

우에스타이〉(ἐπαναπαύεσθαι)의 동사형이나 〈아나파우시스〉(ἀνάπαυσις)나 〈카타파우시스〉(κατάπαυσις)의 명사형으로 나타난다. 이 글에서는 이러한 여러 낱말 중에서 동사 〈누아흐〉와 명사 〈메누아흐〉를 중심으로 구약성서에 나타난 안식은 어떤 의미를 가지고 있는지 살펴보고자 한다.

II. 안식 1: 노동으로부터 쉼

구약성서의 안식은 무엇보다도 먼저 하나님의 창조사역에서 찾아볼 수 있다. 창세기 2장 2-3절에서는 하나님이 창조사역을 마치시고 안식하시는 모습을 다음과 같이 서술한다: "하나님이 그가 하시던 일을 일곱째 날에 마치시니 그가 하시던 모든 일을 그치고 일곱째 날에 안식하시니라. 하나님이 그 일곱째 날을 복되게 하사 거룩하게 하셨으니 이는 하나님이 그 창조하시며 만드시던 모든 일을 마치시고 그 날에 안식하셨음이니라." 여기에서 '안식하다'는 표현을 위해 사용된 히브리 동사는 〈샤바트〉이다. 하지만 하나님의 안식에 근거하여 안식일 계명을 말하고 있는 출애굽기 20장 11절에는 〈누아흐〉 동사가 사용되었다. 더 나아가 안식년과 안식일 계명을 한 문맥에서 기술하고 있는 출애굽기 23장 12절에서는 〈샤바트〉와 〈누아흐〉 동사가 함께 사용되고 있다. 이처럼 〈샤바트〉와 〈누아흐〉은 서로 대응되는 개념으로 '쉬다, 안식하다'의 뜻을 나타낸다고 하겠다.

창세기와 출애굽기의 안식일 계명을 통해서 말하고 있는 안식의 의미는 무엇인가? 그것은 노동으로부터 쉬는 것이다. 하나님은 엿새 동안 일하시고 일곱째 날에 '그가 하시던 모든 일'(from all his work)로부터 쉬셨다. 이때 하나님은 그 일곱째 날을 위해 두 가지 행동을 하신다. 그날을 '복되게'(ברך의 피엘형) 하시고 '거룩하게'(קדש의 피엘형) 하셨다. 하나님은 안식일을 복되게 하시고 거룩하게 하여 특별한 날로 구별하신 것이다. 안식일을 지킴으로 하나님의 복주심과 거룩하게 하심에 참여하게 되는 것이다. 그러면서 사람은 "하나님만이 모든 일의 성취와 존재의 완성을 가져다주실 수 있는 분"[27)]이라는 사실을 깨닫는다. 이로써 하나님은 창조세계에 또 하나의 질서를 세우신 것이다. 그것은 이 땅의 모든 피조물이 창조질서의 리듬을 따라 존재하게 하신 것이다: "모든 피조물이 존재하는 것은 낮과 밤의 양극성에 의해서 결정되지만, 인간의 존재는 평일과 신성한 날, 노동의 날과 쉼의 날의 양극성에 의해서 결정된다."[28)]

사람은 하나님의 창조질서에 맞추어 살아야 한다. 그럴 때 하나님이 만드신 창조세계의 축복을 경험할 수 있다. 따라서 사람은 하나님의 모범을 따라 노동으로부터 쉼을 경험하며 살아야 한다. 엿새 동안 열심히 일하지만, 일곱째 날은 쉬어야 한다: "너는 엿새 동안에 네 일을 하고 일곱째 날에는 쉬라 네 소와 나귀가 쉴 것이며 네 여종의 자식과 나그네가 숨을 돌리리라"(출23:12). 특별히 이 날은 소와 나귀와 종과 나그네가 '숨을 돌리는 날'이다. 진정한 자유가 없는 가축과 약자들이 고된 노동으로부터 해방되어 안식을 경험하는 날인 것이다. 안식일은 통제권이 있고 자율권이 있는 자들이 아니라 오히려 돈과 권력이 없어 통제받고 사는 사람들과 가축들에게 더 큰 의미가 있는 날이다. 오늘날 현대사회의 일상에서 특히 행사와 활동에 분주한 한국교회의 신앙생활에서 이러한 안식의 의미가 더욱 분명하게 인식되고 실천되어야 할 것이다.

하나님의 창조는 일곱째 날 안식을 통해서 완성되었다. 노동과 쉼의 관계도 마찬가지다. 일곱째 날의 안식을 통해서 창조사역이 완성되듯, 노동도 쉼을 통해서 완성된다. 쉼이 있을 때 노동의 진정한 의미와 가치를 경험하게 된다.[29)]

---

27) E. Haag, *Vom Sabbat zum Sonntag: eine bibeltheologische Studie* (Trier: Paulinus-Verlag, 1991), 18–23.

28) C. Westermann, *Genesis* 1–11 (BK) (Neukirchen-Vluyn: Neukirchener Verlag, 1974), 236.

29) 구약성서에서 말하는 '노동'과 '쉼'에 관하여 필자의 졸고를 참조하라: "주 5일 근무제와 교육목회: '노동'과 '쉼'에 대한 구약성서의 이해," 「교육목회」26 (2005), 26–31.

Ⅲ. 안식 2: 약속의 땅을 차지하는 것

구약성서가 보여주는 두 번째 안식의 모습은 약속의 땅을 차지하는 것에서 나타난다. 출애굽의 목적은 가나안 땅에 들어가는 것이다. '젖과 꿀이 흐르는' 약속의 땅에 들어갈 때 그들은 진정한 안식을 누릴 수 있다. 구약성서 가운데 특히 신명기와 신명기 역사서에서 광야에서 헤매는 것과 대조적인 상태인 '약속의 땅을 차지'하는 것을 안식이라고 말한다(신 3:20; 12:9; 수1:13, 15). 하나님이 약속하신 땅에 들어가야 진정한 '휴식처'(〈메누하〉)를 찾게 되는 것이다. 광야에서 얻는 안식은 일시적이며 불안한 것이다. 광야의 삶은 광야의 맹수와 대적의 위협으로부터 노출되어 있고, 생활에 필요한 양식과 용품이 제대로 공급되지 못한다. 그러기 때문에 광야유랑을 경험했던 이스라엘 백성들에게는 가나안에 정착하는 것이 안식이요 휴식인 것이다. 그래서 시편 95편 10-11절에서는 다음과 같이 말한다: "내가 사십 년 동안 그 세대로 말미암아 근심하여 이르기를 그들은 마음이 미혹된 백성이라 내 길을 알지 못한다 하였도다. 그러므로 내가 노하여 맹세하기를 그들은 내 안식(〈메누하〉)에 들어오지 못하리라 하였도다."

구약성서의 내용 가운데 언약의 백성으로서 살아가는 과정을 가장 잘 보여주는 사건은 출애굽에서 가나안 땅에 이르는 여정이다. 출애굽은 종살이 하던 억압과 압제의 땅에서 탈출하여 언약의 백성이 되는 원형적인 구원사건이며, 광야생활은 방랑과 유랑으로 이리저리 헤매면서도 하나님의 인도와 보호를 통해서만 제대로 통과할 수 있는 인생살이에 비유된다. 광야의 여정은 약속의 땅에 들어가는 것으로 끝난다. 마찬가지로 우리의 인생도 요단강을 건너 약속의 땅에 들어가는 것처럼 죽음이라는 종말의 관문을 지나 하나님 나라에 들어가는 것으로 인생의 목적이 이루어지는 것이다. 하나님이 약속하신 땅에 들어갈 때 진정한 안식을 경험할 수 있고, 구원의 삶이 완성되는 것이다. 히브리서 기자는 이러한 구약의 사건을 당시의 교회 공동체 구성원들에게 적용시켜 안식과 구원의 의미를 설명하고 있다(히3:7-4:11). 출애굽한 이스라엘 백성 가운데 하나님의 약속에 대해 믿음으로 화답한 자만이 약속의 땅에 들어갔듯이, 지금 교회 공동체 안에서 신앙생활을 하고 있는 사람들이라 할지라도 하나님의 약속에 대한 확실한 믿음으로 순종하는 삶을 살 때 하나님의 나라에 들어가 참된 안식을 경험하게 될 것이라고 말한다.

10명의 정탐꾼처럼 하나님이 주신 약속의 땅을 믿음의 눈으로 바라보지 못하는 사람은 안식을 경험하지 못한다(민14:22-23). 하지만 여호수아와 갈렙처럼 하나님의 약속에 대한 견고한 믿음으로 하나님을 온전히 따를 때, 하나님이 약속하신 땅을 차지하게 되며 하나님이 허락하신 안식을 경험하게 된다(민14:24, 30).

IV. 안식 3: 원수와 전쟁으로부터 벗어난 평화와 안정

구약성서에 나타난 안식의 세 번째 의미는 원수와 전쟁으로부터 벗어나 누리게 되는 평화와 안정이다. 신명기(12:10; 25:19)와 여호수아서(21:44)에서 이스라엘 백성이 약속의 땅을 차지하고 난 후 대적들을 제압하고 얻게 될 안식을 말하고 있다: "야훼께서 그들의 주위에 안식을 주셨으되(〈누아흐〉의 히필형) 그 조상들에게 맹세하신 대로 하셨으므로 그들의 모든 원수들 중에 그들과 맞선 자가 하나도 없었으니 이는 야훼께서 그들의 모든 원수들을 그들의 손에 넘겨주셨음이니라"(수21:44). 이러한 평화와 안정은 다윗과 솔로몬 시대에 표본적으로 경험된다.

사무엘하 7장 1절과 11절에서는 다윗 시대에 누리게 되었던 평화와 안정을 말하고 있다. 하나님이 다윗으로 하여금 모든 원수를 무찌르고 평화를 누리게 하셨다. 열왕기상 4장 24-25절(히브리성경 5:4-5)과 5장 4절(히브리성경 5:18)에는 솔로몬 시대에 누렸던 평화가 기술되어 있다. 사방의 원수로부터 태평과 안정을 주셨다. 그러한 상태를 "각기 포도나무 아래와 무화과나무 아래에서 평

안히 살았다"는 말로 표현하고 있다. 이것은 예언자들에 의해서 선포된 미래의
구원시대에 이루어지게 될 풍요와 평안의 이상적인 삶의 모습이다(미4:4; 슥
3:10). 다시 말하면 솔로몬 시대에 경험했던 평화와 안정이 장차 누리게 될 이
상적인 삶의 모습으로 그려지고 있는 것이다(대상22:9에서는 솔로몬이 '안식
의 사람'〈이쉬 메누하〉[a man of peace]라고 불려진다).[30]

그러한 사실은 다윗이 이스라엘 모든 방백들에게 솔로몬을 도와 성전을 건축
하라고 당부하는 말 가운데에서도 확인된다: "너희 하나님 야훼께서 너희와 함
께 계시지 아니하시느냐 사면으로 너희에게 평온함을 주지(〈누아흐〉의 히필형)
아니하셨느냐? 이 땅 주민을 내 손에 넘기사 이 땅으로 야훼와 그의 백성 앞에
복종하게 하셨나니"(대상22:18). 이뿐 아니라 솔로몬의 성전봉헌기도 가운데에
서도 나타난다: "야훼를 찬송할지로다 그가 말씀하신 대로 그의 백성 이스라엘
에게 태평(〈메누하〉)을 주셨으니 그 종 모세를 통하여 무릇 말씀하신 그 모든 좋
은 약속이 하나도 이루어지지 아니함이 없도다"(왕상8:56). 또한 아사왕이나 여
호사밧왕이 다스리던 때에 맛보았던 평화와 안정을 설명할 때도 동일한 표현이
사용된다(대하 14:5이하; 15:15; 대하 20:30).

이러한 고찰 가운데 주목할 점은 원수와 전쟁으로부터 벗어나 얻게 되는 안
식이 누구로부터 비롯되었는가 하는 점이다. 위의 예에서 알 수 있듯이 이스라
엘이 평화와 안정을 얻었다고 말하는 곳에는 그것이 〈누아흐〉의 히필형으로 표
현되든 아니면 〈메누하〉라는 명사로 표현되든 모든 곳에 야훼 하나님이 주어로
나타난다.[31] 역대상 22장 18절에는 야훼 하나님이 '함께' 계신다는 사실이 강조
된다. 따라서 이스라엘이 얻었던 평화와 안정은 하나님이 주신 것임을 알 수 있
다. 그것은 하나님이 함께 하지 않으시면 얻을 수 없는 안식이다.

---

30) 이러한 평화와 안정은 〈샬롬〉과 밀접한 관계에 있다. 이사야 32장 18절에는 〈샬롬〉과 〈메누하〉가 동시에 나
타난다: "내 백성이 화평한〈샬롬〉 집과 안전한 거처와 조용히 쉬는〈메누하〉 곳에 있으려니와". 솔로몬 왕
이 누린 평화와 안정은 〈샬롬〉과 관련이 있는 그의 이름(〈쉘로모〉, שְׁלֹמֹה)에 이미 예기되어 있다.
31) H. D. Preuß, *ThWAT V*, 300, 305.

V. 안식 4: 마음의 평안

구약성서에 나타난 안식의 네 번째 의미는 심리적이며 정서적으로 느끼게 되는 마음의 평안이다. 신명기 28장 65절은 이스라엘이 반역하여 여러 민족 가운데 흩어짐을 당할 때 그들이 경험하게 될 고통스런 삶에 대해서 말하고 있다. 약속의 땅에서 쫓겨난 그들이 평안함을 얻지 못하고 두려움과 공포에 시달리며 불안한 나날을 보내게 될 것이라고 말한다. 예레미야 45장 3절에는 예레미야가 겪었던 고통과 슬픔이 묘사되어 있다. 예레미야는 예언자직을 수행하면서 겪어야 했던 어려움을 이렇게 말한다: "야훼께서 나의 고통에 슬픔을 더하셨으니 나는 나의 탄식으로 피곤하여 평안(〈메누하〉)을 찾지 못하도다."

그렇다면 마음의 평안은 언제 어떻게 얻어질까? 그것은 하나님의 구원과 도우심을 확신할 때 가능하다(사26:3). 시편 116편 기자는 '사망의 줄'이 그를 두르고 '스올의 고통'이 그에게 이르렀을 때에도 이렇게 말한다: "내 영혼아 네 평안함으로 돌아갈지어다. 야훼께서 너를 후대하심이로다"(7절). 현실이 아무리 어렵고 힘들어도 은혜롭고 의로우시며 긍휼이 많으신 하나님(5절)을 의지하며 그분의 구원과 도우심을 확신할 수 있다면, '내 영혼아, 네 평안함으로 돌아갈지어다'라고 외칠 수 있고 마음의 평안을 누릴 수 있다. 그것은 시편 42편 기자가 느꼈던 것과 정반대의 감정이다: "내 영혼아 네가 어찌하여 낙심하며 어찌하여 내 속에서 불안해 하는가? 너는 하나님께 소망을 두라 그가 나타나 도우심으로 말미암아 내가 여전히 찬송하리로다"(5절, 11절).

시편 23편은 하나님의 인도하심을 노래하는 시이다. 야훼를 목자로 고백하는 시인은 그분의 인도하심 속에서 참된 평안을 얻는다. 사망의 음침한 골짜기로 다닐 때에도 두려움에 떨거나 불안해하지 않는다. 왜냐하면 목자되신 하나님이 지팡이와 막대기로 자신을 항상 보호하고 있음을 알기 때문이다. 자신을 인도하시는 하나님이 날마다 경험되기 때문이다. 그래서 시인은 하나님이 인도하시는 곳을 '쉴 만한 물 가'라고 말한다. '쉴 만한'으로 번역된 히브리말은 〈메누하〉

이다. 그곳은 하나님의 인도를 받는 사람만이 누릴 수 있는 '안식의 장소'인 것이다. 그러므로 마음의 평안으로 찾아오는 안식은 오직 하나님과 함께 할 때만 가능하다.

VI. 나가는 말

구약성서에 나타난 안식의 의미를 동사 〈누아흐〉와 명사 〈메누하〉를 중심으로 살펴보았다. 필자는 중심낱말 연구를 통해 '노동으로부터 쉼,' '약속의 땅을 차지하는 것,' '원수와 전쟁으로부터 벗어난 평화와 안정,' '마음의 평안' 등의 네 가지로 안식의 의미를 정리할 수 있음을 살펴보았다. 구약성서에서 말하는 안식은 육체적인 측면(안식1)과 심리적인 측면(안식4)을 포괄한다. 또한 구약성서에서 말하는 안식은 구원의 장소와도 밀접한 관계가 있다(안식2).[32] 이뿐 아니라 구약성서에서 말하는 안식은 원수와 전쟁이 없는 평화의 상태를 말한다(안식3). 그럼에도 불구하고 이 모든 안식의 의미는 하나님과의 관계 속에서만 고찰될 수 있음을 알 수 있었다. 안식은 하나님의 모범을 따르는 것이고, 하나님이 함께 하시고 하나님이 주셔야만 가능한 것이었다. 그 어느 때보다 참된 안식이 요청되는 이 시대에 구약성서를 통해 드러난 안식의 의미가 더욱 풍성하게 경험되기를 소망한다.

---

32) J. Ebach, "Arbeit und Ruhe: Eine utopische Erinnerung," in: 동저자, *Ursprung und Ziel: Erinnerte Zukunft und erhoffte Vergangenheit* (Neukirchen–Vluyn: Neukirchener Verlag, 1986), 102.

제3장 '창조와 종말' 주제를 위한 동물의 신학적 의의(意義)[33]

I. 들어가는 말

구약성서 신학은 폰라트(G. von Rad) 이전과 이후를 나눌 만큼 폰라트의 영향이 지대하였다. 폰라트는 자신의 주저인 『구약성서신학I/II』을 통해 구약성서가 '기본적으로 역사 안에서 활동하시는 하나님 행위에 관심을 갖는 역사서'라는 평가와 함께 구약성서에 나타난 이스라엘 신앙의 역사적 측면을 강조하였다. 구약성서의 기본적 내용은 '구원사'(Heilsgeschichte)이므로 '다시 들려 주는 일'(Nacherzählung)이 구약성서 신학의 핵심적 과제라고 역설하였다. 이러한 폰라트 구약신학의 특성은 '창조신앙'도 거룩한 역사의 파생물이라고 말하며 구원사 신앙에 포함시키려 한 것에서 잘 드러난다.

그러나 역사중심적인 구약신학은 베스터만(C. Westermann) 이후 창조 주제에 대한 관심의 대두로 새로운 전기를 맞게 된다.[34] 베스터만은 하나님의 '구원행위'(Gott als Retter)와 대비되는 행동양식으로서 하나님의 '축복행위'(Gott

---

33) 이 논문은 「구약논단」 30 (2008.12) 126-146쪽에 실려 있다.
34) C. Westermann, Der Segen in der Bibel und im Handeln der Kirche, München: Kaiser, 1992. 또한 그의 구약신학 입장을 정리한 다음 책을 보라. 동저자, 『구약신학의 요소들』, 박문재 역, 서울: 크리스챤 다이제스트 1999.

als Segnender)를 강조했다. 구원행위는 구원을 목적으로 하나님의 현재적 행위들을 통해 역사 속에서 일어나는 반면, 축복행위는 지속적인 행위로서 생명과 성장과 번성을 촉진시키고 창조를 위험과 손상으로부터 보존하는 힘으로 나타난다는 것이다. 따라서 그는 창조에 관한 모든 구절들을 제2이사야의 빛 아래에서 구원론과 결부시키려는 시도를 공격하였다. 그리고 하나님의 구원행위에 관한 전승과는 구별되는 창조전승의 성격을 강조하였다.

그 후 크뤼제만(F. Crüsemann)[35]과 쩽어(E. Zenger)[36]는 창세기 1–11장에 나타난 시원사(始原史)의 독자적인 성격을 강조하였고, 역사 중심적인 구약신학에서 '창조'를 구약신학의 독립적인 주제로 부각시켰다. 심지어 슈미트(H. H. Schmidt)는 창조신앙 또는 하나님이 세상을 창조하시고 여러 가지 질서를 보존하신다는 신앙은 구약성서 신학의 주변적인 주제가 아니라 오히려 기본적인 주제라고까지 주장하였다.[37] 왜냐하면 성서가 창조의 주제로부터 시작되고 있으며, 이스라엘의 축제는 본질적으로 자연과 관련된 것이기 때문이라는 것이다.

구약성서 신학 안에서 전개된 이러한 변화는 구약신학의 중심 또는 관심 주제가 '역사'에서 '창조'로 이동되었다는 단순한 사실에서 그 의미가 올바로 평가될 수 없다. 이러한 구약성서 신학에 대한 평가에는 인간중심적인 구약신학에서 창조세계 전체에 대한 구약신학으로 그 관심과 대상이 더 넓혀졌다는 의미

---

35) F. Crüsemann, Die Eigenstädigkeit der Urgeschichte. Ein Beitrag zur Diskussion um den "Jahwisten", in: J. Jeremias and L. Perlitt (Hg.), *Die Botschaft und die Boten.* Festschrift für Hans Walter Wolff zum 70. Geburtstag, Neukirchen–Vluyn: Neukirchener Verlag 1981, 11–29.

36) E. Zenger, Beobachtungen zur Komposition und Theologie der jahwistischen Urgeschichte, in: Katholischen Bibelwerk e. V. (Hg.), *Dynamik im Wort, Lehre von der Bibel – Leben aus der Bibel,* FS aus Anlaß des 50–jährigen Bestehens des Katholischen Bibelwerks in Deutschland (1933–1983), Stuttgart: Verl. Kath. Bibelwerk, 1983, 35–54.

37) H. H. Schmid, Gerechtigkeit als Weltordnung. Hintergrund und Geschichte der alttestamentlichen Gerechtigkeitsbegriffes (Beiträge zur historischen Theologie; 40), Tübingen: Mohr (Siebeck), 1968. 또한 자신의 개념 중심의 탐구들로부터 신학적 결론들을 이끌어 내었던 일련의 글들을 모아 놓은 그의 논문집을 참조하라. 동저자, *Altorientalische Welt in der alttestamentlichen Theologie,* Zürich: Theolog. Verl., 1974.

가 있다. 이러한 변화는 1970년대 이후 산업사회가 가져온 자연파괴와 인간적인 삶의 상실에 대한 우려와 관심이 집중된 시기와 맞물려 있다. 이러한 신학적 관심주제의 동향은 조직신학 분야에서도 비슷하게 고찰된다.

조직신학에서는 창조와 창조세계에 대한 관심이 생태계 신학이라는 이름으로 표출되었다. 생태계 신학은 생태계의 위기가 본격적으로 거론된 1980년대부터 연구되기 시작하였다.[38] 생태계 신학의 특징은 인간중심적인 신학에 대한 비판으로 파악된다. 그전까지 서구 신학은 대체로 하나님과 인간의 관계에 집중해 왔다. 즉 그것은 주로 죄인 된 인간이 어떻게 의로우신 하나님 앞에서 의롭다고 인정받을 수 있는가 하는 인간구원의 문제를 다루는 구속신학(redemptive theology)이었다. 그러나 생태계신학은 그동안의 신학이 지나치게 인간 중심적이었다고 비판하면서 신학의 대상을 인간에서 세계 전체로 옮기고자 하며, 이 점에서 전통적인 구속 중심의 신학(redemption–centered theology)에서 벗어나 창조 중심의 신학(creation–centered theology)을 전개한다. 자연을 살아 숨쉬는 하나의 통일된 생명체로 이해하며 무자비한 약탈이나 남용으로부터 보존하고 가꾸어야 할 대상으로 그 의미와 가치를 새롭게 부여한다.

그러나 위에서 간략히 살펴본 바와 같이 20세기 전반에 걸쳐 이루어진 창조와 창조신학에 대한 관심의 증가와 '패러다임의 전환'(paradigm shift)이라 부를 만큼 중요한 변화에도 불구하고, 그동안 동물세계는 구약신학의 주된 관심의 대상이 되지 못했다. 서구에서는 비교적 많은 연구가 진행되었음에도 불구하고, 특별히 국내에서는 심층적인 접근이나 독립적인 주제로서 다루어진 문헌이 없을 만큼 동물세계에 대한 관심과 연구가 거의 전무한 상태다. 그러나 구약성서의 주요본문에 나타난 동물세계에 대한 묘사가 보여주는 신학적 함의는 결코 간과되어서는 안 될 중요한 내용이다.

---

38) 박만, 『현대신학이야기』, 서울: 살림, 2004, 85. 생태계신학에 관한 일반적인 소개는 다음 책을 참조하라: 김균진, 『생태계의 위기와 신학』, 서울: 대한기독교서회, 1991; 호남신학대학교, 『생태학과 기독교 신학의 미래』, 서울: 한들출판사, 1999.

본 논문에서는 '창조와 종말' 두 주제 가운데 우선적으로 '창조'의 주제와 관련된 본문들을 중점적으로 다루고자 한다. 특별히 필자가 선정한 본문들(창1:1-2:4a; 시104편; 욥38-41장)은 단순히 '세계창조'나 '우주의 시작' 정도의 내용이 아니라 '창조세계에서 드러나는 하나님 통치'의 주제를 담고 있다. 이 주제는 우주의 시작이나 기원 등에 관한 질문을 뛰어 넘어 오늘 이 시대가 당면하고 있는 질문에 대한 답변을 내포하고 있기 때문에 중요하다. 바로 이러한 본문들에서 동물세계에 대한 언급이 신학적 메시지를 전달하는 중요수단이 되고 있다. 본 연구에서는 '창조' 주제가 다루어진 구약성서의 본문들에 대한 주석적 연구를 통해서 동물세계가 보여주는 상징성을 규명하고, 구약성서 신학에 미치는 동물세계의 중요성을 재인식하고자 한다.

II. '창조'와 동물세계

1. 창세기 1장 1절 – 2장 4전반절

 1) 예비고찰

창1장의 범위는 내용에 따라 더 정확히 말하면 2:4a(혹은 3절)에 이른다. 이 본문은 흔히 제사(P)문서로 분류된다. 창조에 대한 첫 번째 기사인 창1:1-2:4a는 원역사인 창1-11장, 또는 창세기 전체의 서론과 같은 역할을 한다. 그 내용을 크게 구분하면 1)표제어: 창조의 선언적 서언(1:1), 2)창조의 서술(1:2-2:3), 3)결론(2:4a)으로 나뉜다.

창조의 서술은 다시 창조이전의 상태(1:2), 6일 동안의 창조(1:3-31), 창조의 완성과 축복(2:1-3)으로 세분화된다.[39] 창조이전의 상태는 땅을 주어로 하는 창

---

39) 왕대일은 창조이전(1:2)과 창조이후(2:1-3)의 대칭적 구조를 통해 창조사건의 의미가 분명하게 드러나고 있

조 이전의 땅의 상태에 대한 묘사(1:2a)와 하나님의 신을 주어로 하는 창조 이전의 상태에서 운행하시는 하나님의 모습에 대한 설명으로 구성된다(1:2b).

6일 동안의 창조는 창조의 말씀("하나님께서 이르시되")과 창조의 맺음말("저녁이 되고 아침이 되니 이는 00째 날이니라")을 틀로 하는 6개의 단락(1:3-5, 6-8, 9-13, 14-19, 20-23, 24-31)으로 구성된다. 이외에도 "그대로 되니라"(1:3, 7, 9, 11, 15, 24, 30)나 "하나님이 보시기에 좋았더라"(1:4, 12, 18, 21, 25, 27)와 같은 표현도 반복된다. 이러한 반복과 더불어 각 날의 창조에 관한 묘사는 기본적으로 "창조의 말씀"(1:3a, 6, 9, 11, 14, 20, 24, 26), "창조의 행동"(1:4b, 7, 16-18, 21, 25a), "창조의 평가"(1:4a, 12b, 18b, 21bβ, 25b, 31a), "창조의 맺음말"(1:5b, 8b, 13, 19, 23, 31b)로 구성된다.

이러한 구조 속에서 1-3일의 창조에 대한 이야기는 피조된 것이 구분되었음을 강조한다. 첫째 날에는 하나님께서 빛을 창조했고 그 후에 빛과 어두움을 나누셨다(1:4). 둘째 날에는 궁창이 창조되었고 그 후에 물이 궁창 위의 물과 궁창 아래의 물로 나뉘었다(6-7절). 셋째 날에는 땅과 물이 구분되었다(9절). 그러므로 1-3일의 창조에 대한 기사에는 이전에 함께 섞여 있었던 것들(빛과 어둠, 궁창 위와 아래, 땅과 물)이 각각 분리되어 제자리를 찾아가는 모습을 보여준다.

반면에 4-6일의 창조에 대한 기사는 1-3일에 나뉘었던 각 영역이 피조물로 채워지는 것을 기술한다. 넷째 날에는 하나님께서 첫째 날에 만드셨던 빛을 해, 달, 별들로 채우셨다(14절). 다섯째 날에는 둘째 날에 구분하였던 궁창 위와 궁창 아래를 새와 물고기로 번성하고 충만하게 하셨다(20절과 22절). 여섯째 날에는 셋째 날에 구분하여 드러난 땅을 동물들과 사람으로 충만하게 하셨다(28절).

창조의 완성과 축복은 하나님께서 창조를 마치시고 안식하셨다는 설명(2:2)과 일곱째 날을 축복하시고 그 날을 거룩하게 하셨다는 설명(2:3)으로 구성되어

음을 지적한다. 그것은 "혼돈과 공허의 땅"에서 "군대"(*Sābā*)처럼 조직과 질서를 갖춘 세상으로 바뀐 것이요, '무로부터의 창조'(creatio ex nihilo)가 아니라 '혼돈으로부터 질서의 창조'(creatio ex chaos)임이 잘 드러난다는 것이다. 왕대일, 「구약신학」, 서울: 도서출판성서학연구소, 2002, 368.

있다. 그리고 2:4a의 "이것들은 천지가 창조되었을 때의 내력이다"는 언급을 통해서 창조기사가 인클루시오(inclusio)의 구조로 종결된다.

2) 동물의 신학적 의의에 대한 고찰

(1) 하나님의 주권과 유일성 강조

창세기 1장의 창조기사에서 드러나는 분명한 사실은 창조주 하나님과 여타 나머지 존재들에 대한 분명한 구별이다. 창조주 하나님(엘로힘)의 주권과 유일성에 대한 강조는 두 가지 차원에서 고찰된다. 첫째로 '혼돈세력과의 투쟁'의 모티브가 창조활동에 적용되고 있다. 고대 중동에서는 창조주는 혼돈세력과 실제적인 싸움을 벌인다. 그러한 싸움을 통해서 창조세계가 질서를 갖게 된다. 그러나 창세기 1장에서는 혼돈의 세력이 싸움의 대상이 아니라 통제의 대상이다. 하나님의 말씀 한 마디에 제어되고 구축(拘縮)되는 피조세계의 일부이다. 그것들은 하나님의 통제를 벗어나 자의적으로 활동할 수 없다. 궁창위의 물과 궁창 아래의 물로 나뉘어야 하고, 한 곳에 모이라 할 때 그곳으로 모여 바다를 이루어야 했다.[40] 창조주의 이러한 절대적 명령에 거역하거나 대항할 그 어떤 세력이나 권위도 존재하지 않는다.

둘째로, 구약성서에서 원시바다 괴물에 대한 명칭으로 사용되는 '탄닌'(tannīn)의 위치의 문제이다. '탄닌'은 리워야단(liwjātān), 라합(rahab), 베헤못(bᵉhēmôt), 얌(jām) 등과 함께 구약성서에서 원시바다 괴물로 지칭된다. 그러한 '탄닌'이 창조기사에서 하나님이 창조하신 동물의 범주에 포함되어 있다(창1:21). 그것들

---

40) 이러한 "혼돈과의 투쟁"의 모티브와 연관되어 나타나는 "통제"의 모티브를 이 외에도 욥기 38장 5절이하들과 시편 104편 7절이하, 그리고 시편 148편 6절이나 잠언8장 등에서 찾아볼 수 있다. 강성열, 『고대근동세계와 이스라엘 종교』(서울: 한들, 2003), 31-36. "혼돈과의 투쟁"을 그 배경으로 하고 있는 고대 중동의 창조개념은 홍해를 가르시고 육지처럼 건너게 하신 출애굽 사건에 적용된다(강성열, 『고대근동세계와 이스라엘 종교』, 36). 또한 구약성서에서 이방세력이 혼돈의 괴물로 상징화되어 표현되거나(강성열, 『고대근동세계와 이스라엘 종교』, 43-45), 특히 묵시문학에서는 혼돈의 괴물이 악의 세력의 총칭으로서 나타난다(강성열, 『고대근동세계와 이스라엘 종교』, 50).

이 생물 중에서 차지하는 특별한 위치라고 한다면 그것은 그것들이 "그들의 종류대로" 창조되었다는 사실이 명확하게 언급되어 있지 않다는 점에서 그렇다. 이런 방식으로 그것들은 "비(非)-동물들"(Un-Tiere; 괴물)로서 표시되어 있다. 따라서 파괴적인 힘을 가진 혼돈의 세력으로서 하나님의 창조질서의 위협적인 존재로서 나타나는 그것들이 창1장에서 창조 안에 있기는 하지만 그 기준 밖에 있음을 알 수 있다. 창조질서 안에 포함되어 있으면서도 특별한 방식으로 존재하고 있음을 보여주는 것이다.

이와 같은 사실은 우선 고대 중동의 주변 나라들에서는 창조신에 대한 대항 세력으로 인식되던 원시바다 괴물이 철저하게 창조주 하나님의 주권 안에 있음을 보여준다. 따라서 '탄닌'은 피조물 중 하나일 뿐이다. 그것은 창조주 하나님께 대항한다거나 신적인 존재로서 사람에게 숭배의 대상이 된다거나 하는 일은 있을 수 없다. 이로써 창조주로서의 하나님의 주권과 유일성이 분명하게 강조된다.

(2) 만물의 영장(靈長)으로서 창조된 '사람'

창세기 1장의 서술에서 인간의 창조는 창조사역의 정점으로서 나타난다.[41] 단순히 여섯째날 마지막에 창조되었다는 사실에서 뿐 아니라 그 기술의 복잡성 속에서도 인간창조의 중요성이 드러난다. 제6일의 창조에서는 처음에 내리신 명령("땅은 생물을 그 종류대로 내라", 1:24) 외에도 "사람을 만들자"라는 하나님의 결심(1:26), 사람에게 내리시는 축복(1:28), 동물과 사람에게 식물을 먹을 거리로 주겠다고 다짐하시는 약속(1:29-30a)이 모두 하나님의 말씀으로 나타난다. 다시 말해 제6일의 창조에는 창조의 명령, 하나님의 결심, 하나님의 축복, 하나님의 약속이라는 서로 다른 네 가지 양식의 말씀이 한꺼번에 개진되고 있다.[42] 특별히 하나님이 인간에게 복을 주신 내용을 보면 그 특이성이 분명하게

---

41) 강성열, 『고대근동세계와 이스라엘 종교』, 29-30.
42) 왕대일, 『구약신학』, 373.

고찰된다. 동물에게도 하나님이 축복하셨으나 동물에 대한 축복과 다른 점은 인간에게는 "모든 생물/동물을 다스리라"는 명령이 추가되어 있다는 사실이다. 이러한 의미에서 인간창조는 하나님의 창조사역의 '클라이막스'라고 할 수 있다.

그러나 인간창조 사건에서는 하나님의 창조행위 자체로 끝나지 않고 하나님께서 인간에게 부여하신 특별한 임무가 주목된다.[43] 인간은 만물의 영장으로 창조되었으나 '모든 생물/동물을 다스리라'는 사명이 주어진 것이다. 이 명령에는 인간의 문화와 문명의 역사가 전제되어 있다.[44] 역사적으로 보면 이 구절이 자연 착취의 부정적인 영향을 끼친 dominium terrae "땅을 정복하라" 교리의 근거가 된 것은 사실이다.[45] 그러나 최근의 연구들을 통해 이 구절에 대한 잘못된 이해들이 시정되고 있다. 특히 "다스리라"로 번역된 히브리 동사 *rādāh*의 의미를 "짓밟다"는 기본의미에서 파생된 것으로 보아 무력적 지배의 근거를 제공하였던 종래의 견해가 반박되고,[46] 양떼를 돌보는 '목자의 기능'을 의미하는 것으로 이해되고 있다.[47] 그러므로 동물에 대한 인간의 '다스림'은 일방적인 착취나 남

---

43) 이러한 구약성서의 인간 이해는 이스라엘 주변세계의 창조신화와 비교할 때 그 독특성이 더욱 두드러진다. 수메르나 바벨론의 문헌에 나타나는 인간창조는 이전에 신들이 하던 노동을 경감시키기 위해 수행된다. 다시 말해, 인간은 신을 '대신하여' 노동하는 존재로 창조되었다. 예컨대 바벨론 창조서사시 〈에누마 엘리쉬〉을 보라: J. B. Pritchard, *Ancient Near Eastern Texts: Relating to the Old Testament* (ANET) (Princeton: Princeton University Press, 31969), 68 (서판 IV 6–8행); 장일선, 「구약세계의 문학」 (서울: 대한기독교서회, 21994), 331. 이외에 창세기의 창조기사와 고대 중동 문헌에 나타난 창조기사와의 대비점들에 관하여 다음을 참조하라. W. 덤브렐, 220–21.

44) H. Gunkel, *Genesis* (Göttingen: Vandenhoeck und Ruprecht, 91977), 113.

45) 강사문은 "땅을 정복하라"에 사용된 〈카바쉬〉도 "땅을 가꾸어라"로 번역되어야 한다고 말한다(강사문, 「구약의 자연이해」, 서울: 대한기독교서회, 2005, 99).

46) *rādāh* 〈라다〉 동사의 의미는 동일한 내용을 담고 있는 시8:6의 *māšal* 〈마샬〉과 대응된다(시68:28[27]; 시49:15[14]). 〈라다〉에는 '밟다'는 뜻이 있으나(욜4:13[3:13]), 야훼가 세우신 이스라엘 왕의 통치(시72:8; 110:2)나 메시야적인 통치를 의미한다(사41:2). ThWAT *rādāh* 항목을 참조하라.

47) E. Zenger, *Gottes Bogen in den Wolken: Untersuchung zu Komposition und Theologie der priesterschriftlichen Urgeschichte* (Stuttgart: Verlag Kath. Bibelwerk, 1987), 91; N. Lohfink, "Macht euch die Erde untertan?," in: 동저자, *Studien zum Pentateuch* (Stuttgart: Verlag Kath. Bibelwerk, 1974/1988), 11–28; K. Koch, "Gestaltet die Erde, doch heget das Leben! Einige Klarstellungen zum dominium terrae in Gen 1," in: 동저자, *Spuren des hebrischen Denkens: Beiträge zur alttestamentlichen Theologie*, Gesammelte Aufsätze Band 1 (Neukirchen–Vluyn: Neukirchener

---

용이 아니라 선한 목자와 왕으로서의 다스림이다. 인간은 하나님의 대리자로서 동물을 창조질서에 합목적적으로 다스려야 한다(시8:6). 그러한 의미에서 동물은 단순히 인간의 생존을 위한 수단이나 정복의 대상이 아니라 하나님의 인간 창조가 목적한 바를 이루는가를 평가하는 기준이 된다. 하나님의 형상을 따라 지음 받은 존재로서 동물을 다스리는 인간(아담)은 하나님의 형상이신 그리스도와 관련성을 갖는다. 바울은 하나님의 대리자로서 완성의 모습을 그리스도가 보여 주었다고 증언한다(골1:15; 고후4:4; 또한 롬8:29; 고후3:18; 골3:10).[48] 창세기 2장에서의 인간의 모습은 창세기 1장에서 언명된 하나님의 대리자로서의 실제적 모습을 보여준다. 그는 자신의 질서를 세우는 것이 아니라 창조주가 위임하신 경작과 보존의 사명에 맞추어(창2:8; 15) 이 세상을 다스려야 한다(창2:19이하).[49] 그러므로 만물의 영장으로서의 인간창조의 의미와 내용은 인간이 창조목적에 맞게 동물을 잘 다스리는가 혹은 그렇지 않은가에 의해서 결정된다.

(3) 동물의 먹이에 관한 질문

창세기 1장의 창조기사에서 볼 수 있는 세 번째 동물의 신학적 의의는 창조 이후 하나님께서 허락하신 동물의 먹을거리에 관한 문제에서 드러난다. 하나님 께서는 세계와 인간을 창조하신 후 인간들에게 축복하신다(1:28). 그리고 인간 과 동물들이 먹을 수 있는 먹을거리에 대해서 명령하신다; '온 지면의 씨 맺는 채소와 씨 가진 열매 맺는 모든 나무'를 주시며 그것들이 인간의 양식이 될 것이 라고 말씀하신다(29절). 뒤 이어 동물들에게도 '모든 푸른 풀'을 먹을거리로 허 락하신다고 말한다(30절). 즉 생존을 위해 먹고 먹히는 먹이사슬에 의한 피흘림

Verlag, 1983/1991), 223-37.

48) W. 덤브렐, 『새언약과 새창조』 (서울: 기독교문서선교회, 2003), 236–239. 인간(아담)과 그리스도와의 연관 성은 시편 8편에 대한 이해에서도 드러난다. "영화와 존귀로 관을 씌우시고 주의 손으로 만드신 것을 다스 리게 하시고 만물을 그 발아래 두셨다"는 진술을 히브리서 2장 4–6절에서는 그리스도에 관한 진술로 받아 들인다. 일반적인 인간에게 적용되던 만물 통치권을 그리스도에게 적용시키고 있는 것이다.

49) W. 덤브렐, 225.

이 진행되지 않는 세계를 의도하고 계신 것이다. 동물을 죽여서 먹는 것을 허락한 것은 창세기 9장 2-3절에서 보듯이 본래부터 악하여 하나님이 더 이상 어찌해 볼 도리가 없는 인류에 대한 양보로서 나타난다. 이러한 점에서 이사야 11장 6-9절에서 묘사되고 있는 평화의 나라는 창세기 1장의 하나님 명령과 밀접한 연관성을 볼 수 있다.

메시야적인 통치자의 활동결과로서 보여주는 평화의 세계는 그의 통치의 목표로서 나타난다. 이 세계에 대한 묘사에서 인간과 동물사이의 평화뿐 아니라 동물과 동물 사이의 평화가 그려진다. 이때 각각의 동물들에 대한 역할과 관계에서 드러나는 독특성들이 고찰되어야 한다. 양이 이리에게 친절을 베풀며 표범이 어린 염소에게서 쉴 곳을 찾는다. 야생동물들이 길들여진 동물과 함께 친분관계를 맺는다. 그리고 이 두 종류의 동물들이 어린 아이에 의해서 인도된다. 현실적인 상황에 대한 대조 속에서 나타나는 이러한 역전현상은 젖먹이 아이와 젖을 뗀 아이가 독사나 소처럼 풀 먹는 사자들과 노는 데에서도 목격된다. 여기에서 인간과 동물이 서로 동반자로서 기능하고 있는 최초의 창조 세계(창1-2장)와의 관계성이 고찰된다. 땅과 동물에 대한 인간의 통치는 피흘림 없이 수행된다. 인간이나 동물 모두에게 식물만을 먹을거리로 허락되었기 때문이다(창1:29-30). 그러므로 6-8절에서 먹고 먹히는 관계가 중단된다는 사실을 보여주는 그림들(또한 사65:25; 호2:20⟨18⟩)은 처음 창조된 세계의 상태로의 복귀에 대한 희망을 보여준다.

2. 시편 104편

1) 예비고찰

이 시편은 개인 찬송시에 속한다. 일인칭 개인의 음성이 1절, 33절, 35절에서 강조된다. 이 찬송시의 주제는 야훼의 창조다.[50] 형식적인 면에서 고찰하더라도

---

50) 시편 104편에 관한 연구는 다음의 책들을 참조하라: C. Westermann, *Ausgewählte Psalmen*, Göttingen:

찬송시적인 분사구문 양식(hymnischer Partizipialstil)이 특징을 이룬다.[51] 시104편은 다음과 같이 단락을 나눌 수 있다: 1)지존하신 창조주에 대한 묘사(1-9절), 2)생물들을 돌보시는 하나님의 경이로운 섭리(10-23절), 3)하나님의 창조사역(24-30절), 4)창조주 하나님에 대한 찬양의 서원과 초청(31-35절).

첫 번째 단락에서 지존하신 창조주가 고대 중동에 잘 알려진 신화적인 표현 방식을 통해서 묘사된다. 주께서는 빛을 입으신(2a절) 왕이신 하나님이시다(1b절). 주께서는 당신의 궁정을 물 위에 세우시고(2b, 3a절), 폭풍우를 병거 삼아 진격하시며(3bc절), 바람과 번개로 사역자를 삼으시고(4절), 태고의 바다를 정복하시어 땅을 세우시고, 땅을 덮었던(6절) 바다를 물리치셨다(5, 7절). 그리하여 산들과 골짜기들이 모습을 드러내고(8절), 바다는 한 곳에 모여 다시는 땅으로 돌아오지 않았다(9절). 이러한 묘사에는 '하나님께서 다스리신다.'는 사실과 '이 땅은 견고하다.'는 사실이 강조된다. 이 세상은 혼돈의 바다로부터 분리되어 있는데 그 이유는 오직 하나님께서 다스리시기 때문이다.

두 번째 단락에서는 이 세상을 다스리시는 하나님께서 어떤 식으로 생물들을 돌보시는지가 묘사된다. 하나님이 다스리시는 영역들은 서로 연결되어 있고 중복되기도 한데, 물(10-11, 13, 16절), 음식(10-15절, 27절), 보금자리(12절, 17-18절), 시간(19-23절) 등으로 나누어 고찰된다. 이것들은 모두가 생물들의 생존에 필요한 것이며 좋은 것들로서 하나님이 의도적으로 피조물들을 위해 만드신 것이다. 이러한 묘사는 생물체들이 어디에서 서식하고 어떻게 살아가는지에 관한 면밀한 고찰을 통해서 얻은 지식을 바탕으로 하고 있다. 또한 이러한 지

Vandenhoeck & Ruprecht 1984; H. Spieckermann, *Heilsgegenwart. Eine Theologie des Psalmen*, Göttingen: Vandenhoeck & Ruprecht 1989; H.-J. Kraus, *Psalmen 60-150* (BK 15/2), Neukirchen-Vluyn: Neukirchener Verlag, 1978; A. 바이저, 『시편 2』(국제성서주석), 서울: 한국신학연구소, 2001; 에슬리 알렌, 『시편 101-150』(WBC 성경주석), 서울: 솔로몬, 2001; 제임스 L. 메이스, 『시편』(현대성서주석), 서울: 한국장로교출판사, 2002; E. Zenger & F.-L. Hossfeld, *Psalmen 51-100* (HThKAT), Freiburg u.a.: Herder, 2000.

51) 분사구문 양식에 관하여 M. 드라이차 외 공저, 『구약성서연구방법론: 주석방법론 입문서』, 하경택 옮김, 서울: 비블리카 아카데미아 2005, 120.

식은 상호의존적인 구조를 가지고 있는 생태계에 대한 기본적인 인식을 바탕으로 하고 있다.

세 번째 단락에서는 앞부분에 대한 요약과 함께 생물체들에 관한 두 가지 사실을 강조하고 있다. 첫째는 하나님께서 얼마나 많은 생물들을 그 지혜로 지으셨는지에 대한 놀라움을 나타내고 있다(24절). 10-23절에 기록된 생물들의 목록은 시작에 불과하다. 강조점이 '모든'(kullām)이란 표현에 놓여 있다. 이점을 강조하기 위해 시편기자는 선척이 다니는 넓은 바다에 사는 생물들, 즉 리워야단(liwjātān)을 포함하는 모든 피조물들을 언급한다(25-26절). 리워야단은 창1장에서 서술한 바와 같이 원시바다 괴물에 대한 명칭으로 나타난다. 이것은 모든 생물들을 하나도 남김없이 하나님이 창조하셨다는 사실을 강조하고자 하는 시편기자의 의도로 엿보인다. 둘째로 이 단락에서 강조되는 점은 모든 생물들이 그들의 먹이(27-28절)는 물론 생명 자체까지(29-30절)를 하나님께 의존하고 있다는 사실이다. 모든 생물들이 경험하는 먹이는 하나님의 선물이다. 이뿐아니라 모든 생물들의 생명은 하나님의 호흡에 그 근거를 두고 있다.

네 번째 단락에서는 일련의 소망과 서원이 나열되어 있다. 이것을 통해서 시편기자는 이 찬송시에서 묘사된 하나님께 응답하며 자신을 헌신한다. 그는 하나님의 영광이 영원히 계속되기를 소망한다(31절). 또한 창조주께서 자신의 작품에서 즐거워하기를 바란다. 야훼의 비교할 수 없는 힘이 32절에서 암시된다. 시편기자는 평생의 찬양이 하나님의 기쁨이 되기를 바란다(33-34절). 모든 악인의 소멸에 대한 요청은 시 전체의 내용으로부터 이해될 수 있다(35절). 하나님을 떠나 그를 찬양하지 않고 독립적으로 사는 사람에게는 기쁨과 질서와 하나님께 귀속된 종속의 넓은 나라에서 있을 자리가 없다. 따라서 악인은 자신의 실존에 대한 권리를 잃는다. 죄는 하나님께 열려 있는 창조에서 그 자리가 없는 것임을 분명히 하고 있는 것이다. 여기에 새 창조, 즉 죄와 잘못으로부터 자유로운 세계에 대한 믿음이 빛난다.

2) 동물의 신학적 의의에 대한 고찰

시편 104편에서도 동물의 신학적 의의에 대하여 두 가지 차원에서 고찰할 수 있다. 첫째로 창조세계에서 리워야단(liwjātān)의 위치에 관한 문제이다. 창세기 1장에서는 원시바다 괴물을 가리키는 '탄닌'이 창조의 목록카드에 "색인되어"(verzettelt) 있듯이 언급된다.[52] 독립적인 힘을 가지거나 위험한 존재로 전혀 인식되지 않고 피조생물 가운데 하나로 나열된다. 시편 104편에서는 같은 원시바다 괴물로 지칭되는 리워야단이 언급된다. 리워야단도 여기에서 독립적인 힘을 가지거나 위험스런 존재로 나타나지 않는다. 그러나 시편 104편에서는 그것이 훨씬 자유로운 형태로 나타난다. 하나님의 놀이의 대상이거나 바다에서 자유롭게 놀 수 있는 바다생물로서 나타난다(26절).[53] 창세기 1장의 '탄닌'보다 '리워야단'에게 더 많은 자율성이 허용되었다고 볼 수 있으나, 리워야단은 여전히 하나님의 피조물 중의 하나로서 다채롭지만 조화로운 창조세계의 모습을 구성하는 한 주체로서 묘사된다.

둘째로 관심을 갖게 되는 문제는 시편 104편에서 묘사된 동물세계 전체에 대한 인식과 평가에 관한 것이다. 창세기 1장에서는 창조의 순서와 그 내용을 통해서 인간이 창조의 그 정점에 서 있고, 창조 후 하나님께서 피조세계를 다스릴 수 있는 통치권을 인간에게 위임하셨다는 사실을 통해서 하나님의 창조세계에서 차지하는 인간의 비중이 얼마나 큰 가를 알 수 있다. 인간중심적이고 조직적이며 창조세계가 잘 드러나고 있다.[54] 그렇지만 시편 104편에서는 자유로운 동물세계가 인간세계와 균등하게 묘사되고 있다. 이 시편에서는 인간중심적인 어

---

52) J. Ebach, *Ursprung und Ziel: Erinnerte Zukunft und erhoffte Vergangenheit* (Neukirchen–Vluyn: Neukirchener Verlag, 1986), 30.

53) 물론 시104:26은 보통 "당신께서 지으신 리워야단이 그[바다] 속에서 놉니다"로 번역되었다. 그러나 *bô*가 의미하는 바가 리워야단 자체일 수 있다. 그렇게 본다면 이 구절은 "리워야단, 그것은 당신께서 그것과 함께 놀기 위해서 만드신 것입니다."로 번역된다.

54) 그러나 위에서 살펴보았듯이 인간창조의 목적과 의미는 인간이 하나님의 위임통치 명령을 얼마나 잘 수행하는가에 의해서 드러난다. 그러한 의미에서 인간이 창조의 '정점'이자 '크라이막스'라고 단순하게 평가하는 것은 본문의 의도와 의미를 충분하게 반영하지 못한 것이다.

떤 주장도 발견할 수 없다. 창조주이신 하나님을 찬양하는데 인간은 하나님의 섭리로 생활해 나가는 모든 피조물들 중에 하나에 불과함을 보여준다. 이러한 비교고찰을 통해서 동물세계에 대한 묘사가 본문의 주제를 드러내고 강조하는 데 얼마나 중요한 기능을 하고 있는가를 알 수 있게 한다.

시편 104편에서 찬양가운데 있는 창조세계는 긍정적인 현실이며 조화로운 세상이다. 창조세계의 있는 그대로의 모습을 보여주고 있으며 동물과 인간이 각자 자신의 영역을 가지고 있다. 동물이나 인간을 막론하고 살아있는 모든 것은 하나님의 돌보심에 의존한다(29-30절). 조화롭고 아름다운 창조세계는 동물이나 인간 중 어느 한편의 일방적인 조정이나 군림에 의해서 지배되는 세계가 아니라 각자의 역할과 본분에 충실한 삶을 삶으로 창조의 목적과 의미가 드러나는 곳이다. 그러므로 감사와 순종이 아니라 불협화음으로 아름다운 창조세계를 위협하는 죄인들과 악인들은 창조세계에서 그 자리를 갖지 않도록 소멸되기를 기도하는 것이 요청된다(35절).

3. 욥기 38-41장

1) 예비고찰

욥기 38-41장은 욥기 안에서 두 번에 걸쳐 나타난 하나님의 발언을 담고 있다. 이러한 하나님의 발언은 욥기의 전체적인 구조에서 볼 때 '사실'(Dass)과 '내용'(Was)의 차원에서 욥의 발언에 대한 하나의 응답(Antwort)으로 이해된다. "야훼가 욥에게 말씀하셨다는 사실"에서 야훼가 응답하시는 하나님이라는 사실을 알게 한다. 그는 하늘과 땅 사이의 공간적인 분리를 제거하시고, 욥기 3장 이후 계속해서 욥이 제기하는 욥의 탄식(질문)에 반응한다. "야훼가 욥에게 말씀하신 것이 무언인가"는 욥의 답변과 함께 두 번에 걸쳐 행해진 하나님의 발언의 이중적인 구조에서 명백해진다.

욥의 발언(특히 욥3장)과 하나님의 발언 사이의 내용적인 연결은 특히 하나님의 첫 번째 발언에서 보여진다(38:2-39:30). 두 발언 사이의 접촉점은 우선 그의 개인운명을 우주적인 차원으로 확대한 욥 탄식의 지평확대에 근거한다. 자신의 존재의 시작과 관련된 저주의 바램들을 통해, 욥은 하나님의 창조질서를 시험대상으로 삼고 이로써 동시에 전 세계와 관련된 하나님의 계획을 문제 삼는다. 또한 욥은 이 세계가 하나님에 의해서 악인의 손에 넘겨졌다고 탄식한다 (9장).

욥의 이러한 도발적인 '문제제기'에 야훼는 수많은 수사학적인 질문과 반어적인 진술로 대답한다. 이때 야훼는 욥과 비교해 볼 때 "정반대 방향의 길"을 택한다.[55] 욥은 자신의 개인적인 고난으로부터 세계의 일반성을 추론하는 반면, 야훼 하나님은 욥에게 창조세계 전체에 대한 자신의 행동으로부터 그의 개인적인 삶을 유추하도록 하신다. 야훼는 욥에게 모든 인간적인 지식을 뛰어 넘는 창조세계의 신비들을 눈앞에 보여줌으로써(38:4-38) 자신의 한계를 깨닫게 하시는데, 이때 동물세계에 대한 묘사가 결정적인 역할을 한다.

첫 번째 하나님의 발언의 후반부에는 화려하지만 그보다는 불가사의한 면이 두드러져 나타나는 동물세계가 그려진다. 이때 다섯 쌍의 동물이 욥에게 설명된다. 이전의 연구에서 이른바 "동물목록"(Tierkatalog)은 무엇보다도 자의적이고 이유를 알 수 없는 것으로 취급되었다. 따라서 이 단락의 해석을 위한 올바른 접근이 항상 어렵게 느껴졌다. 대부분의 주석들은 개별적인 동물들에 대한 "발육부진의 자연과학적인 정보들"(rudimentäre naturwissenschaftliche Informationen)의 나열만을 제시하였을 뿐이다. 그러나 켈(O. Keel)에 의해서 이 단락에 대한 철저한 주석이 소개 되었다.[56] 그의 해석의 핵심은 "전체적인 맥락 속에서 이 동물

---

55) 욥과 야훼의 논증 사이에 있는 상반된 움직임에 대하여 다음을 참조하라. P. Ritter-Müller, *Kennst du die Welt? Gottes Antwort an Ijob. Eine sprachwissenschaftliche und exegetische Studie zur ersten Gottesrede Ijob* 38 *und* 39 (ATM 5), M nster/Hamburg/London, 2000, 280f.

56) O. Keel, *Entgegnung an Ijob. Eine Deutung von Ijob* 38-41 *vor dem Hintergrund der zeitgen ssischen Bildkunst* (FRLANT 121), Göttingen 1978. 켈의 연구는 특히 다음과 같은 많은 학자들에 의해

들이 가지고 있는 기능에 대한 질문"이었다. 그는 고대 오리엔트의 도상학적 (Ikonographie) 연구를 통해 하나님 발언에 나타나는 동물들(두 번째 하나님 발언의 **베헤못과 리워야단**을 포함하여)의 공통점과 관련성을 규명했다.

켈은 이스라엘과 그 주변세계의 수많은 미술작품의 분석을 통해서 무엇보다 10가지 동물(사자와 까마귀, 산염소와 암사슴, 들나귀와 야생황소, 타조와 전쟁말, 매와 독수리)의 공통점이 그것들의 지혜나 위험성에 있지 않고 왕의 사냥동물로서의 특성에 있다는 사실을 밝힌다. 이때 여기에 언급된 동물들은 다양한 형태로 인간의 필요에 순응하지 않고 혼돈의 특성들을 보여주는 인간에 대한 반대세계(Gegenwelt)의 대표자로서 기능한다. 이뿐 아니라 그는 동물들이 회화적인 묘사 속에서 "동물의 주"(Herr der Tiere) 또는 "황야의 주"(Herr der Wildnis)의 모티브와 함께 연관되어 있다는 사실을 보여 준다. 이러한 묘사를 통해 하나님은 사람에게는 "혐오스럽게"(widrig) 보이나 하나님의 배려와 질서에 상응하는 다채롭고 불가사의한 동물의 세계를 보여주신다.

똑같은 방식으로 하나님의 두 번째 발언의 후반부(40:15-41:34)에서는 "사람에게 적대적"(menschenfeindlich)이지만 하나님에 의해서 다스림을 받는 "신화-실제적인"(mythisch-real) 두 동물(베헤못과 리워야단)에 대한 묘사가 이어진다. 이러한 동물세계에 대한 언급을 통해서 야훼는 자신이 운행하는 창조세계의 오묘한 질서

서 호응을 얻으며 수용되었다: J. Ebach, TRE 15, 369f.; 동저자, *Streiten mit Gott, Hiob, Teil 2: Hiob 21-42* (Kleine Biblische Bibliothek), Neukirchen-Vluyn: Verlag Neukirchener 1996, 132-39; E.J. Waschke, Was ist der Mensch, dass du seiner gedenkst?, *ThLZ* 116 (1991) 808-10; G. Fuchs, *Mythos und Hiobdichtung*, 210f.; Ch. Maier/S. Schroer, Das Buch Ijob. Anfragen an das Buch vom leidenden Gerechten, in: Schottroff, L./Wacker, M.-Th. (Hg.), *Kompendium. Feministische Bibelauslegung*, Gütersloh 21999, 199ff. 이러한 해석에 대한 반론도 참조하라: M. Oeming, "Kannst du der Löwin ihren Raub zu jagen geben?" (Hi 38,39). Das Motiv des "Herrn der Tiere" und seine Bedeutung für die Theologie der Gottesreden Hi 38-42, in: M. Augustin/K.-D. Schunck (Hgg.), "*Dort ziehen Schiffe dahin*", Collected Communications to the XIVth Congress of the International Organization for the Study of the Old Testament, Paris 1992 (BEAT 28), Frankfurt a.M. u.a. 1992, 147-63; 동저자, Die Begegnung mit Gott, 113f.; H. Strauß, Hiob, *BK* 16/2, Neukirchen-Vluyn: Verlag Neukirchener 2000, 353f.

와 악한 세력을 제압하시고 다스리는 창조주로서의 주권을 강조한다. 이러한 하나님의 발언은 친구들과는 달리 행위화복관계에서 드러나는 이 세계의 비합리성을 고수한 욥에게 그 정당함을 인정하면서도, 자신의 운명에 이 세계의 상태를 귀속시켜버린 그의 "자기(인간)-중심적인 세계관"(ego[anthropo]-zentrische Weltsicht)에는 비판적이며 종국에는 욥의 "세계관의 전환"을 촉발시킨다(42:6).

2) 동물의 신학적 의의에 대한 고찰

욥38-41장의 하나님의 발언에 나타난 동물세계의 의미도 이중적으로 고찰된다. 먼저 첫 번째 발언의 후반부(38:39-39:30)에 나타난 동물의 신학적 의의에 관한 질문이다. 그것은 하나님의 발언 속에서 다양한 형태로 인간의 필요에 순응하지 않고 혼돈의 특성들을 보여주는 인간에 대한 '반대세계'(Gegenwelt)의 대표자로서 기능한다. 다음으로 두 번째 발언의 후반부(40:15-41:34)에 나타난 두 동물(베헤못과 리워야단)은 인간의 적대세력으로서 하나님의 창조질서를 위협하는 악과 혼돈의 세력을 대표한다.

첫 번째 하나님의 발언이 특별히 욥3장의 욥의 질문과 탄식에 함축된 인간중심적인 시각에 대해 인간적인 관심과 어울리지 않지만 하나님에 의해서 각각 그 나름대로의 방식으로 원하시고 유지된 세계의 요소들을 지적함으로써 응답한다면, 두 번째 하나님의 발언은 무엇보다 9장에서 제기한 욥의 비난, 즉 하나님이 이 세계에서 악인이 지배하도록 허용하셔서 결국 자신이 악인으로서 지배하신다는 비난을 주제로 다루고 있다. 베헤못과 리워야단의 본보기를 통해서 하나님의 발언은 오직 하나님만이 악인들, 혼돈의 세력들을 방어할 수 있다는 사실을 보여준다. 인간에게 혐오적인 것을 주제로 하는 첫 번째 하나님의 응답이 하나님에 의해서 창조된 세상은 다채롭고 그래서 필연적으로 모순적인 세계라는 사실을 보여준다면, 인간에게 적대적인 것을 주제로 하는 두 번째 하나님의 발언은 그분이 또한 오직 그분만이 세계가 혼돈의 세력에 귀속되지 않도록 돌보는 분이라는 사실을 보여준다.

그러나 이 두 번의 하나님의 발언은 동시에 친구들의 발언에 대한 비판을 내포하고 있다. 하나님의 창조하시고 유지하시는 세계가 친구들이 대변하는 도그마적인 질서에 갇혀있지 않는다는 것이다. 그것은 인간의 이성과 인과응보의 교리로는 파악할 수 없는 하나님의 오묘하고 신비로운 창조의 세계이다. 악령과 함께 버려진 땅으로 여겨지는 곳에 거주하는 동물들도 보호하시며 우주의 질서를 유지하시는 모습을 통해, 또한 혼돈의 세력들(Chaosmächte)을 대표하는 〈베헤못〉과 〈리워야단〉를 제어하시는 모습을 통해, 혼돈처럼 보이는 세계에도 질서정연하게 이끄시는 하나님이 작용하고 있음을 보여준다. 이것은 이른바 '정통신학'도 하나님의 세계를 드러내며 고난의 현실을 이해하는 심판자와 대변자로서 기능할 수 없다는 점을 분명히 한 것이다.

하나님의 응답에서 동물세계는 창조세계의 질서와 창조주의 배려와 섭리를 보여주는 척도와 예증이 된다. 하나님은 인간의 이해관계 밖에 있는 동물들(5쌍의 동물들, 38:39-39:30)을 사례로 삼아 욥의 자기(인간) 중심적인 세계관을 깨뜨리셨고, 혼돈의 세력의 상징인 〈베헤못〉과 〈리워야단〉의 예를 들어 창조세계는 친구들이 변호하고 주장하는 것처럼 인간의 경험에서도 그대로 드러나는 빈틈없는 완전한 세계가 아니라 사람이 이해할 수 없는 고난과 혼돈의 요소가 내재되어 있는 신비로운 세계임을 보이셨다. 그렇지만 〈베헤못〉이나 〈리워야단〉이 하나님만이 제어하실 수 있는 동물이라는 점에서 이 모든 것을 통제하시고 이끄시는 분은 오직 하나님 한 분이심을 깨닫게 하신다.

Ⅲ. 나가는 말

이상의 고찰을 통해서 '창조' 주제와 관련한 동물의 신학적 의의가 분명하게 드러난다. 먼저 창세기 1장을 통해서 나타난 동물세계의 중요성은 다음과 같다. 우선 이스라엘 주변 나라들에서는 창조신에 대한 대항세력으로 인식되던 〈탄닌〉을 통해 창조주로서의 하나님의 주권과 유일성이 분명하게 강조된다. 그것은 하나님에게 대항하는 원시바다 괴물 〈탄닌〉이 아니라 철저하게 창조주 하나님의 주권 안에 있는 피조물 중 하나일 뿐이다. 또한 '동물을 다스리라'는 하나님의 위임명령이 창조사역의 정점으로 나타나는 인간창조의 목적이 되며, 이 위임명령의 수행정도가 인간과 창조세계에 대한 판단과 평가의 기준이 된다. 마지막으로 '풀'을 동물의 먹을거리로 허락하신 사실은 이사야 11장의 메시야를 통해 이룩될 평화의 나라의 모습에서 그려지는 모습과 상응한다. 창세기 1장에서 보여주는 동물에 대한 먹을거리 규정이 궁극적으로 회복되어야 할 피흘림이 없는 창조세계에 대한 원리와 원칙을 제공해 준다.

둘째로 시편 104편에서는 두 가지 점에서 동물의 신학적 의의를 고찰할 수 있다. 먼저 창세기 1장에서와 같이 본래 원시바다 괴물을 가리키던 〈리워야단〉이 독립적인 힘을 가지거나 위험한 존재로 전혀 인식되지 않고 피조생물 가운데 하나로 나열된다. 그러나 시편 104편에서는 그것이 훨씬 자유로운 형태로서 묘사되어 놀이의 대상이거나 바다에서 자유롭게 놀 수 있는 바다생물로서 나타난다. 다음으로 시편 104편에서 묘사된 동물세계는 인간세계와 균등하게 묘사되고 있다. 이 시편에서는 인간중심적인 어떤 주장도 발견되지 않는다. 동물과 인간이 각자 자신의 영역을 가지고 있으며, 자신의 역할과 본분에 충실한 모습이 긍정적인 현실과 조화로운 세상을 만든다는 사실을 통해 동물세계의 독자성을 강조하고 있다.

셋째로 욥기 38-41장에서는 두 번에 걸쳐 나타나는 하나님의 답변이 모두 동물세계에 대한 언급을 통해서 주도된다. 첫 번째 하나님의 답변에서는 다섯 쌍의 동물의 예를 통해 창조세계 전체를 자신의 사례를 중심으로 평가하는 욥의 질문과 탄식에 대해 반박하신다. 이것을 통해 하나님의 창조세계는 인간의 이해관계를 넘어서 운행되는 다채롭고 모순적으로까지 보이는 세계라는 사실이 강조된다. 두 번째 답변에서는 한 쌍의 동물, 〈베헤못〉과 〈리워야단〉의 예를 통해 친구들의 잘못된 태도와 판단을 비판하신다. 창조세계는 친구들의 주장처럼 인간의 경험 속에서도 확인 가능한 완전한 세계가 아니라 사람의 이해와 판단을 넘어서는 고난과 혼돈의 요소가 내재되어 있는 신비로운 세계임을 보여 주신다. 이로써 하나님의 계획(〈에차〉)이 보이지 않는다는 욥의 탄식이 나름대로의 정당성을 가지고 있음을 암시한다.

위에서 고찰한 연구를 토대로 동물의 신학적 의의에 대한 종합과 평가가 이루어질 수 있다. 구약성서에서 대표적으로 창조세계를 다루고 있는 위의 세 본문은 '창조'가 '세계창조'나 '우주의 시작' 정도의 내용이 아니라 '창조세계에서 드러나는 하나님 통치'의 주제를 담고 있음을 보여준다. 그것은 우주의 시작이나 기원 등의 발생학적이고 기원론적인 질문의 차원을 넘어 오늘 이 시대가 당면하고 있는 문제에 대한 답변을 내포하고 있기 때문에 중요하다. 더 이상 동물이나 동물세계는 인간의 존재를 위한 수단이나 악세사리가 아니라 인간창조의 목적이 성취되는가 그렇지 못하는가를 가늠하는 시금석으로 작용한다. 나름대로의 독자적이며 고유한 의미를 가지고 있으며 조화롭고 다채로운 창조세계를 만드는 필수적인 존재이다.

흥미로운 사실은 세 본문에서 모두 원시바다의 괴물로 지칭되는 〈탄닌〉이나 〈리워야단〉이 등장하고 있으며, 인간의 활동성이 이 동물들의 자율성에 반비례적으로 나타나고 있다는 점이다. 창세기 1장에서 인간의 모습이 '모든 동물을 다스리는' 왕적존재로 나타나지만, 시편 104편에서는 동물들과 동등한 지위와 역할을 하는 창조세계의 일원으로 파악된다. 욥기 38-41장에서는 인간이 신비롭고 자유로울 뿐 아니라 힘으론 대항할 수 없는 무시무시한 동물세계와는 대조적으로 하나님의 답변을 듣고 깨우침을 받아야 하며 여러모로 한계성을 가진 탄식하는 존재로서 나타난다. 하지만 그럼에도 불구하고 이 세 본문 모두에서 일관되게 증언하고 있는 바는 하나님은 여전히 창조세계 전체를 통제하시고 깊고 오묘한 계획 가운데 창조세계를 지탱하고 이끌어 가고 계신다는 사실이다.

제4장

아브라함과 선교:
구약성서에 나타난 선교의 모델 연구[57)]

Ⅰ. 들어가는 말

본 논문은 구약성서에 나타난 선교의 모델에 관한 연구이다. 무엇이든 알고
자 하는 분야에 적절한 모델을 찾을 때 가장 효과적인 학습과 교육이 이루어질
수 있다. 아브라함은 성서 전체에서 신앙인의 전형으로 나타난다. 그가 보여주
는 삶은 개인의 영역에서 그치지 않고 이스라엘과 더 나아가 교회가 추구해야
할 존재방식을 보여준다. 그러한 아브라함의 삶에서 우리는 구약성서가 보여주
고자 하는 선교의 한 모델을 발견할 수 있다. 본 논문은 아브라함의 삶을 통한
선교의 모델을 탐구하기 위해 우선 선교의 정의를 고찰한 후 구약성서가 보여
주는 선교적 전망이 무엇인지 살펴볼 것이다. 이어서 아브라함의 삶을 통해 보
여주는 선교의 모습을 세 가지 면에서 고찰할 것이다. 그런 다음 믿음의 관점에
서 본 아브라함의 삶의 의미와 아브라함의 복을 통한 하나님의 선교가 성서 전
체에서 어떻게 나타나는가를 탐구하고자 한다.

---

57) 이 논문은 「선교와신학」, 29 (2012.2), 162–193쪽에 실려 있다.

II. 선교의 정의

1. 선교란 '보냄'이다.

선교란 말은 '보냄'을 의미하는 라틴어 단어 'missio'에서 파생되었다. 이것을 헬라어로 하면 '보냄을 받은 사람', 곧 '사도'(使徒, ἀπόστολος)가 된다. 구약성서에는 수없이 많은 곳에서 최고의 권위자이신 하나님으로부터 다양한 사람들에게 부여된 '보냄'에 관하여 언급한다. 모세는 자주 하나님이 보내신 자로 설명되었다(출3:10-15; 신 34:11; 삼상 12:8; 시 105:26). 하나님께서 자신의 말씀을 보내어 보내시는 이의 뜻을 성취하는 것과 같이(사 55:11), 하나님의 뜻을 이루기 위하여 여러 예언자들을 보내신다(사 6:8; 렘 1:7; 겔 3:5-6). 하나님께로부터 보냄을 받은 자들은 하나님의 영을 받아(민 11:25; 신 34:9) 합당한 자격을 갖추게 되며, 구원적 경륜 안에서 말씀과 표적을 통해 하나님의 보냄을 받은 자로서 사명을 다하게 된다(출 7-10장 참조).[58]

신약에 와서 이 선교의 개념은 한층 더 새롭고 충만한 의미를 지니게 되는데 그것은 이 개념이 신적인 인간이신 성자(요 3:17; 갈 4:4)와 성령(요 14:26; 눅 24:19)께 적용되기 때문이다. 무엇보다도 신약성서에서의 새로움은 그리스도께서 결정적이며 마지막으로 파견된 선교자이시라는 것이다.[59] 인류를 구원하시고자 하는 하나님의 놀라운 사랑은 그분의 외아들까지 이 세상에 파견하시는 엄청난 일을 하신다(요 3:16). 예수 그리스도의 선교는 무조건적인 하나님의 사랑

---

58) 참 예언자와 거짓 예언자를 구분하는 가장 확실한 기준은 거짓 예언자는 하나님께서 보내지 않으셨다는 사실이다(렘14:14-15; 23:21; 28:15; 겔13:6). 하나님께서는 계속해서 이스라엘 역사 가운데 예언자들을 보내셨다(왕하17:13; 렘7:25; 25:4; 26:5; 29:19; 슥7:12). W. C. Kaiser, Jr. 『구약성경과 선교: 이방의 빛 이스라엘』, 임윤택 옮김 (서울: 기독교문서선교회, 2005), 19.

59) 예수 그리스도의 선교는 신약 성서의 핵심이다. 특히 요한복음에는 60번 이상이나 그리스도를 파견된 선교자로 소개하고 있다(요 3:34; 5:24; 7:16; 12:44-45). 특별히 요한복음 17장은 전체가 파견과 연관된 개념들로 가득하다.

과 그 사랑의 결과인 구원을 이루는 것이었다.

따라서 예수께서는 말씀과 삶을 통하여 하나님의 구원적 사랑을 드러내셨고 (눅 15장 참조) 하나님의 구원이 구현되는 하나님 나라를 선포하셨다(마 4:17; 막 1:15; 눅 4:43). 예수 그리스도에 의해 이루어진 하나님 아버지의 사랑과 구원을, 성령을 통하여 깊이 체험한 사도들은 이 구원의 기쁜 소식을 널리 선포하기 시작하였다. 그런데 이제 사도들의 파견은 아버지를 통하여 그리스도에 의해 이루어지게 되었다는 점에서 종래의 파견과 구별되는 것이었다(갈 1:1; 고전 1:1 참조). 자신이 성부께로부터 보냄을 받았듯이 예수님은 제자들을 모으고 그들을 주축으로 교회를 세우게 하시고 그들을 다시 세상에 파견하신다.[60] 교회는 단지 마지막 선교자인 예수의 선교에 참여할 뿐이며 그분의 권한에 의하여 그분의 가르침을 전하고 이를 증거하기 위하여 파견된 자이다(마 10:6; 눅 10:3; 요 20:21).[61]

2. 선교는 '사명'(使命)이다.

선교(宣敎)를 나타내는 영어 낱말 mission에는 '임무, 직무'라는 뜻이 있다. 보냄을 받은 사람은 그냥 보냄을 받지 않는다. 그에게 맡겨진 임무나 직무가 있다. 그러한 의미에서 선교는 '사명'과 불가분의 관계에 있게 된다. 구약성서에는 '보내다'는 뜻의 히브리 동사 〈샬라흐〉 (שׁלח)가 800회 이상 쓰였는데, 이 가운데 하나님이 이 동사의 주어로 사용된 용례가 200회 이상이다. 동일한 뜻의 헬라어 동사는 〈아포스텔로〉 (ἀποστέλλω)인데, 70인경에서 하나님이 이 동사와 그 합

---

60) O. Betz, "Mission III", *TRE* 23, 24.

61) 이렇듯 16세기까지는 '선교'가 주로 삼위일체 하나님의 외향적인 활동 곧 아버지가 아들을 보내시고 아버지와 아들이 성령을 보내시는 것, 그리고 그리스도가 제자들을 세상에 보내는 것을 가리키는 말이었다. 이 말이 16세기에 예수회 회원들과 카르멜회 회원들 및 신앙 포교를 위한 교황청 추기경위원회에 의해서 새로운 내용을 갖게 되고 교회의 선교 활동을 표현하는데 사용되기 시작했다. J. C. Okoye, 『구약의 선교신학: 이스라엘과 열방』, 김영일 옮김 (서울: 한들출판사, 2011), 38.

성어의 주어로 사용된 경우가 용례의 4분의 3에 이른다.[62] 이러한 어문학적 고찰을 통해 분명해지는 것은 구약에서 하나님은 파송하시는 분으로서 선교의 주체가 된다(missio Dei)는 사실이다.

하나님의 선교를 위한 보내심에는 중요한 특징이 있다. 그 선교가 바로 하나님의 뜻이라는 점이다. 하나님께서 특별한 사명을 주시고 다양한 대리인들을 보내신다. 그 가운데 예언자들이 하나님의 보내심과 가장 긴밀하게 연관된다.[63] 예언자들이 전한 메시지를 분석하면 두 가지 내용으로 요약된다. 한편으로 그들은 우상숭배와 혼합주의와 형식주의에 심판을 선고하고, 다른 한편으로 긴급한 회개와 종말론적인 회복을 선포했다. 반 게메렌(W. A. VanGemeren)은 이러한 '선지자적 미션과 비전'을 '하나님의 나라를 선포하는 것'이라고 요약한다.[64] 선교는 하나님의 뜻을 행하는 것이다. 선교는 절대자의 명령으로 보냄을 받은 자들의 활동이다. 선교는 명령하시고 보내시는 분의 뜻을 따라 그분이 원하시는 바를 이루는 것이다.

복음서에 나타난 예수님의 마지막 명령은 한결같다. 그것은 '만민에게 복음을 증거하라'는 선교명령이었다(마 28:18-20; 막 16:15-16; 눅 24:47-48; 요 20:21). 교회가 삶의 표현으로 감당하는 선교는 신적인 로고스가 성육신된 구원 사건 자체에 근거를 두고 있다. 아들의 인간되심을 통해 자신에 의해 창조되었고 자신으로부터 타락한 인간에 대한 영원하신 하나님의 사랑이 완성되었다. 선교라는 것은 이러한 하나님의 사랑을 선포하고 전달하는 것이다.[65] 이러한 선교는 '원(原)선교사'(Urmissionar)로서 이 땅에서 사신 예수의 말씀과 행적 가운데 역사적으로 증언된다. 예수 그리스도의 삶은 자신을 보내신 성부 하나님의 뜻을 이루는 것에 목적이 있었다(요 4:34; 마 26:39과 평행구절). 이제 예수의 제자들과 교회는 다시 그러한 예수 그리스도의 선교를 자신의 삶과 활동을 통해

---

62) W. C. Kaiser, Jr. 『구약성경과 선교: 이방의 빛 이스라엘』, 18.
63) W. C. Kaiser, Jr. 『구약성경과 선교: 이방의 빛 이스라엘』, 18.
64) W. A. VanGemeren, *Interpreting the Prophetic Word* (Grand Rapids: Zondervan, 1990), 78-79.
65) H. Bürkle, "Mission VII", TRE 23, 59.

입증해야 한다. 성육신과 예수 그리스도의 삶을 통해 증거된 하나님의 사랑을 선포하고 증언하는 임무를 수행하는 것이 선교다.

선교학자 김영동은 선교의 사명에 관한 성서의 메시지를 다음과 같이 요약한다: "성경이 말하는 선교는 한마디로 하나님의 선교다. 구약성경과 신약성경에 나타난 하나님의 사랑은 하나님의 선교를 이해하는 핵심 열쇠다. 창조주 하나님이 죄로 말미암아 죽을 수밖에 없는 인간을 구원하기 위해 독생자 예수님을 보내시고 십자가에 죽게 하기까지 사랑하심은 하나님의 사랑의 극치요 선교의 근거다."[66]

Ⅲ. 구약성서에 나타난 선교

구약성서의 선교에 대한 연구는 파송하시는 분으로서 선교의 주체(missio Dei)가 되는 하나님에 대한 바른 이해에서 출발된다.[67] 하나님의 선교는 단순히 '보내는 것'에 있지 않고 보내시는 그분이 창조주라는 사실에서 그 의미를 갖는다.[68] 구약의 선교는 하나님의 창조활동에서 시작된다. 하나님은 인간을 자기

---

66) 김영동, "예수님을 따르며 사랑으로 함께 걷는 선교", 「성서마당」 신창간15호 (2007. 12): 33. 김영동은 성경 전체가 하나님의 사랑의 편지요 선교의 메시지를 담은 책으로 이해하지만, 시기별로 선교를 암시하는 대표적인 성경본문을 다음과 같이 소개한다: 고대교회는 요한복음 3장 16절, 중세교회는 누가복음 14장 23절, 근대교회는 마태복음 28장 18–20절, 현대교회는 요한복음 20장 21절이다.

67) 구약의 선교를 본격적으로 연구한 책은 드물다. 로울리의 저서가 구약의 선교에 관한 초기 저작으로 꼽힌다: H. H. Rowley, *Israels Mission to the World* (London: Student Christian Movement Press, 1939); 동저자, *The Missionary Message of the Old Testament* (London: Carey Kingsgate Press, 1944). 로울리는 '구약성서는 선교적 책이다'고 말했다. 최근의 책으로는 오코예가 열방의 의미를 강조하는 입장에서 구약성서의 선교를 저술하였다: J. C. Okoye, Israel and Nations, 김영일 옮김, 『구약의 선교신학: 이스라엘과 열방』 (서울: 한들출판사, 2011).

68) 세일해머(J. H. Sailhamer, The Pentateuch as Narrative [Grand Rapids: Zondervan, 1992], 82–84) 와 바빙크(J. H. Bavinck, An Introduction to the Science of Missions [Philadelpia: Presbyterian Reformed Publications Co., 1960])는 선교의 가장 기본적인 근거로서 '창조주'(창1:1)로서의 하나님을 제시한다.

형상대로 만드시고 그를 자신의 대리자로서 피조물들을 다스리도록 위임하셨
다(창1:26-28). 인간창조가 피조세계에 자신의 대리자를 존재하게 한 하나님의
보내심의 사건이다. 하지만 인간을 통한 하나님의 통치 계획은 인간의 타락으
로 본래의 목적을 이룰 수 없게 된다. 그 후로 하나님은 시대마다 자신의 사람
을 택하셔서 줄기차게 자신의 계획을 이루어 가신다. 홍수 후에 택함을 받은 노
아는 창조 때의 '첫 번째' 사람과 연결되며, 바벨탑 사건 이후 선택된 아브라함
도 새로운 시작을 의미하는 '한 사람'이다(아래 '아브라함의 선교'를 보라).[69]

　구약성서 전체에 하나님의 선교 계획이 드러나 있다. 아브라함으로 큰 민족
을 이루게 하시겠다는 약속도 하나님이 자신을 섬기는 종의 백성이 필요하심을
보여준다. 이 백성은 열방을 위한 하나님의 구원의 목적을 이루는 하나님의 수
단이 되어야 한다.[70] 모든 민족과 열방은 다 창조주 하나님께 속한 것이다(출
19:6; 시47:9). 그러므로 하나님의 관심 속에 있는 구속의 대상은 오직 이스라
엘이 아니라 이스라엘을 통한 열방인 것이다(창18:18).[71]

　이스라엘은 존재 자체가 선교를 지향한다. 이스라엘의 자기 정체성은 구약
선교의 주체인 동시에 객체로 나타난다. 시내산 언약 사건은 이스라엘이 혈연
이나 정치, 경제, 사회적인 연대성으로 묶여진 공동체가 아니라 야훼를 중심으
로 한 신앙공동체임을 보여준다. 왜냐하면 출애굽 과정에는 야곱의 자손뿐만 아
니라 '수많은 잡족'과 함께 하였으며(출12:38), 그들 가운데는 섞여 사는 무리가
많았기 때문이다(민11:4). 이들 모두가 시내산 언약을 통해 하나님과 특별한 관
계에 있는 신앙공동체가 된다.[72] 이후 가나안 정복과정에서도 그 지역의 많은
이방인들이 이스라엘 신앙으로 개종하는 모습을 보게 된다. 이스라엘은 이제 약

---

69) J. Muilenburg, "Abraham and the Nations: Blessing and World History", Interpretation 19 (1965): 389.
70) A. E. Glasser et al. Announcing the Kingdom: The Story of God's Mission in the Bible (Grand Rapids: Baker Academic, 2003), 56.
71) 이한영, "구약과 선교", 「성서마당」 신창간5호 (2007. 12): 9.
72) 여호수아 24장에 묘사된 세겜 언약갱신 사건도 이와 유사한 의미가 있다. 지금까지 야훼 신앙 공동체 밖에 있었던 사람들도 이러한 언약의식을 통해 야훼 신앙 공동체에 편입된다.

속의 땅에 보내심을 받은 선교사의 역할을 감당하게 된다.[73]

이스라엘은 왕국 성립 이후 그 통치권이 주변국가에까지 미치게 된다. 이것은 이스라엘이 영토의 확장을 통해 야훼 신앙의 확대를 가져오는 원심적 선교의 일면을 보여준다. 특별히 다윗-솔로몬의 통치 기간 중 이스라엘 영토는 남쪽으로 아카바만, 북쪽으로 유프라테스강, 서쪽은 지중해, 동쪽은 트랜스 요르단 지역으로 확대된다(삼하 8:1-14; 대상 18:1-13). 다윗에게는 주로 그렛과 블렛 사람들로 구성된 용병부대가 있었다(삼하 8:18; 15:18; 왕상 1:38). 솔로몬 시대의 인구조사에는 이스라엘에 거주하는 이주민(게르)이 153,600명에 이른 것으로 보도된다(대하 2:17-18, 대상 22:2 참조). 이러한 배경 속에서 솔로몬의 성전봉헌 기도는 이방인에 대한 이스라엘의 관심을 분명하게 드러내고 있다: "또 주의 백성 이스라엘에 속하지 아니한 자 곧 주의 이름을 위하여 먼 지방에서 온 이방인(노크리)이라도 저희가 주의 광대한 이름과 주의 능한 손과 주의 펴신 팔의 소문을 듣고 와서 이 전을 향하여 기도하거든 주는 계신 곳 하늘에서 들으시고 무릇 이방인이 주께 부르짖는 대로 이루사 땅의 만민으로 주의 이름을 알고 주의 백성 이스라엘처럼 경외하게 하옵시며 또 내가 건축한 이 전을 주의 이름으로 일컫는 줄을 알게 하옵소서"(왕상 8:41-43; 대하6:32-33). 또한 이주민이나 이방인에 대한 다양한 율법규정을 통해서 이스라엘 영토 안에 거하는 사람들에 대한 이스라엘의 입장을 알 수 있다. 이스라엘은 그들과 함께 하는 이주민이나 이방인에 대해서 그들과 함께 하는 공동체를 지향하였다.[74]

---

73) 김중은, "구약의 선교에 관한 기초적인 고찰", 「교회와 신학」 28집 (1996. 1): 44.

74) 〈게르〉와 〈노크리〉에 대하여 필자의 졸고, "구약성서의 관점에서 본 다문화 사회와 대응방안 – 〈노크리〉와 〈게르〉에 대한 이해를 중심으로", 「장신논단」 39 (2010.12): 61-88을 참조하라. 이스라엘이 보여준 이방인들에 대한 직접 또는 간접적 선교 방법과 통로는 다음과 같이 분류할 수 있다: 1)성전예배(특히 시편에 나타난 찬양과 기도), 2)외국인 거주자들에 대한 보호와 후원, 3)지혜자들의 교육활동(잠언, 욥, 전도서 등), 4)축제와 절기에 참여기회 제공, 5) 거룩한 백성으로서 윤리-도덕적인 삶의 모범, 6)이스라엘 왕들의 통치 아래서 이방인들의 개종, 7)이방인들과의 결혼, 8)예언자들의 활동(렘27:3; 왕상17:9; 욘1:2 등 참조), 9)이스라엘 역사에 나타난 야훼 하나님의 행동들(수2:8-11 참조). S. McKnight, *A Light Among the Gentiles, Jewish Missionary Activity in the Second Temple Period* (Fortress, 1991), 50-68.

선교적 차원에서 보면 이스라엘의 멸망도 하나님의 선교를 위한 계획으로 이해된다. 그것은 하나님이 이스라엘을 도구로 삼아 땅의 모든 족속들을 축복하기 위함이었다.[75] 앗시리아와 바벨론 포로기는 단순히 이스라엘의 디아스포라가 아닌 그들의 보냄을 통해 하나님의 말씀이 이방에 전해질 수 있었던 중요한 계기가 된다(예루살렘의 박해가 오히려 이방지역까지 복음이 전파되는 계기가 되었듯이, 행 8장이하 참조). 이스라엘이 열방으로 보내진 역사적 상황은 이방을 향해 예언자들이 보내지는 기회가 되었고, 앗시리아를 배경으로 아모스 선지자의 열방을 향한 신탁(암1:3-2:16)과 바벨론을 배경으로 에돔에 대한 오바댜의 심판(옵1:1-21)이 선포될 수 있었다. 그들은 하나님의 대변자로서 보내심을 입었고 열방을 향한 하나님의 말씀도 대언할 수 있었다.[76]

열방을 향한 이스라엘의 선교는 시편을 통해서도 분명하게 드러난다. 이스라엘 예배 공동체는 그들의 기도와 찬양을 통해 모든 사람들을 향하여 야훼 하나님의 신앙으로의 초청과 권유를 반복하여 표현하였다. 시편 117편은 시편집 가운데 가장 짧은 시편이지만 그러한 선교적 의미를 분명하게 보여준다. "너희 모든 나라들아 여호와를 찬양하며 너희 모든 백성들아 그를 찬송할지어다. 우리에게 향하신 여호와의 인자하심이 크시고 여호와의 진실하심이 영원함이로다. 할렐루야"(시 117:1-2). 이러한 관점에서 구약 이스라엘의 선교신학은 이방인을 포함한 만인을 대상으로 한 '초청(초대)의 패러다임'을 가지고 있다고 하겠다.[77]

시편 67편에서도 열방을 향한 선교의 신학을 발견할 수 있다. 특별히 시편 67편 1-2절에서는 민수기 6장 24-26절에 기록된 이스라엘을 향한 아론의 축도가 열방을 위한 구원으로 확대 해석되고 있다. "하나님(엘로힘)은 우리에게 은혜를 베푸사 복을 주시고 그의 얼굴 빛을 우리에게 비추사 (셀라) 주의 도를 땅 위에,

75) W. C. Kaiser, Jr. 『구약성경과 선교: 이방의 빛 이스라엘』, 20.
76) 이한영, "구약과 선교", 「성서마당」 신창간15호 (2007. 12): 13.
77) 김중은, "구약의 선교에 관한 기초적인 고찰", 「교회와 신학」 28집 (1996. 1): 41-42.

주의 구원을 모든 나라에게 알리소서." 여기에서 구약에서 보통 개인적인 언약의 하나님을 부를 때 사용되는 신명 '야훼'가 창조세계와 모든 민족의 하나님을 암시하는 '엘로힘'으로 바뀌어 나타난다. 그리고 민수기 축도의 수신자가 2인칭 단수인데 비해 시편 67편에서는 수신자가 '우리', '땅', 그리고 '만방'으로 확대된다. 이 뿐 아니라 3절에서 7절까지 기술된 땅과 관련된 시문은 아브라함의 복과 평행을 이룬다(창12:2-3). 다시 말하면 아브라함과의 언약이 열방의 모든 민족과의 언약으로 확장된 것을 찬양하고 있다(시67:2).[78] 그러한 의미에서 이스라엘의 찬양과 기도가 결코 자기 중심적이거나 배타적인 것이 아니라 보편적이며 세계적이며 만인을 위한 선교의 기초 위에 있음을 알게 된다.

오코예(J. C. Okoye)는 구약성서의 선교를 연구한 후 구약의 선교는 다음과 같은 네 가지 측면이 있다고 말한다.[79] 첫째로, 보편성의 국면이다. 이것은 구원의 보편성과 여호와 앞에서의 공의의 보편성으로 나타난다. 둘째로, '선교 안에 있는 공동체'의 측면이다. 이것은 이스라엘 존재 자체가 열방 가운데 나타나는 여호와에 대한 지식이나 그의 영광과 밀접한 관계가 있으며 이스라엘의 선택은 하나님의 영광에 공헌한다는 인식이다. 셋째로, '구심적 선교'의 측면이다. 예컨대, 이사야 2장 2-5절에서 제시하고 있듯이 모든 열방이 시온으로 순례하기 위해 몰려들어 거기서 하나님의 '토라'와 그의 길로 가르침을 받는 것이다. 넷째로, '원심적 선교'의 측면이다. 이것은 적극적인 노력을 기울여 이방인들에게 나가서 회심을 통해 그들을 '개종자'로서 언약 안에 포용하는 것을 말한다. 이사야 56장 1-8절이 이러한 비전을 보여주는 대표적인 본문이다.

구약성서의 선교를 위해 열쇠가 되는 주제는 하나님 나라이다. 구약성서에는 이스라엘에 대한 하나님의 언약적 통치와 세상에 대한 보편적 통치가 나타나는

---

78) 이한영, "구약과 선교", 「성서마당」 신창간15호 (2007. 12): 16.
79) J. C. Okoye, 「구약의 선교신학: 이스라엘과 열방」, 40-43. 구약과 선교의 관계에 대하여 다음을 참조하라: 김윤희, "21세기 상황 속에서의 선교 그리고 구약", 「성경과 신학」, (2007): 34-65, 특히 37-51; James A. Meek, *The Gentile Mission in Old Testament Citations in Acts: Text, Hermeneutic, and Purpose* (London/ New York: T & T Clark, 2008).

데, 전자는 후자를 섬긴다고 말할 수 있다. "하나님이 아브라함의 이름을 창대
하게 하시고 아브라함에게 헤아릴 수 없는 자손을 주시는 데에 작용한 궁극적
동기는 열방의 구원이었다."[80] 이것은 나이트(G. A. F. Knight)가 말한 것처럼
고린도후서 5장 19절 말씀을 다음과 같이 바꿀 수 있는 통찰이다.[81] "하나님께
서 이스라엘 안에 계시사 세상을 자기와 화목하게 하려고 노력하였다."

Ⅳ. 아브라함의 선교

이제 아브라함의 삶이 보여주는 선교의 측면들을 살펴보자. 구약성서에서 아
브라함의 선택과 출현은 새로운 시작을 의미한다. 아담과 노아를 통해서 하나
님이 자신의 구원의 역사를 시작하셨듯이 다시금 아브라함을 통해 새로운 역사
를 시작하신다. 아브라함의 삶은 구약성서에서 고찰되는 대표적인 선교 모델이
다. 랍비 유대교에서도 아브라함을 첫 번째 유대인으로만이 아니라 첫 번째 선
교사로 이해한다.[82] 창세기에 서술된 아브라함의 삶은 다양한 차원에서 오늘날
인식해야 할 선교의 의미를 분명하게 보여준다. 아브라함의 삶에 나타난 선교
의 특징들을 분석하면 다음과 같다.

1. '부르심에 응답'하는 선교

무엇보다도 먼저 아브라함은 '부르심에 응답'함으로 선교에 임했다(창12:1).
그는 '너의 본토 친척 아비 집을 떠나 내가 지시할 땅으로 가라'는 명령을 들었
다. 아브라함이 들었던 가라는 명령에는 떠나는 것이 전제되어 있다. 이 명령이

---

80) A. E. Glasser et al. *Announcing the Kingdom*, 59.
81) G. A. F. Knight, 1959, 8.
82) BerR 39,14에는 창세기 12장 5절을 근거로 아브라함은 하란의 남자들을, 사라는 여자들을 개종시켰다고
해석한다. H. G. Perelmuter, "Mission Ⅱ," *TRE* 23, 20.

얼마나 따르기 어려운 명령인지 떠남의 대상이 세 가지 낱말로 수식되고 있다. 아브라함이 떠나야 할 곳은 '너의 고향', '친척', '아버지의 집'이었다. 이러한 사실은 이삭을 번제물로 바치라고 할 때 이삭을 '네 아들, 네 사랑하는, 독자'라는 세 가지 수식어를 통해 표현하고 있는 것과 비교될 수 있다(창 22:2).[83] 이러한 표현 분석을 통해서 아브라함의 떠남이 이삭을 번제물로 바치는 것에 견줄 수 있는 따르기 어려운 명령이라는 사실을 알게 된다.

하지만 아브라함의 부르심은 가라는 명령에서 온전해 진다. 그의 부르심은 떠나는 것으로 끝나지 않고 하나님이 지시하실 땅으로 가는 것으로 완성된다. 아브라함이 가야할 땅은 가나안 땅이었다. 아브라함이 태어나 자랐던 곳인 갈대아 우르[84]나 가나안 땅으로 오는 도중에 머물렀던 하란[85]은 문화, 교통, 경제의 중심지였다. 그래서 많은 사람들이 거주하기를 선호하는 곳이었고 그만큼 생활의 기회가 많은 곳이었다. 거기에 비하면 가나안 땅은 보잘 것 없는 땅이었다. 평야지도 아니었고 물이 풍부한 곳도 아니었다. 주변나라였던 메소포타미아나 이집트와 같이 큰 강도 없었고 '산과 골짜기가 많아 하늘에서 내리는 비를 흡수하는 땅'이었다(신 11:11). 하늘의 은혜가 임해야 생존할 수 있는 땅이었다. 아브라함은 지금까지 익숙해져 있고 자신에게 안정된 기반을 제공하는 '고향, 친척, 아버지의 집'을 버리고, 생존에 대한 보장이 없는 미지의 땅으로 가는 응답의 행동을 한 것이다.

---

83) N. M. Sarna, *Genesis* (The JPS Torah Commentary; Philadelphia: The Jewish Publication Society, 1989), 150.

84) 갈대아 우르는 고대 수메르와 바빌로니아(바벨론)의 도시로 한때 문화가 번성했으며 주전 2600–2400년 경에는 바빌로니아(수메르)의 강력한 지도국가로 등장했다. 그러나 같은 수메르의 도시국가인 라기슈에 멸망하였고, 우르 제3왕조(주전2500–1950년), 곧 아브라함 시대 이전에는 세계에서 가장 화려한 성읍으로 토지는 매우 비옥하고 주민의 생활은 부유하였으며 농업, 공업, 어업의 중심지였다.

85) 본래의 이름은 아람나하라임(Aramnaharaim)으로, 동쪽의 티그리스강(江)과 서쪽의 유프라테스강 사이에 있는 아람인(人)의 땅이라는 뜻이다. 하란은 뒤에 붙여진 이름으로 '길 통로 대상(隊商)'을 뜻한다. 주전 2000년 이전부터 사람들이 살기 시작해 고도의 문명을 자랑했던 유서 깊은 고대도시이며, 이 지역에서 발견된 비문(碑文)에는 BC 2000년경부터 사람들이 살았다는 기록과 당시에 이미 상업도시로 번성했다는 기록이 남아 있다.

이러한 아브라함의 행동은 그의 아버지 데라의 행동과 비교할 때 그 의미가 더욱 선명해진다. 성서는 여러 곳에서 아브라함을 처음으로 부르신 곳이 갈대아 우르임을 밝히고 있다(창 15:7; 느 9:7; 행 7:2-3 참조). 아브라함이 처음으로 소명을 받은 곳은 하란이 아니라 갈대아 우르였다는 것이다. 하지만 창세기 11장 31절에 의하면 데라도 갈대아인의 우르를 떠나 가나안 땅으로 가고자 했던 것을 알 수 있다. 데라도 어떤 이유에서인지는 분명히 나타나 있지 않지만 자신의 고향 갈대아 우르를 떠나 가나안 땅으로 가는 여정을 시작한 것이다. 창세기 11장 31절에 묘사되어 있듯이 자신의 식솔들을 모두 데리고 갈대아 우르를 떠나 가나안 땅으로 오는 데라의 모습은 하란에서 하나님의 부르심을 듣고 하란을 떠나는 아브라함의 모습을 떠올리게 한다. 그런데 데라의 여정은 하란에서 멈춘다. 그의 목적지였던 가나안 땅까지 오지 않는다.

여기서 한 가지 고려해야 할 사항은 아브라함이 하란을 떠난 것이 데라가 죽은 이후가 아니라는 사실이다. 창세기 11장 32절은 데라가 하란에서 205세까지 살다가 그곳에서 죽었다고 보도한다. 그것은 아브라함이 하란을 떠날 때 데라가 아직 생존하고 있을 때라는 사실을 말해준다. 왜냐하면 데라가 70세에 아브라함을 낳았고(11:26), 하란을 떠날 때 아브라함의 나이가 75세였으므로(12:4), 아브라함이 하란을 떠날 때 데라의 나이는 145세였고 아브라함이 하란을 떠난 후에도 데라는 하란에서 60년을 더 산 셈이 되기 때문이다. 여기에서 데라와 아브라함의 행동이 대비된다. 데라는 가나안 땅으로 가려던 목적을 포기하고 하란에 계속 머물러 있게 되었고, 아브라함은 하나님의 부르심을 쫓아 가나안 땅까지 오게 된 것이다.

부르심은 보내는 곳으로 가는 것에서 완성된다. 부름받은 사람은 떠나는 것에서 그치지 않고 보냄을 받는 곳으로 가야 한다. 아브라함은 그러한 부르심에 응답하는 삶을 살았다. 데라는 가나안 땅으로 오는 도중 하란에 머물며 떠남의 본래 목적지를 포기한 삶을 살았다. 하지만 아브라함은 하나님이 지시하신 땅까지 감으로써 자신의 부르심을 온전히 이루었다. 선교의 기본 의미가 보내는

것이라고 할 때 아브라함은 보냄을 받은 곳까지 감으로써 선교의 모범을 보여주었다.[86]

2. '삶'으로 보여주는 선교

두 번째로 아브라함은 보내진 곳에서 '삶'으로 선교에 임했다.[87] 아브라함의 삶을 보면 그가 보내진 곳에서 특별한 포교활동을 하지 않았다는 것을 알 수 있다. 그는 그저 자신이 사는 모습을 보여줌으로 선교의 삶을 살았다. 가나안 땅에서 그의 삶은 철저하게 나그네였다. 하지만 그는 그 땅의 사람들에게 인정받는 삶을 살았다. 그러한 아브라함의 면모를 가장 잘 보여주는 장면이 사라의 매장지 매입 사건이다(창 23장).

사라가 127세의 일기로 헤브론에서 죽는다(창 23:1-2). 아브라함은 아내의 죽음을 슬퍼하다가 아내를 장사할 곳을 찾게 된다. 그때 그는 헷 족속에게 나아가 자신의 사정을 말한다. "나는 당신 중에 나그네(게르)요 거류하는 자(토샤브)이니 당신들 중에서 내게 매장할 소유지를 주어 내가 나의 죽은 자를 내 앞에서 내어다가 장사하게 하시오"(4절). 여기에서 아브라함의 신분이 어떠하였는가가 분명하게 드러난다. 아브라함은 가나안 땅에서 '나그네'요 '거류민'이었다. 오늘날의 용어로 표현하면 본토인이 아니라 이주민이었다는 것이다. 그러하였기 때문에 그는 헷 사람들에게 간청할 수밖에 없었다.

이때 헷 사람들이 대답한다. "내 주여(아도니) 들으소서. 당신은 우리 가운데 있는 하나님이 세우신 지도자(나시)이시니 우리 묘실 중에서 좋은 것을 택하여

---

86) 소명(召命)을 말할 때 '부르심'은 장소의 이동만을 의미하지는 않는다. 새로운 '상황'으로의 부르심도 의미할 수 있다. 어떤 일을 하다가 다른 일을 하게 되는 것도 부르심이다. 그러한 의미에서 부르심은 '방향전환'이며, '새로운 영역으로의 입문(入門)'이다.

87) '삶으로서의 선교'는 선교학자 준더마이어(T. Sundermeier)가 강조한 선교학 용어 '콘비벤츠'(Konvivenz)에서 잘 드러난다. 준더마이어의 선교신학에 관하여 한국일, "테오 준더마이어(Theo Sundermeier)의 선교신학", 「장신논단」 제38호 (2010. 8): 407-30, 특히 410-19를 참조하라. 또한 선교의 본질에 관한 논문을 참조하라: 한국일, "선교본질에 대한 신학적 성찰", 「교회와 신학」 제 45호 (2001. 8): 54-66.

당신의 죽은 자를 장사하소서. 우리 중에서 자기 묘실에 당신의 죽은 자 장사함을 금할 자가 없으리이다"(6절). 나그네요 거류민이었던 아브라함을 향하여 헷 사람들은 자신들의 '주'(아돈)라고 부른다. 그리고 하나님이 자신들 가운데 세우신 '지도자'(나시)라고 인정한다. 그들 가운데 살았던 아브라함의 삶이 어떠했는가를 알 수 있는 대목이다. 아브라함의 신분은 나그네요 거류민이었으나 그는 그 지역의 주인이요 하나님이 세우신 지도자의 삶을 살았다. 그러한 거룩하고 권위 있는 삶이 있었기 때문에 헷 사람들은 자신들의 묘실을 마음대로 쓰도록 허락한 것이다.

하지만 아브라함은 이러한 호의를 그냥 받아들이지 않는다. 그는 오히려 그들에게 몸을 굽히고 다시금 간청한다(7절). 자신이 사고자 하는 땅의 주인인 에브론을 향하여 충분한 대가를 받고 매장지를 사도록 부탁한다(8-9절). 이때 에브론이 성문에 들어온 모든 사람이 듣는 가운데 아브라함을 '나의 주'라고 부르며 밭과 굴을 모두 주겠다고 약속한다(10-11절). 하지만 이때에도 아브라함은 모든 사람에게 몸을 굽히고 값을 치르고 사도록 간청한다(12-13절). 에브론이 아브라함이 사고자 하는 땅의 값이 400세겔임을 말하며 그 값이 아브라함과 자신과의 관계에 비하면 아무것도 아님을 말하지만(14-15절), 아브라함은 결국 에브론에게 400세겔을 주고 '마므레 앞 막벨라에 있는 에브론의 밭'을 사게 된다(17-18절).

이렇게 값을 치르고 땅을 사게 됨으로 '에브론의 밭'은 명실상부한 아브라함의 소유지가 되었다(18절). 값을 치르고 산 땅은 후대에까지 대대로 매장지로 사용하게 된다. 그곳에 사라뿐만 아니라 아브라함과 이삭과 야곱의 부부까지 세 족장의 부부가 모두 묻히는 가족 매장지가 된다(창 49:31). 여기에서 독자들은 아브라함의 겸손과 지혜까지 배울 수 있다. 값을 치러야 비로소 자신의 것이 될 수 있으며(삼하 24:18-25),[88] 자신의 몸을 굽히고 상대를 높이는 겸손한 삶이

---

88) 이러한 점에서 '밭에 감추인 보화'에 말씀하신 예수님의 천국의 비유를 생각하게 된다(마 13:44-46). 농부가 밭에 감추인 보화를 발견하고 그것을 그냥 가져갈 수도 있었겠지만, 굳이 그것을 숨겨둔 뒤 자신의 소

주위 사람들로부터 지도자로 인정받을 수 있다(마 20:26-27와 평행구절)는 사실이다.

아브라함은 가나안 땅에서 나그네 인생이었지만, 주위 사람들로부터 주인으로 인정받는 영향력 있는 삶을 살았다. 헷 사람에게서 '하나님이 세우신 지도자'라는 고백도 들었다. 창세기 21장 22절에는 그랄 왕 아비멜렉과 그의 군대장관 비골이 아브라함에게 말하는 내용이 소개되어 있다. "네가 무슨 일을 하든지 하나님이 너와 함께 계시도다." 블레셋 사람들에게도 그의 삶은 하나님이 함께 하심을 증거 하는 삶이었다. 아브라함의 삶 자체가 선교가 된 것이다.

창세기 18장 19절에는 하나님이 아브라함을 택하신 목적을 서술하고 있다. "내가 그로 그 자식과 권속에게 명하여 여호와의 도를 지켜 공의(체다카)와 정의(미쉬파트)를 행하게 하려고 그를 택하였나니 이는 나 여호와가 아브라함에게 대하여 말한 일을 이루려 함이니라." 하나님께서는 아브라함이 공의와 정의를 이루는 삶을 통해서 하나님께 영광을 돌리고 그의 삶을 통해 열방이 복을 받게 하신 것이다. 선교는 삶이다. 삶으로 하나님이 함께 하심을 보여줄 때 감동이 있고 열매가 있다.[89] 그러한 의미에서 다음과 같은 예수님의 말씀은 선교의 삶에 지침이 된다. "이같이 너희 빛을 사람 앞에 비취게 하여 저희로 너희 착한 행실을 보고 하늘에 계신 너희 아버지께 영광을 돌리게 하라"(마 5:16).

3. 중보자로서 '기도'하는 선교

세 번째로 아브라함은 중보자로서 '기도함'으로 선교에 임했다. 아브라함이

유를 다 팔아 그 밭을 산 것은 정당한 대가를 치르고 난 후에야 진정한 자신의 소유가 됨을 일깨워 준다.

89) 이러한 의미에서 선교의 개념을 다양하게 정의하기도 한다. 레그랜드는 선교의 개념을 '코이노이아'에서 찾는다. "그리스도인의 생활자체와 같이 선교는 '코이노이아'인데, 즉 다수의 그리고 다양한 성령의 은사들의 친교이다"(Lucien Legrand, *Unity and Plurality. Mission in the Bible* [Maryknoll, NY: Obrbis, 1990], 7). 또한 학자에 따라서는 '대화'(Dialog)로서의 선교를 말하기도 한다(H. Bürkle, Mission VII, TRE 23, 62).

중보자로서 기도하는 모습은 두 곳에서 고찰될 수 있다. 소돔성에 거하는 롯의 구원을 위해 기도하는 모습(18:22-32)과 그랄 왕 아비멜렉을 위해 기도하는 모습(20:7; 17-18)이다.[90]

먼저 소돔을 위한 기도는 하나님의 계시에서부터 출발한다. 천사의 모습으로 나타나신 야훼 하나님은 아브라함에게 소돔과 고모라에 대한 심판계획을 알리신다(18:17-21). 이 소식을 들은 아브라함은 그냥 듣고만 있지 않는다. 의인과 악인을 함께 멸하는 것은 부당한 것이라고 항변한다(23-25절). 그러자 하나님께서는 소돔 성읍 가운데 의인 50명을 찾으면 그들을 위해 온 지역을 용서하시겠다고 말씀하신다(26절). 아브라함은 거기에서 끝나지 않고 계속해서 의인의 숫자를 내려간다. 45명, 40명, 30명, 20명, 10명까지 의인의 숫자를 내려간다. 어떻게 해서라도 자신의 조카 롯이 있는 소돔성이 멸망당하지 않도록 애쓰는 모습을 볼 수 있다. 결국 롯은 자신의 의가 아니라 아브라함의 기도 덕분에 살아남게 된다(창 19:29).[91]

여기에서 조카 롯을 향한 아브라함의 열정과 사랑을 엿볼 수 있다. 그는 자신의 문제에만 매몰되어 있지 않고 주변을 살피는 사람이었다. 그는 자신의 식솔들과 조카 롯의 식솔들이 갈등을 겪자 조카에게 좋은 편을 택해 떠나도록 배려한다(창 13:1-13). 소돔에 거하던 조카 롯이 그돌라오멜을 비롯한 연합군에게 사로잡혀 갔다는 소식을 듣고 자신의 집에서 훈련된 자들을 이끌고 적진으로 들어가 롯을 구해온다(창 14:1-16). 창세기 18장에서도 롯이 거하던 소돔성이 멸망당할 위기에 있을 때 아브라함은 조카 롯을 위해 적극적으로 나선 것이다. 소돔의 구원을 위해 기도하는 아브라함의 모습이다.

아브라함이 기도하는 모습은 아비멜렉 사건에서 더욱 분명하게 나타난다(창

---

90) 구약성서에 나타난 중보기도에 관하여 다음을 참조하라: 박동현, "구약성경의 기도에 대한 서론적인 고찰", 『예언과 목회』 III (서울: 한국장로교출판사, 1995), 39-78, 특히 65-67; 동저자, "구약에도 나타난 중보기도", 「성서마당」 제17호(1996.1): 3-6.

91) 대리적인 힘에 의해 구원받는 것에 관하여 W. Brueggemann, 『창세기』 (현대성서주석; 서울: 한국장로교출판사, 2008) 270-75을 참조하라.

20장). 그랄 땅에 거주하려 할 때 아브라함은 이집트에서처럼 다시 아내를 누이라고 속인다(2절; 창 12: 10-20 참조). 자신의 생존을 위해 궁여지책으로 대응한 모습이었지만, 그것이 하나님이 원하시는 모습은 아니었다. 아비멜렉이 사라를 데려가자 그 밤에 하나님이 꿈에 나타나셔서 그의 행동이 잘못되었음을 깨닫게 하신다. 사라가 남편이 있는 여인이니 그 일 때문에 아비멜렉이 죽을 것이라고 경고한다(창 20:3). 그러자 아비멜렉은 자신은 정당하게 행동한 것이라고 항변한다(5절). 이때 하나님은 사라를 돌려보내라 하시며 아브라함이 누구인지를 소개한다. 그는 '예언자'(나비)이며 그가 아비멜렉을 위해 기도할 것이라고 말씀하신다(7절).

다음날 아침 아비멜렉은 아브라함을 불러서 그렇게 행동한 이유를 묻는다. 이유를 듣고 나서 아비멜렉은 아브라함에게 양과 소와 종들과 함께 사라도 돌려준다. 그리고 어떤 땅이든지 거주하고 싶은 곳에 거주하라고 허락한다(14-15절). 이 일 후에 아브라함은 아비멜렉을 위해 기도한다. 아브라함이 기도하니 하나님이 그의 기도를 들으시고 아비멜렉과 그 아내와 여종을 치료하사 태를 열어 출산케 하셨다(17절). 중보자로서 기도하는 아브라함의 모습을 볼 수 있다. 아브라함은 자신의 문제뿐 아니라 다른 사람을 위해 기도하는 중보기도를 통해 하나님의 살아계심을 체험하도록 했다.

기도는 하나님과 언약의 관계에 있는 사람이 가지는 특권이다. 그는 기도를 통해 하나님께 나아갈 수 있고 기도를 통해 하나님의 능력이 나타나게 할 수도 있다. 아브라함은 기도하는 삶을 통해 '하나님의 벗'(오하브)이라는 칭호도 얻게 된다(대하 20:7; 사 41:8; 약 2:23). 기도는 하나님의 선교를 위해 제자들에게 주어진 특권이다(마 6:7-13). 예수님은 제자들에게 귀신을 쫓아내고 병을 고치는 권능을 주셨다(눅 10:19). 기도는 선교에서 영적 능력을 나타낼 수 있는 도구다. 그러기 때문에 예수님은 마가복음 9장에서 귀신 들린 소년을 치유하실 때 "기도 외에 다른 것으로는 이런 유가 나갈 수 없느니라"(29절) 하고 말씀하셨다.

V. '믿음'의 관점에서 본 아브라함의 삶

아브라함의 삶의 여정은 믿음의 삶이라는 말로 요약된다. 그가 하나님이 뜻하신 선교의 삶을 산 것도 하나님의 약속에 대한 믿음이 있었기 때문이다. 그가 '갈 바를 알지 못하는'(히 11:8) 가운데서도 떠나라는 명령에 순종한 것도, 자신의 사랑하는 아들을 번제로 바치라는 명령에 순종한 것도 하나님에 대한 전폭적인 신뢰가 있었기 때문에 가능했다. 아브라함은 믿음을 가지고 자신의 삶의 환경이나 조건보다 더 크신 하나님을 바라본 것이다. 하지만 아브라함의 믿음이 처음부터 온전한 것은 아니었다. 그의 믿음은 하나님이 원하시는 차원까지 끊임없이 성숙되고 다듬어져야 했다.

창세기 12장 1–3절에 나타난 하나님의 약속은 다음과 같다: "너는 네 땅과 네 친족과 네 아비의 집을 떠나 내가 네게 보여 줄 땅으로 가라. 내가 너로 큰 민족이 되게 하며 네게 복을 주고 네 이름을 창대하게 하리니, 너는 복이 될 것이다. 너를 축복하는 자들에게 내가 복을 주고, 너를 저주하는 자를 내가 저주할 것이다. '네 안에서' 땅의 모든 족속들이 복을 받을 것이다"(필자의 사역). 여기에서 하나님의 명령을 따를 때 아브라함에게 약속된 바는 두 가지 내용으로 나타난다. 아브라함이 '큰 민족이 되는 것'과 '그의 이름을 크게 하는 것'이었다. 그러한 약속이 가져오는 결과가 '복'(בְּרָכָה, 〈베라카〉)이다(2절). 그리고 그러한 복의 결과가 3절에 나타난다: "'네 안에서' 땅의 모든 족속들이 복을 받을 것이다."[92] 아브라함은 이 약속을 신뢰하였다. 이집트에서 자신의 아내를 누이

---

92) 여기에서 '네 안에서'라고 번역한 히브리어 원문의 표현 〈베카〉(בְּךָ)가 여러 가지 해석의 가능성을 제공한다. 따라서 학자에 따라 강조점을 달리 해서 번역하고 이해한다. 예컨대, 폰 라트(G. von Rad)는 이것을 '너를 통해서' 또는 '너로 말미암아'로 번역하여 열방을 위한 '축복의 중재자'(Segensvermittler)로서의 아브람의 모습을 보았다. 이와는 달리 블룸(E. Blum)은 '너와 함께'라고 번역하여 '축복의 모범'(Segensvorbild)이 된 아브람의 모습을 강조한다. 여기에 덧붙일 수 있는 다른 해석의 가능성(M. L. Frettlöh)은 '네 안에서'라고 번역하는 것이다. 이러한 이해는 다른 민족들이 아브라함을 대체하는 것이 아니라 이스라엘과 아브라함의 축복의 공간 안으로 들어와 함께 복을 받는다는 사실을 강조한다. 창세기 12장의 하나님의 약속에 대한 자세한 논의는 필자의 졸고를 참조하라: "아브라함의 소명(召命)과 이스라엘의 사명(使命): 창세기 11장 27

라고 속인 것도 그의 불신앙이라고 볼 수 없다. 오히려 아브라함은 이 약속을 자기 입장에서만 이해한 것이다. 큰 민족을 이루겠다고 하신 것은 자신에게 하신 약속이기 때문에 이 약속이 성취되기 위해서는 자기 자신이 생존해야 한다는 생각이 우선적으로 작용한 결과라고 이해된다.

그러나 하나님은 여러 가지 사건을 통해서 아브라함의 믿음이 성숙되게 하셨다. 창세기 15장은 자신의 몸에서 날 자가 자신의 상속자가 될 것에 대한 믿음을 일깨워주는 사건이다. 환상 중에 야훼의 말씀이 아브라함에게 임하여 야훼께서 아브라함의 '방패'요 그의 '지극히 큰 상급'이라고 하시지만(1절), 아브라함은 그 말에 이의를 제기한다. 야훼께서 자신에게 '씨'를 주지 않으셨기 때문에 자신의 상속자는 엘리에셀이라고 항변한다(2–3절). 그러자 야훼께서는 아브라함에게 집에서 길린 자가 상속자가 아니라 아브라함의 몸에서 날 자가 상속자가 될 것이라고 말씀하시고(4절), 그를 이끌고 밖으로 나가 하늘을 보게 하시고 하늘의 뭇 별과 같이 그의 자손이 많게 하겠다고 약속하신다(5절). 이때 아브라함의 행동을 다음과 같이 보도된다: "아브람이 야훼를 믿으니 야훼께서 이를 그에게 '의'(체다카)로 여기셨다"(필자번역). 이것은 이 만남을 통해 아브라함의 믿음이 새롭게 되었음을 보여준다. 단순히 큰 민족이 아니라 자신의 몸에서 난 자를 통해 큰 민족을 이룰 것이라는 믿음이 새롭게 된 것이다. 야훼 하나님은 그러한 그의 모습을 보시고 그를 의롭다고 인정하셨다.[93]

아브라함의 믿음의 성숙은 여기에서 그치지 않는다. 창세기 16장에는 아브라함이 가나안 땅에 거한 지 10년이 되었는데도 사라가 출산하지 못하자 새로운 대안을 모색한다. 그것은 이집트의 여종 하갈을 첩으로 취하여 후사를 얻고자 한 것이다. 하갈의 임신이 사라와의 갈등을 촉발시켰지만 결국 하갈은 아들을 낳았고 그의 이름을 '이스마엘'이라고 지었다(15절). 그때 아브라함의 나이가 86

절–12장 20절에 대한 주석적 연구", 「장신논단」 41 (2011.7): 36–62, 특히 48–50.

93) 브루거만은 의롭게 됨의 의미를 다음과 같이 말한다: "그것은 하나님의 미래를 신뢰하는 것이요, 죽음과도 같은 현실 속에서조차 그 미래를 확신하면서 사는 것이다"(W. Brueggemann, 「창세기」, 233).

세였다. 이어지는 창세기 17장에는 아브라함이 99세일 때 야훼께서 그에게 나타나신 사건이 보도된다. '전능하신 하나님'이 아브라함의 이름을 바꾸시고 그와 '영원한 언약'을 세워 주신다(4-8절). 그 언약에는 아브라함으로 하여금 민족들을 이루고 그에게서 왕들이 나며 가나안 온 땅이 그와 그의 후손에게 영원한 기업이 되게 하시겠다는 약속이 포함되어 있다. 또한 하나님께서는 이 언약에 대한 표징으로 할례를 요구하셨다(9-10절). 하지만 이 언약은 아브라함에게만 해당되는 것이 아니었다. 사라에게도 동일한 약속이 주어진다. 사라에게서도 민족의 왕들이 나오게 될 것이라고 말씀하신다(16절). 이때 아브라함은 '웃는다'(이츠하크).[94] 그리고 그는 마음 속으로 '어떻게 100세된 사람이 자식을 낳고 90세된 사람이 출산할 수 있겠는가?'라고 말하며 하나님께 아뢴다(18절): "이스마엘이나 주 앞에서 살기를 원하나이다"(필자번역). 그러나 하나님은 사라가 정말 아들을 낳을 것이라고 말씀하시며 그가 낳을 아들의 이름('이삭', 〈이츠하크〉)까지 지어주신다(19절).[95] 여기에서도 아브라함의 믿음의 성숙이 이루어진다. 단순히 자신의 몸에서 날 자가 자신의 상속자가 되는 것이 아니라 사라를 통해 얻는 아들이 그의 상속자가 될 것이라는 사실을 깨닫게 된다. 이스마엘이 아니라 앞으로 태어나게 될 이삭이 그의 진정한 상속자라는 사실이다. 이 약속에 대한 아브라함의 믿음은 이 사건 이후 자기 집에 있는 모든 남자를 데려다가 할례를 행하게 한 것으로 입증된다(23-27절).

창세기 21장에는 이삭의 출생이 보도된다. 그리고 22장에는 아브라함에 대한 하나님의 시험이 기록되어 있다.[96] 하나님께서는 아브라함에게 '네 아들 네 사랑하는 독자' 이삭을 번제로 바치라고 명령하신다(2절). 하지만 이 명령은 아

---

94) 아브라함의 이러한 행동은 태어날 아들의 이름 '이삭'을 암시한다(창18:12 참조).

95) 오코예(J. C. Okoye, 『구약의 선교신학: 이스라엘과 열방』, 101)는 불임의 여성이었던 사라에게 자손에 대한 약속을 주시고 이루신 것은 사실상 하나님의 창조행위에 해당된다고 평가한다.

96) 창세기 22장에 기록된 아브라함 시험 사건의 의미에 관한 것은 필자의 졸고를 참조하라: "아브라함의 제사와 이삭의 희생: 창22:1-19에 대한 주석적 연구", 『깊은 말씀 맑은 가르침: 청훈 강사문 교수 정년퇴임 기념 논문집』(서울: 땅에쓰신글씨, 2007), 55-83.

브라함에게는 따르기 어려운 명령이다. 그것은 단순히 사랑하는 아들을 잃는 것 이상으로 이삭을 통해 이루어질 하나님의 약속에 대한 포기를 의미하기 때문이다. 이 명령은 지금까지 삶의 여정을 통해 교정되고 성숙된 하나님의 약속에 대한 믿음과 정면으로 충돌한다. 그럼에도 불구하고 아브라함은 하나님의 명령에 순종한다. 그것은 하나님에 대한 무조건적인 신뢰가 없이는 불가능한 행동이다. 어떻게 그러한 행동이 가능할까? 그것은 아브라함이 자신의 삶의 여러 과정을 통해 하나님의 신실하심을 확신할 수 있었기 때문이다. 두 번이나 아내를 누이라고 속이는 연약함에도 불구하고 자신을 지켜주셨고(창 12:10-20; 20:1-18), 하나님의 약속을 자기 식으로 이해하는 부족함에도 불구하고 하나님이 뜻하시는 바에 이르기까지 자신의 믿음을 성장시키신 하나님을 경험했기 때문이다. 이삭을 번제로 드리는 사건에서 아브라함은 하나님께로부터 인정을 받는다: "네가 네 아들 독자까지도 내게 아끼지 아니하였으니 내가 이제야 네가 하나님을 경외하는 줄을 아노라"(12절). 아브라함의 믿음에 대한 확증이다. 아브라함의 믿음은 자신에게 이해되지 않는 것도 따를 수 있는 하나님께 대한 순전한 신뢰였고 행동으로 나타나는 믿음이었다.[97] 그러한 믿음의 순종에 근거하여 하나님의 약속이 주어졌다(창 22:16-18).

그러나 여기에서 아브라함에게 주어진 약속은 이전과 다르다. "네 씨 안에서 땅의 열방이 복을 받을 것이다"(18절상반절). 복의 중개자에 대한 언급이 '네 안에서'에서 '네 씨 안에서'로 바뀌었다. 아브라함의 역할이 이삭에게 전이되었다. 열방의 복은 아브라함이 아니라 이삭을 통해서 이루어질 것이라는 사실이다. 아브라함이 보여주었던 믿음의 삶은 이제 이삭에게로 이어진다. 이러한 신앙의 전승은 족장들을 지나 오늘 우리에게까지 이어진다. 아브라함과 같은 믿음을 가

---

97) 신약성서에는 아브라함의 믿음을 다양하게 평가한다: 1)롬 4:17 "그의 믿은 바 하나님은 죽은 자를 살리시며 없는 것을 있는 것으로 부르시는 이시니라." 2)히 11:19 "그가 하나님이 능히 이삭을 죽은 자 가운데서 다시 살리실 줄로 생각한지라. 비유컨대 그를 죽은 자 가운데서 도로 받은 것이니라." 3)약 2:21 "우리 조상 아브라함이 그 아들 이삭을 제단에 바칠 때에 행함으로 의롭다 하심을 받은 것이 아니냐" (이와 다른 견해를 보여주는 롬 4:2-3도 참조하라).

진 자는 아브라함의 자손이 되어 아브라함의 복을 성취하게 될 것이다.[98]

Ⅵ. '아브라함의 복'을 통한 하나님의 선교

'네 안에서 땅의 모든 족속들이 복을 받을 것이다'(창 12:3)는 하나님의 약속은 하나님의 선교의 기본 계획이다. 아브라함의 신앙전승을 이어가는 사람은 모두 아브라함의 사명을 감당하게 된다. 이러한 하나님의 선교 계획은 구약성서에서뿐 아니라 신약성서에서 이르기까지 다양한 차원에서 입증된다.

시편 47편은 '야훼 제왕시'로서 야훼의 왕되심을 찬양하는 노래들 중 하나이다(시편 93편, 96-99편 참조). 이 노래에는 아브라함에 대한 약속을 떠올리게 하는 언급이 포함되어 있다. 9절에서 '민족들(〈아밈〉)의 지도자들'과 '아브라함의 하나님의 백성'(〈암〉)이 평행법을 통해 동일시 된다. 열방들이 한 하나님을 인정함으로써 땅의 모든 가족을 위한 아브라함의 복이 실현되는 것을 노래하고 있기 때문이다.[99]

시편 72편은 이스라엘 왕에 대한 찬양이 들어있는 '제왕시'이다(시편 2편, 20편, 21편, 45편, 89편, 101편, 110편, 132편 참조). 야훼의 기름부음 받은 왕이 다스리는 나라는 공의(체덱)와 정의(미쉬파트)가 실현되며 평화(샬롬)가 넘쳐날 것을 노래한다(2-3절, 7절). 17절에서 '그의 이름이 영원할 것이'라고 언급한 후에 그로 인해 사람들이 받게 될 복을 말한다: "사람들이 '그 안에서' 복을 받을

---

98) 갈라디아서에서는 믿음의 사람들에게 아브라함의 복을 다음과 같이 적용한다. 1)믿음을 가진 자는 아브라함의 후손이다(갈 3:6-7). 2)믿음을 가진 자는 아브라함과 함께 복을 받는다(갈 3:8-9). 3)믿음을 가진 자는 아브라함과 같이 축복의 통로가 되게 하신다(갈 3:14). 갈라디아서와 구약과의 관계에 대하여 다음을 참고하라: 이승문, "원시 그리스도교 공동체의 효과적인 선교 전략과 아브라함의 이미지들," 「대학과 선교」 제15집 (2008.12): 221-50; James M. Scott, *Paul and the Nations: The Old Testament and Jewish Background of Pauls Mission to the Nations with Special Reference to the Destination of Galatians* (WUNT 84; Tübingen: J. C. B. Mohr, 1995).
99) J. C. Okoye, 「구약의 선교신학: 이스라엘과 열방」, 108.

것이며, 모든 민족들이 그를 복되다고 찬양할 것이다"(필자번역). 이스라엘 왕이 메시야적 통치를 통해 모든 민족에게 하나님의 복이 임하도록 할 것이며, 모든 민족이 그를 찬양하게 될 것을 예고한다. 시온의 왕이 열방을 위한 복의 중개자가 되며, 이를 통해 그가 아브라함의 역할을 감당하게 될 것을 기대하게 한다.

열방을 위한 복의 모습은 이사야서의 하나님(야훼)의 종의 노래에서 가장 극명하게 드러난다. 이사야서에서 '종'이라는 말은 40-53장에서 단수로만 20회 나타나고, 54-66장까지에는 복수형으로 11회 사용된다. 그리고 단수로 사용된 용례 가운데 12회는 이스라엘 국가 전체를 의미하고(41:8-10; 43:8-13; 43:14-44:5; 44:6-8, 21-23; 44:24-45:13; 48:1, 7, 10-12, 17), 다음 네 개의 종의 노래에서는 이스라엘을 섬기는 개인으로 나타난다(42:1-7; 49:1-6; 50:4-9; 52:12-53:12).[100] 이러한 종의 용례를 통해서 분명해지는 것은 '하나님의 종'이 개인이면서 동시에 공동체를 가리킨다는 사실이다. '종'이라는 칭호는 우선 아브라함, 이삭, 야곱에게 주어진다(출 32:13; 신 9:27). 또한 '종'이라는 호칭은 아브라함의 자손인 이스라엘에게 주어진 칭호이기도 하다(사 41:8). 그러므로 하나님의 종은 언약의 백성을 대표하는 대표자를 의미하기도 하지만 이스라엘 백성 전체에게 해당되는 칭호이기도 한 것이다. 그러한 의미에서 '하나님(야훼)의 종'에게 부여된 임무는 '메시야' 왕에게 부여된 과제이기도 하지만, 언약의 백성 전체에게 부여된 과제이기도 하다.

하나님(야훼)의 종에게 부과된 과제를 한 마디로 요약하면 그가 '이방의 빛'이 된다는 것이다(사 42:6; 49:6).[101] 이스라엘은 이방의 빛이 되라는 소명을 받은 하나님의 '종'이다. '이방의 빛'이란 말이 이사야 42장 6절에서는 '백성의 언약'(베리트 암)과 평행을 이루고 있고, 49장 6절에서는 '나의(하나님의) 구원이 땅

---

100) W. C. Kaiser, Jr. 『구약성경과 선교: 이방의 빛 이스라엘』, 88.
101) 하나님(야훼)의 종이 수행해야 할 과제에 대한 자세한 논의는 김근주, 『이사야가 본 환상』 (서울: 비블리카 아카데미아, 2010), 228-52을 참조하라.

끝까지 미치는 것'과 대응된다. 다시 말하면 '이방의 빛'이 된다는 것은 '백성(여기에서는 열방을 의미한다)을 위한 언약'이 되고,[102] 하나님의 구원을 '땅 끝까지' 전하는 것이다. 하나님의 종은 열방에 하나님의 구원을 전함으로 그들이 그 빛을 보고 하나님께로 돌아와 구원의 백성이 되게 해야 한다. 이것은 아브라함 언약을 실재적으로 반복하는 것이다.[103]

이러한 '이방의 빛'의 사명은 예수 그리스도에게서 성취된다. 시므온은 아기 예수를 품고 '이방을 비추는 빛이요, 주의 백성 이스라엘의 영광이니이다'(눅 2:32)라고 찬송했다. 예수 그리스도는 세상의 빛으로 오셨다(요 1:9; 8:12). 그분은 이 땅에서 하나님의 나라와 구원을 선포했다(막 1:14-15). 이러한 '이방의 빛'의 사명은 아브라함에게 약속하신 복과 일치한다.[104] 그래서 사도행전 3장 25-26절에서는 "땅의 모든 족속이 '네 안에서' 복을 받으리라"(창 22:18; 26:4 참조)는 아브라함에 대한 약속을 인용하면서 그러한 역할을 예수 그리스도의 활동에 적용하고 있다.

그러나 예수 그리스도는 자신이 아브라함에 대한 약속과 이방의 빛의 사명을 감당하는 것으로 끝나지 않으셨다. 자신이 아버지께로부터 보냄을 받았듯이 제자들을 세상에 보내셨고(요 19:21), 자신의 사명을 제자들에게 맡기셨다. 제자들은 하나님의 자녀로서 세상의 빛이 되어야 하고(마 5:13), 복음을 땅 끝까지 전해야 한다(마 28:19-20; 막 16:15-16; 눅 24:47-48; 요 20:21). 예수님이 택하신 12제자는 이스라엘을 상징한다. 제자들은 이제 이스라엘이 해야 할 과제를 수행하게 된다.[105] 사도 바울도 이사야 49장 6절의 말씀을 근거로 '이방의 빛'

---

102) W. C. Kaiser, Jr. 「구약성경과 선교: 이방의 빛 이스라엘」, 94-95. 이사야 42장 6절 해석에 대한 다양한 논의에 대해서는 J. N. Oswalt, *The Book of Isaiah: Chapters* 40-66 (NICOT; Grand Rapids, Michigan: W. B. Eerdmans Publishing Co., 1998), 116-18을 보라.
103) W. C. Kaiser, Jr. 「구약성경과 선교: 이방의 빛 이스라엘」, 90.
104) 예수님의 사역에 관한 구약 인용에 관하여 다음을 참조하라: S. K. Parks, *A Theological Rationale for a Worldwide Mission: a Critical Evaluation of Jesus' Use of Old Testament Themes Concerning the Nations* (Ann Arbor, Michigan: UMI Dissertation Services, 2008).
105) O. Betz, "Mission III", TRE 23, 24.

으로서 땅 끝까지 구원을 전하는 이방인을 위한 사도로서 자신을 인식했다(행 13:47).

아브라함의 복은 열방이 복을 얻게 될 때 이루어진다. 아브라함을 복되게 하신 것은 열방을 구원하시려는 목적 때문이다. 하나님이 한 백성을 먼저 축복한 것은 그들이 축복의 통로가 되어 땅의 모든 백성들이 복을 받게 하려는 것이었다. 이스라엘은 세상을 위한 선교사가 되어야만 했다.[106] 믿음을 통해 아브라함의 후사가 된 예수의 제자들에게 동일한 사명이 주어져 있다. 아브라함의 복을 받은 자는 열방이 복을 얻도록 '이방의 빛'이 되어 땅 끝까지 하나님의 구원의 복음을 전해야 한다.[107]

VII. 나가는 말

지금까지 아브라함의 삶을 통해 보여주는 선교의 의미를 살펴보았다. 아브라함의 삶은 하나님의 선교를 위한 대표적 모델이다. '그 안에서' 열방이 복을 얻을 것이라는 하나님의 약속은 이스라엘의 소명과 사명이 되고, 그러한 소명과 사명은 '이방의 빛'이라는 과제로 변용되기도 한다. 열방을 위한 복이나 이방의 빛과 같은 사명은 한편으로 야훼의 종이나 메시야와 같은 대표 인물에게, 다른 한편으로는 언약의 백성 전체에게 적용된다. 결국 아브라함에 대한 약속은

---

106) W. C. Kaiser, Jr. 『구약성경과 선교: 이방의 빛 이스라엘』, 30. 이러한 점에서 구약에 나타난 선택과 보편주의는 서로 분리해서 이해할 수 없다. "하나님의 부르심은 세상에 초점을 맞추고 있지만, 그 부르심은 이스라엘과 더불어 시작되며 열방에게 선민과 믿음을 함께 하도록 초청하기 때문이다." Lucien Legrand, *Unity and Plurality. Mission in the Bible*, 27.

107) 이러한 점에서 '모든 신학이 선교적 신학이 되어야 한다'는 보쉬의 지적은 의미가 있다: "교회가 선교적이지 않으면 교회이기를 중단하는 것처럼 신학이 선교적인 특질을 상실한다면 신학은 신학이기를 중단한다"(D. Bosch, 『변화하고 있는 선교: 선교신학의 패러다임 변화』, 김병길 · 장훈태 공역 [서울: 기독교문서선교회, 2000], 726). 또한 선교학에 대한 해석학적 논의에 관하여 다음을 참조하라: 김영동, "선교신학에 있어서 해석학과 커뮤니케이션의 논의", 「장신논단」 제11호 (1995): 338–67.

메시야이신 예수 그리스도에게서 성취되고, 예수님은 자신의 제자들이 그 역할을 감당하도록 그들에게 사명을 주셨다. 아브라함의 사명은 이제 예수의 제자들인 그리스도인들 각자가, 그리고 예수 제자들의 공동체인 교회가 감당해야 한다.

Anderson, B. W. "The Tower of Babel: Unity and Diversity in God's Creation." *From Creation to New Creation: Old Testament Perspectives.* Minneapolis: Frotress, 1994, 165-178.

Baranzke, H. "Die Mensch-Tier-Beziehung in Kirche und Umweltbewegung der DDR. Hintergründe zu einem vernachlässigten Thema." *ZEE* 39 (1995), 65 - 74.

Barasch, M. "Animal Metaphors of the Messianic Age. Some Ancient Jewish Imagery." *VisRel* 4 (1985), 235-249.

Bartelmus, R. "Die Tierwelt in der Bibel: exegetische Beobachtungen zu einem Teilaspekt der Diskussion um eine Theologie der Natur." *BN* 37 (1987), 11 - 37.

Bavinck, J. H. *An Introduction to the Science of Missions.* Philadelpia: Presbyterian Reformed Publications Co., 1960.

Behrmann, A. Das *Nilpferd in der Vorstellungswelt der Alten Ägypter.* Frankfurt a. M. u. a.: Lang, 1986.

Betz, O. "Mission III." *TRE* 23, 23-31.

Blum, E. *Die Komposition der Vätergeschichte* (WMANT 57). Neukirchen-Vluyn: Neukirchener Verlag, 1984.

Boardman, J. "Very Like a Whale" - Classical Sea Monsters. In: Farkas, A. E./ Harper, P. O./ Harrison, E. B. (ed.) *Monsters and Demons in the Ancient and Medieval Worlds* (FS E. Porada), Mainz 1987, 73-84.

Boessneck, J. *Die Haustiere in Altägypten.* München: Pfeiffer, 1953.

Bosch, D. 『변화하고 있는 선교: 선교신학의 패러다임 변화』. 김병길 · 장훈태 공역. 기독교문서선교회, 2000.

Breytenbach, C. "Glaube an den Schöpfer und Tierschutz. Randbemerkungen zu Albert Schweitzers Ethik angesichts urchristlicher Bekenntnisse und Doxologien." *EvTh* 50 (1990), 343-356.

Brueggemann, W. *Genesis: A Bible Commentary for Teaching and Preaching* (Interpretation). Atlanta: John Knox, 1982.

Brueggemann, W. 『창세기』 (현대성서주석). 서울: 한국장로교출판사, 2008.

Bürkle, H. "Mission VII." *TRE* 23, 59-68.

Büsing, G. "Adam und die Tiere — Beobachtungen zum Verständnis der erzählten Namengebung in Gen 2,19f." In: Bodendorfer, G. and Millard, M. (Hg.), *Bibel und Midrasch. Zur Bedeutung der rabbinischen Exegese.* Zur Bedeutung der rabbinischen Exegese für die Bibelwissenschaft (Forschungen zum Alten Testament; 22). Tübingen: Mohr 1998, 191-208.

Cathcart, K. J. "The Trees, the Beasts and the Birds: Fables, Parables and Allegories in the Old Testament." In: Day, I. u.a. (ed.) *Wisdom in ancient Israel* (FS I. A. Emerton). Cambridge 1995, 212-221.

Coats, G. W. *Genesis.* Grand Rapids: Eerdmans Publishing Company, 1983.

Cornelius, I. "Paradise Motifs in the 'Eschatology' of the Minor Prophets and the Iconography of the Ancient Near East. The Concepts of Fertility, Water, Trees and 'Tierfrieden' and Gen 2-3." *JNWSL* 14 (1988), 41-83.

Corssen, P. "Noch einmal die Zahl des Tiers in der Apokalypse." *ZNW* 3 (1902), 238-242.

Crüsemann, F. "Die Eigenstädigkeit der Urgeschichte. Ein Beitrag zur Diskussion um den 'Jahwisten'." In: J. Jeremias and L. Perlitt (Hg.), *Die Botschaft und die Boten.* Festschrift für Hans Walter Wolff zum 70. Geburtstag. Neukirchen-Vluyn: Neukirchener Verlag 1981, 11-29.

Dreytza, M. 외 공저. 『구약성서연구방법론』. 하경택 옮김. 서울: 비블리카 아카데미아, 2005.

Dumbrell, W. J. 『새언약과 새창조』. 장세훈 역. 서울: 기독교문서선교회, 2003.

Ebach, J. "Arbeit und Ruhe: Eine utopische Erinnerung." In: 동저자, *Ursprung und Ziel: Erinnerte Zukunft und erhoffte Vergangenheit*, Neukirchen-Vluyn: Neukirchener Verlag, 1986, 90-110.

Ebach, J. *Ein weites Feld – ein zu weites Feld?* (Theologische Reden 6). Bochum: SWI Verlag, 2004.

Ebach, J. *Streiten mit Gott, Hiob, Teil 1, Hiob 1-20*. Neukirchen-Vluyn: Neukirchener Verlag, 1996.

Feliks, Y. Animals of the Bible and Talmud. *EJ* 3 (1973), 7-19.

Fenscham, F. C. Liability of Animals in Biblical and Ancient Near Eastern Law. *JNWSL* 14 (1988), 85-90.

Fewell, D. N. "Building Babel." *Postmodern Interpretations of the Bible – A Reader*, A. K. M. Adam (ed.). St. Louis: Chalice, 2001, 1-15.

Firmage, E. Art. Zoology. *The Anchor Bible Dictionary* VI (1992), 1109-1167.

Fischer, H. G. "The Ancient Egyptian Attitude Towards the Monstrous." In: Farkas, A. E./ Harper, P. O./ Harrison, E. B. (ed.) *Monsters and Demons in the Ancient and Medieval Worlds* (FS E. Porada), Mainz 1987, 13-26.

Fretheim, T. *Genesis*(NIB 1). Nashville: Abingdon Press, 1994, 410-414

Frettlöh, M. L. *Theologie des Segens. Biblische und dogmatische Wahrnehmungen.* Gütersloh: Kaiser, Gütersloher Verlagshaus, 2002.

Fröhlich, I. "The Symbolic Language of the Animal Apocalypse of Enoch." *RdQ* 14 (1990), 629-636.

Glasser, A. E. et al. *Announcing the Kingdom: The Story of God's Mission in the*

Bible. Grand Rapids: Baker Academic, 2003.

Grapow, H. *Die bildlichen Ausdrücke des Ägyptischen. Vom Denken und Dichten einer altorientalischen Sprache*. Darmstadt 1983.

Haag, E. "Der neue David und die Offenbarung der Lebensfülle Gottes nach Jesaja 11, 1-9." In: Böhnke, M./ Heinz, H (Hg.). *Im Gespräch mit dem dreieinen Gott. Elemente einer trinitarischen Theologie* (FS W. Breuning), Düsseldorf 1985, 97-114.

Harland, P. J. "Vertical or Horizontal: the Sin of Babel." *VT* 48 (1998), 515-533.

Hasel, G. F. "The Genealogies of Gen 5 and 11 and Their Alleged babylonian Background." *Andrews University Seminary Studies* (1978), 361-374.

Heyden, K., "Die Sünde Kains: Exegetische Beobachtungen zu Gen 4,1-16," *Biblische Notizen* 118 (2003), 85-109

Hiebert, Th. "The Tower of Babel and the Origin of the World's Cultures." *JBL* 126/1 (2007), 29-58.

Hieke, Th. *Der Genealogien der Genesis* (HBS 39). Freiburg: Herder, 2005.

Hilzheimer, M. "Die Wildrinder im alten Mesopotamien." In: *MAOG* II/2, Leipzig 1926.

Hornung, E. "Die Bedeutung des Tieres im alten Ägypten." *StGen* 20 (1967), 69-84.

Hornung, E. "Göttliche Tiere." In: ders., *Geist der Pharaonenzeit*. Zürich/ München 1993, 154-167.

Hornung, E. "Tiergestaltige Götter der Alten Ägypter." In: Svilar, M. (Hg.) *Mensch und Tier*. Collegium Generale Universität Bern. Kulturhistorische Vorlesungen 1984/85, Bern/Frankfurt/New York 1985, 11-31.

Jacob, B. *Das erste Buch der Tora. Genesis*. Berlin: Schocken-Verlag, 1934 (New York: KTAV Publ. House, 1974).

Jenni, E. "קֶדֶם". *THAT* II (1984), 587–589

Jenni, E. "Zur Semantik der hebräischen Personen–, Tier– und Dingvergleiche," *ZAH* 3 (1990), 133–166.

Kaiser, W. C. Jr. 『구약성경과 선교: 이방의 빛 이스라엘』. 임윤택 옮김. 서울: 기독교문서선교회, 2005.

Keel, O. "Allgegenwärtige Tiere. Einige Weisen ihrer Wahrnehmung in der hebräischen Bibel." In: Janowski, B. (Hg.), *Gefährten und Feinde des Menschen. Das Tier in der Lebenswelt des alten Israel.* Neukirchen–Vluyn 1993, 155–93.

Keel, O. *Die Welt der altorientalischen Bildsymbolik und das Alte Testament. Am Beispiel der Psalmen.* Köln u.a. 1977.

Keel, O. *Jahwes Entgegnung an Ijob. Eine Deutung von Ijob 38–41 vor dem Hintergrund der zeitgenössischen Bildkunst* (FRLANT 121). Göttingen 1978.

Kees, H. "Bemerkungen zum Tieropfer der Ägypter und seiner Symbolik." *NAW. PH* 1 (1941), 71–88.

Koch, K. "Der Spruch 'Sein Blut bleibe auf seinem Haupt' und die israelitische Auffassung vom vergossenen Blut." In: Janowski, B./Krause, M.(Hg.), *Spuren des hebräischen Denkens. Beiträge zur alttestamentlichen Theologie. Gesammelte Aufsätze Band 1,* Neukirchen–Vluyn: Neukirchener Verlag 1962/1991, 128 – 145.

Koch, K. Gibt es ein Vergeltungsdogma im Alten Testament?, in: 동저자, *Um das Prinzip der Vergeltung in Religion und Recht des Alten Testaments* (WdF 125), Darmstadt: Wiss. Buchgesellschaft, 1972, 130–180.

Kornfeld, W. *Reine und unreine Tiere im Alten Testament.* Kairos 7 (1965), 134–147.

Kronholm, T. "קֶדֶם". *ThWAT* 6 (1989), 1163−1169.

Kugel, J. L. 『고대성경해석가들이 본 모세오경』. 김은호/임승환 공역. 서울: 기독교문서선교회, 2003.

Landmann, M. "Der Tierfriede." In: Fromm, E (Hg.). *Der Friede, Idee und Verwirklichung* (1961), 81−98.

Louth, A. 엮음.『교부들의 성경주해 구약성경 1: 창세기 1−11장』. 하성수 옮김. 왜관: 분도출판사, 2008.

Meek, James A. T*he Gentile Mission in Old Testament Citations in Acts: Text, Hermeneutic, and Purpose.* London/ New York: T & T Clark, 2008.

Miller, J. E. "Structure and Meaning of the Animal Discourse in the Theophany of Job (38, 39−39,30)." *ZAW* 103 (1991), 418−421.

Miller, P. D. "Animal Names as Designation in Ugaritic and Hebrew." *UF* 2 (1970), 177−186.

Molinski, W. "Die Stellung der Tiere in der Schöpfungsordnung." *NOrd* 49 (1995), 437−452.

Muilenburg, J. "Abraham and the Nations: Blessing and World History." *Interpretation* 19 (1965): 389.

Oduyọye, M. *The Sons of Gods and the Daughters of Men: An Afro−Asiatic Interpretation of Genesis 1−11.* Maryknoll, NY: Orbis Books, 1984, 79−82.

Okoye, J. C.『이스라엘과 열방: 구약의 선교신학』. 김영일 옮김. 서울: 한들출판사, 2006.

Oswalt, J. N. *The Book of Isaiah: Chapters 40−66* (NICOT). Grand Rapids, Michigan: W. B. Eerdmans Publishing Co., 1998.

Pangritz, W. *Das Tier in der Bibel.* München/Basel, 1963.

Parks, S. K. *A Theological Rationale for a Worldwide Mission: a Critical*

Evaluation of Jesus' Use of Old Testament Themes Concerning the Nations. Ann Arbor, Michigan: UMI Dissertation Services, 2008.

Perelmuter, H. G. "Mission II." *TRE* 23, 20−23.

Pfliegler, M. "Mensch und Tier." *ThPQ* 109 (1961), 110−122.

Procksch, O. *Die Genesis übersetzt und erklärt* (KAT 1). Leipzig [u.a.]: Deichert Scholl, 1924.

Rad, von, G. *Das erste Buch Mose. Genesis* (ATD 2/4). Berlin: Evangelische Verlagsanstalt, 1974.

Ramsey, G. W. "Is Name−Giving an Act of Domination in Gen 2:23 and Elsewhere?" *CBQ* 50 (1988), 24−35.

Rendtorff, R. "Pentateuchal Studies on the Move." JSOT 3 (1977), 20−28.

Richter, H. *Die Naturweisheit des Alten Testaments im Buches Hiob*. ZAW 70 (1985), 1−20.

Ritter−Müller, P. *Kennst du die Welt? Gottes Antwort an Ijob. Eine sprachwissenschaftliche und exegetische Studie zur ersten Gottesrede Ijob 38 und 39* (ATM 5). Münster/Hamburg/London, 2000.

Rose, Chr. "Nochmals: Der Turmbau zu Babel." *Vetus Testamentum* 54/2 (2004), 223−238.

Rowley, H. H. *Israel's Mission to the World*. London: Student Christian Movement Press, 1939.

Rowley, H. H. *The Missionary Message of the Old Testament*. London: Carey Kingsgate Press, 1944.

Ruiten, van, J. T. A. G. M. "The Intertextual Relationship between Isaiah 65,25 and Isaiah 11,6−9." In: Martínez, F. G./ Hilhorst, A./ Labuschagne, C. J. *The Scriptures and the Scrolls* (FS A. S. van der Woude). Leiden/New York/Köln, 1992, 31−42.

Ruprecht, E. "Das Nilpferd im Hiobbuch. Beobachtungen zu der sogenannten

Zweiten Gottesrede." *VT* 21 (1971), 209−231.

Sailhamer, J. H. *The Pentateuch as Narrative.* Grand Rapids: Zondervan, 1992.

Sarna, N. M. *Genesis* (The JPS Torah Commentary). Philadelphia: The Jewish Publication Society, 1989.

Sarna, N. M. *Understanding Genesis.* New York: The Jewish Theological Seminary of America, 1966.

Schmid, H. H. *Altorientalische Welt in der alttestamentlichen Theologie.* Zürich: Theolog. Verl., 1974.

Schmid, H. H. *Gerechtigkeit als Weltordnung. Hintergrund und Geschichte der alttestamentlischen Gerechtigkeitsbegriffes* (Beiträge zur historischen Theologie; 40), Tübingen: Mohr (Siebeck), 1968.

Schulze, W. A. "Der Heilige und die wilden Tiere. Zur Exegese von Mc 1:13b." *ZNW* 46 (1955), 280−283.

Schwab, E. "Die Tierbilder und Tiervergleiche des Alten Testaments. Material und Problemanzeigen." *BN* 59 (1991), 37−43.

Scott, James M. *Paul and the Nations: The Old Testament and Jewish Background of Paul's Mission to the Nations with Special Reference to the Destination of Galatians* (WUNT 84). Tübingen: J. C. B. Mohr, 1995.

Seebass, H. *Genesis I: Urgeschichte* (1,1−11,26). (Neukirchen−Vluyn: Neukirchener Verlag, 22007.

Seebass, H. *Vätergeschichte* I (11,27−22,24). Neukrichen−Vluyn: Neukirchner Verlag, 1997.

Severino Croatto, J. "A Reading of the Story of the Tower of Babel from a Perspective of Non−Identity." *Teaching the Bible: The Discourses and Politics of Biblical Pedagogy,* Fernando F. Segovia and Mary Ann Tolbert (ed.). Maryknoll, NY: Orbis Books 1998, 203−223

Söding, Th. *Wege der Schriftauslegung. Methodenbuch zum Neuen Testament.*

Freiburg: Herder, 1998.

Spina, F. A., "The Ground for Cais's Rejection (Gen 4): 'adamah in the Context of Gen 1−11," ZAW 104 (1992), 319−332.

Steck, O. H. "Gott − Mensch − Tier. Hermeneutische Überlegungen und Predigt zu Psalm 8." In: Geisser, H. F./ Moster, M. (Hg.) *Wirkungen hermeneutischer Theologie* (FS G. Ebeling), Zürich 1983, 51−64.

Stein, G. *Das Tier in der Bibel. Der jüdische Mensch und sein Verhältnis zum Tier, Jud. 36* (1980), 14−26, 57−72.

U. Cassuto, A. *Commentary on the Book of Genesis, Part one: From Adam to Noah. A commentary to Genesis 1−8.* Jerusalem: Magnes Press, 1944(hebrew), 1961(english).

Uehlinger, C. Drachen und Drachenkämpfe im Alten Vorderen Orient und in der Bibel. In: Schmelz, B./ Vossen, R. (Hg.) *Auf Drachenspuren. Ein Buch zum Drachenprojekt des Hamburgischen Museums für Völkerkunde.* Bonn 1995, 55−101.

Uehlinger, C. "Leviathan und die Schiffe in Ps 104, 25−26." *Bib.* 71 (1990), 499−526.

Uehlinger, C. *Weltreich und "ein Rede": Eine neue Deutung der sogenannten Turmbauererzählung* (Gen 11, 1−9). Feiburg, Schweiz: Universitätverlag; Göttingen: Vandenhoeck & Ruprecht, 1990.

VanGemeren, W. A. *Interpreting the Prophetic Word.* Grand Rapids: Zondervan, 1990.

Velde, H. "A few Remarks upon the Religious Significance of Animals in Ancient Egypt." *Numen* 27 (1980), 76−83.

Weimar, P. "Die Josefsgeschichte als thelogische Komposition. Zu Aufbau und Struktur von Gen 37." *Biblische Zeitschrift* 48 (2004), 179−212.

Weimar, P. *Untersuchungen zur Redaktionsgeschichte des Pentateuch* (BZAW

146). Berlin, New York: de Gruyter, 1977.

Wenham, G. J. *Genesis 1-15* (WBC 1/1). Waco, Texas: Word Books, 1987.

Wenham, G. J. 『모세오경』. 박대영 옮김. 서울:성서유니온선교회, 2007.

Westermann, C. *Genesis 1. Teilband Genesis 1-11* (BK I,1). Neukirchen-Vluyn: Neukirchener Verlag, 31983.

Westermann, C. 『창세기 주석』. 강성열 옮김. 서울: 한들, 1998.

Wolde, van, E. "The Tower of Babel as Lookout of Genesis 1-11." *Words Become Worlds: Semantic Studies of Genesis 1-11*. Leiden: Brill, 1994, 84-109.

Wolff, H. W. "Das Kerygma des Jahwisten." *Gesammelte Studien zum Alten Testament*. München: Chr. Kaiser Verlag, 1964, 345-373.

Würfel, R. *Die ägyptische Fabel in Bildkunst und Literatur. I. Tierfabeln*. WZ(L) 3 (1952-53), 63-74, 153-160.

Zenger, E. "Beobachtungen zur Komposition und Theologie der jahwistischen Urgeschichte." In: Katholischen Bibelwerk e. V. (Hg.), *Dynamik im Wort. Lehre von der Bibel* - Leben aus der Bibel. FS aus Anla ß des 50-jährigen Bestehens des Katholischen Bibelwerks in Deutschland (1933-1983), Stuttgart: Verl. Kath. Bibelwerk, 1983, 35-54.

Zimmerli, W. *1. Mose 1-11. Die Urgeschichte* (ZBK). Zürich: Zwingli Verlag, 1943.

Zimmerli, W. 1. Mose 12-25: *Abraham* (ZBK.AT 1.2). Zürich: Theologischer Verlag, 1976.

강사문. 『구약의 자연이해』. 서울: 대한기독교서회, 2005.

강사문. 『하나님이 택한 자들의 가정 이야기: 설교를 위한 창세기 연구』. 서울: 한국성서학연구소, 1998.

강성열. 『고대근동세계와 이스라엘 종교』. 서울: 한들, 2003.

강성열. 『현대인을 위한 창세기 강해』. 서울: 한국장로교출판사, 1998.

김균진.『생태계의 위기와 신학』. 서울: 대한기독교서회, 1991

김근주.『이사야가 본 환상』. 서울: 비블리카아카데미아, 2010.

김상기. "구약 속으로(5)-창세기 11장 1-9: 바벨탑 이야기."『기독교사상』629
       (2011), 120-127.

김선자.『중국 변형신화의 세계 (불멸과 필멸의 변주)』. 서울: 범우사, 2001.

김영동. "선교신학에 있어서 해석학과 커뮤니케이션의 논의."『장신논단』제11
       호 (1995), 338-367.

김영동. "예수님을 따르며 사랑으로 함께 걷는 선교."『성서마당』신창간 15호
       (2007. 12), 29-39.

김윤희. "21세기 상황 속에서의 선교 그리고 구약."『성경과 신학』(2007), 34-
       65.

김이곤. "하나님이 기뻐하시는 감사예물."『기독교사상』453 (1996. 9), 246-
       252.

김인환. "가인과 아벨의 제사: 하나님의 선택기준."『총신대 논총』18 (1999),
       61-83.

김중은. "구약의 선교에 관한 기초적인 고찰".『교회와 신학』28집 (1996. 1),
       35-49.

김탄/김동광 역.『신비한 동물의 세계』. 서울: 크레용하우스, 2000.

박　만.『현대신학이야기』. 서울: 살림, 2004

박동현. "구약성경의 기도에 대한 서론적인 고찰."『예언과 목회』III. 서울: 한국
       장로교출판사, 1995, 39-78.

박동현. "구약에도 나타난 중보기도."『성서마당』제17호(1996.1), 3-6.

새뮤얼 노아 크레이머.『역사는 수메르에서 시작되었다』. 박성식 역. 서울: 가람
       기획, 2000.

서인석.『성서와 언어과학』. 서울: 성바오로출판사, 1984.

왕대일.『구약신학』. 서울: 도서출판성서학연구소, 2002.

왕대일.『기독교 경학과 한국인을 위한 성경해석: 경학으로서의 성서해석』. 서

울: 대한기독교서회, 2012.

윤형. "창세기 원역사에 나타난 노동과 주권(창1-11장)." 『구약논단』 41 (2011. 9), 136-157

이승문. "원시 그리스도교 공동체의 효과적인 선교 전략과 아브라함의 이미지들." 『대학과 선교』 제15집 (2008.12), 221-250.

이한영. "성경에 나타난 선교(구약)." 『성서마당』 신창간 15호 (2007.12), 8-17.

이한영. 『역사와 서술에서의 오경 메시지』. 서울: 크리스챤, 2008.

이형원. "바벨탑 이야기(창 11:1-9)의 문학적 분석." 『복음과실천』 14 (1991), 221-245.

이희학. 『인간의 죄악과 하나님의 구원행동: 창세기 1-11장의 신학』. 서울: 대한기독교서회, 2009.

장석정. "가인과 아벨 이야기 II (창세기 4:9-16)." 『구약논단』 8 (2000), 33-57.

정석규. 『구조로 읽는 창세기』. 서울: 프리칭아카데미, 2006.

차준희. 『창세기 다시 보기』. 서울: 대한기독교서회, 1998.

최재천. 『생명이 있는 것은 다 아름답다』. 서울: 효형출판, 2001.

최종진. "구약성서에 나타난 계보(족보)의 역할." 『신학과 선교』 18 (1993), 75-76.

하경택. "'노동'과 '쉼'에 대한 구약성서의 이해." 『교육목회』 26 (2005. 가을호), 26-31.

하경택. "'아들'을 통한 하나님의 통치: 시2편에 대한 주석적 연구." 『서울장신논단』 15 (2007.4), 7-40.

하경택. "'창조와 종말' 주제를 위한 동물의 신학적 의의(意義)." 『구약논단』 30 (2008.12) 126-146.

하경택. "가인과 아벨의 제사: 창4:1-16에 대한 주석적 고찰." 『서울장신논단』 14 (2006.2), 7-45.

하경택. "구약성서에 나타난 안식의 의미." 『성경과 목회』 5 (2010), 77-84.

하경택. "노아와 홍수." 『포럼비블리쿰』 10 (2011), 13-31.

하경택. "아브라함과 선교: 구약성서에 나타난 선교의 모델 연구." 『선교와 신학』 29 (2012.2), 162-193.

하경택. "아브라함의 소명(召命)과 이스라엘의 사명(使命), 창세기 11장 27절-12장 20절에 대한 주석적 연구". 『장신논단』 41 (2011.7): 36-62.

하경택. "아브라함의 제사와 이삭의 희생: 창22:1-19에 대한 주석적 연구." 『깊은 말씀 맑은 가르침: 청훈 강사문 교수 정년퇴임 기념논문집』. 서울: 땅에쓰신글씨, 2007, 55-83.

하경택. "에덴동산 이야기(1부)." 『포룸비블리쿰』 8 (2011), 11-32.

하경택. "에덴동산 이야기(2부)." 『포룸비블리쿰』 9 (2011), 5-27.

하경택. "원역사(原歷史) 안에서의 바벨탑 이야기: 창세기 11장 1-26에 대한 주석적 연구." 『장신논단』 43 (2012.12), 57-83.

하경택. "창세기 4-5장에 나타난 계보의 의미 (창4:17-5:32)." 『은혜로운 말씀 생명과 평화의 길: 매강 유행열 교수 정년퇴임 기념논문집』. 서울: 한들, 2011, 13-32.

하경택. "하나님의 창조와 세계의 기원." 『포룸비블리쿰』 7 (2010), 5-25.

한국일. "선교본질에 대한 신학적 성찰." 『교회와 신학』 제 45호 (2001. 8), 54-66.

한국일. "테오 준더마이어(Theo Sundermeier)의 선교신학." 『장신논단』 제38호 (2010. 8), 407-430.

호남신학대학교. 『생태학과 기독교 신학의 미래』. 서울: 한들출판사, 1999.